大学入試

最難関大 英語長文
読解の原点

東大・京大・医学部レベル

別 冊

JN041758

Reading
FUNDAMENTALS

最難関大 英語長文
読解の原点

東大・京大・医学部レベル

Reading
FUNDAMENTALS

BY

刀禰泰史 著

別 冊

旺文社

問題編 目次

＊問題の配点・解答欄，および解答・解説は本書独自のものです。

3

次の英文を読んで，設問に答えなさい。（50点）

　Tuesday, September 11, 2018, was supposed to be harvest day for David Dunkenberger, a co-owner of Firefly Hill Vineyards*, in Elliston, Virginia. He got to the fields early, eager to get this year's grapes picked before the backwash of Hurricane Florence rolled in. As he scanned the vines, though, he began to feel queasy. His entire crop, about 2.5 tons of grapes, had (　ア　).

　In the days that followed, Dunkenberger grieved the loss of his 2018 vintage and considered the ramifications. Factoring in sunk labor costs* and lost sales, he figured he was out $50,000. (2)He thinks that the job was planned by professionals — amateurs could never have snipped three acres clean so quickly — and that it likely would have required a crew of seven pickers, aided by headlamps and two pickup trucks. As for who would be motivated to carry out such a theft, Dunkenberger says he is reluctant to accuse a fellow grower, but can find no other logical explanation. Wine grapes are too sweet to eat. They perish quickly, so they are typically crushed or pressed within 24 hours. "A lot of people are under contract to grow grapes," he told me, adding that this year's wet weather had led to disappointing harvests. "If you can't fulfill that contract, you don't get paid." When I spoke with Lieutenant Mark Hollandsworth of the local sheriff's department, he supported Dunkenberger's theory: "The rain this year did (　イ　) a lot of grapes."

　European grape growers have also been targeted. A particularly audacious crime made headlines in October, when thieves used a large commercial harvester to steal 1.8 tons of pricey Riesling* grapes from a vineyard near a busy supermarket in southern Germany. And last year, several French vineyards reported huge thefts, including a total of more than 7.5 tons of grapes (　ウ　) from various Bordeaux* farms. (3)Bad weather that summer had cut crop yields drastically, making local growers the prime suspects. As one observer told *Agence France-Presse* on condition of anonymity, "There's a great temptation to help oneself from [the vineyard] next door."

　Or, apparently, from any type of farm that grows what's known as high-value produce — think avocados, nuts, exotic fruits. One pecan grower in southern Georgia told me that anyone with a $50 tool called a Garden Weasel can "easily pick up 300 pounds in eight hours, if the trees have been shook." In New Zealand, where the price of an avocado has spiked to $3.30 following two years of disappointing harvests, one pair of thieves was recently caught transporting a haul worth $4,300 inside duvet covers. Earlier this year, police in Seville, Spain, apprehended three vehicles filled with nearly 9,000 pounds of citrus. When a rear door of one car was opened, oranges (　エ　) onto the road like lava.

These thefts may seem ludicrous: even when demand for a particular item is high, food is still relatively cheap, and crops are bulky. Other types of agricultural crime, like cattle or equipment theft, offer much higher profit margins for far less labor. But food plucked from the dirt is untraceable. And (4)there may also be a tendency to regard fruits and vegetables as something less than private property. "I watch people in stores eat their way through the vegetable and fruit sections," says James Lynch, a criminologist at the University of Maryland. "You wouldn't steal a tractor, but when it comes to food, people think: *This came from the earth. God gave it to us, and anybody can take it.*"

Indeed, as long as people have been growing crops, other people have been stealing them, explains Alan Hodges, an agricultural economist at the University of Florida. He is quick to add that the transition from hunting and gathering to "sedentary* settlement patterns" some 10,000 years ago was a net win for humanity. For the same reasons it enabled theft, historians note, it also helped give rise to efficient taxation: With farming, assets — crops — were suddenly visible, and each harvest signaled a new tax season. People of a certain sensibility might call (5)that theft by another name. But for Hodges, (6)the cultural boon created by agriculture more than compensated for its costs. "Farmers became the victims of property crimes," he says. "But all the attributes of civilization that we recognize today also flourished."

*vineyard ワイン用ブドウ畑　sunk cost サンクコスト，埋没費用(事業などに投下した資金や労力のうち，事業をやめても回収できない分)　Riesling リースリング(ワイン用ブドウの品種のひとつ)　Bordeaux ボルドー(ワインの生産で知られる，フランスの一地方)　sedentary 座りがちな，定住性の

(明治大学)

5

問1 空欄（**ア**）〜（**エ**）に入る最も適切な語を次の語群の中から選び，必要があれば正しい形（1語）に変化させなさい。同じ語は一度しか使用してはならない。 独自 （12点）

　　　　［spill；spoil；steal；vanish］

問2 下線部 **(2)** のようにダンケンバーガーが考えた理由を，本文に即して日本語で簡潔に述べなさい。 独自 （6点）

問3 下線部 **(3)** を和訳しなさい。 独自 （12点）

問4 下線部 **(4)** は具体的にはどのようなことか，最も適切なものを次の選択肢 **A** 〜 **D** の中から1つ選び，記号で答えなさい。 大学 （7点）

A. Fruit and vegetable growers have less privacy compared to other workers.

B. People tend to feel that fruits and vegetables do not belong to certain owners.

C. People are inclined to share fruits and vegetables with others.

D. Prices of fruits and vegetables are so low that they cannot be a valuable property.

問5 下線部 **(5)** の内容を表すのに最も適切なものを次の選択肢 **A** 〜 **D** の中から1つ選び，記号で答えなさい。 大学 （6点）

A. civilization

B. harvest

C. stealing of fruits and vegetables

D. taxation

問6 下線部 (6) の内容を最も適切に言い換えた記述を次の選択肢 **A ～ D** の中か ら1つ選び，記号で答えなさい。　　　　　　　　　独自 (7点)

A. Agriculture enabled government officials to tax more efficiently.

B. Civilization's benefits have been larger than its costs.

C. Farmers became the victims of crop theft.

D. Hunter-gatherer societies were able to feed a larger population than farming societies.

次の英文を読んで，設問に答えなさい。（50点）

　Bilingualism and multilingualism are actually more common than you might think. In fact, it has been estimated that there are fewer monolingual speakers in the world than bilinguals and multilinguals. Although in many countries most inhabitants share just one language (for example, Germany and Japan), other countries have several official languages. Switzerland, for example, has about the same population as New York City (about eight million people), and yet it has four official languages: German, French, Italian, and Romansh. (1)Throughout large parts of Africa, Arabic, Swahili, French, and English are often known and used by individuals who speak a different, indigenous language in their home than they do in the marketplace. So bilingualism and multilingualism are pervasive worldwide. And with regard to cognitive abilities, the research on those who possess more than one language (2)paints an encouraging picture.

　For one thing, bilinguals outperform monolinguals on tests of selective attention and multitasking. Selective attention can be measured by what is called (3)the "Stroop Test" in which individuals look at a list of color names written in different colors. The task is to name the colors that words are printed in, rather than say the word itself. Because we read automatically, it can be difficult to ignore the word "blue," and report that it is printed in green. Bilinguals perform better on the Stroop Test, as well as other measures of selective attention.

　They also are better at multitasking. One explanation of this superiority is that speakers of two languages are continually inhibiting one of their languages, and this process of inhibition confers general cognitive benefits to other activities. In fact, bilingual individuals outperform their monolingual counterparts on a variety of cognitive measures, such as performing concept-formation tasks, following complex instructions, and switching to new instructions. For the sake of completeness, it should be noted that the advantages of being bilingual are not universal across all cognitive domains. Bilingual individuals have been shown to have smaller vocabularies and to take longer in retrieving words from memory when compared to monolinguals. In the long run, however, the cognitive and linguistic advantages of being bilingual far outweigh these (4) <u>two issues.</u>

If the benefits of being bilingual spill over to other aspects of cognition, then we would expect to see a lower incidence of Alzheimer's disease in bilinguals than in monolinguals, or at least a later onset of Alzheimer's for bilinguals. In fact, there is evidence to support this claim. The psychologist Ellen Bialystok and her colleagues obtained the histories of 184 individuals who had made use of a memory clinic in Toronto. For those who showed signs of dementia, the monolinguals in the sample had an average age at time of onset of 71.4 years. The bilinguals, in contrast, received their diagnosis at 75.5 years, on average. In a study of this sort, a difference of four years is highly significant, and could not be explained by other systematic differences between the two groups. For example, the monolinguals reported, on average, a year and a half more schooling than their bilingual counterparts, so the effect was clearly not due to formal education.

A separate study, conducted in India, found strikingly similar results: bilingual patients developed symptoms of dementia 4.5 years later than monolinguals, even after other potential factors, such as gender and occupation, were controlled for. In addition, researchers have reported other positive effects of bilingualism for cognitive abilities in later life, even when the person acquired the language in adulthood. Crucially, Bialystok suggested that the positive benefits of being bilingual only really accrued to those who used both languages all the time.

But as encouraging as these kinds of studies are, they still have not established exactly how or why differences between bilinguals and monolinguals exist. Because these studies looked back at the histories of people who were already bilingual, the results can only say that a difference between the two groups was found, but not why that difference occurred. Further research is needed to determine what caused the differences in age of onset between the two groups.

Other studies of successful aging suggest that being connected to one's community and having plenty of social interaction is also important in forestalling* the onset of dementia. Once again, however, the results are far less clear than the popular media might lead you to believe. Older individuals who lead active social lives are, almost by definition, healthier than their counterparts who rarely leave their homes or interact with others. (5) So we can't really say whether being socially active prevents the onset of dementia, or if people who don't have dementia are more likely to be socially active.

* forestalling = preventing or obstructing

（早稲田大学）

問1 下線部 **(1)** を和訳しなさい。　　　　　　　　　[独自]（9点）

問2 下線部 **(2)** の意味に最も近いものを1つ選びなさい。　[独自]（4点）

(a) constructs a pessimistic narrative

(b) depicts a discouraging image

(c) draws a neutral portrayal

(d) illustrates a positive scenario

(e) sketches a pessimistic outlook

問3 下線部 **(3)** の the "Stroop Test" とはどのようなものか。本文に即して70字前後の日本語で説明しなさい。　　　　　　　　　[独自]（6点）

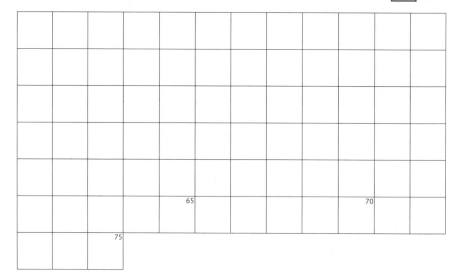

問4 下線部（4）の内容に最も近いものを1つ選びなさい。 大学（4点）

(a) Bilinguals have smaller vocabularies and take more time to recall words than monolinguals.

(b) Bilinguals have difficulty in alternating and sustaining attention on tasks.

(c) Monolinguals have lower abilities in selective attention and multitasking than bilinguals.

(d) Monolinguals have cognitive and linguistic disadvantages.

問5 下線部（5）を和訳しなさい。 独自（8点）

問6 本文の内容に合うものはT，合わないものはFを書きなさい。 大学・改（15点）

1. The number of people who speak only one language is thought to be smaller than the number of people who speak multiple languages.

2. Bilinguals performed as well as monolinguals on the Stroop Test and other measures of selective attention.

3. According to a study conducted by Bialystok and her colleagues, bilinguals tend to show signs of dementia earlier than monolinguals.

4. In the study of Bialystok and her colleagues, the monolingual group had a longer formal education than the bilingual group.

5. Bialystok and her colleagues have identified the exact factors affecting the difference in the average onset age of dementia between the monolingual and bilingual groups.

問7 本文のタイトルとして最も適当なものを1つ選びなさい。 大学（4点）

(a) Can Learning a Foreign Language Prevent Dementia?

(b) Disadvantages of Learning a Foreign Language

(c) Does Speaking Two Languages Increase the Risk of Alzheimer's Disease?

(d) The Decrease in Foreign Language Ability in Alzheimer's Patients

次の英文を読んで，設問に答えなさい。(50点)

1　Intuition, the recognition of the objective real in its own quality, is, of course, an essential function. The smallest children must have power to know. And they explore the world of things and events, of characters, with intense curiosity and concentration.

2　A great deal of the spiritual and perpetual joy that children bring to us is the power of seeing the world as a new thing, as pure intuition, and so renewing for us the freshness of all life. But they always lose this power of original expression as soon as they begin their (　A　). A small girl of seven once asked me if I would like a drawing. I said yes. She asked, 'What shall I draw?'

'Anything you like.'

'Shall I draw you a swan?'

'Yes, a swan'; and the child sat down and drew for half an hour. I'd forgotten about the swan until she produced the most original swan I'd ever seen. It was a swimming swan, that is, a creature designed simply to swim. Its feet were enormous and very carefully finished, obviously from life. The whole structure of the feet was shown in heavy black lines. The child was used to seeing swans on a canal at the end of her garden and had taken particular notice of their feet. Below the water the swan was all power. But for body she gave it the faintest, lightest outline, neck and wings included in one round line shaped rather like a cloud — a perfect expression of the cloud-like movement of the swan on the surface.

3　I was admiring this swan when an older child in the room, aged thirteen, looked at the drawing and said contemptuously 'That's not a bit like a swan. I'll draw you a swan,' and produced at once a Christmas-card swan, of the commonest type.

4　Yet ア [all / child / had / of / the first / the qualities / the second]. A few years before she had had the ability to see for herself, to receive the unique personal impression. She had lost it by the education which emphasises the fact, measurements, analysis, the concept. Education is, and must be, almost entirely conceptual. And the concept is always the enemy of the intuition. It is said that (a)when you give a child the name of a bird, it loses the bird. It never *sees* the bird again but only a sparrow, a thrush, a swan, and there is a good deal of truth in this. We all know people for whom all nature and art consists of concepts, whose life, therefore, is entirely bound up with objects known only under labels and never seen in their own quality.

5 This ruin of aesthetic intuition by conceptual education has produced the theory that children should not be taught anything about the arts. They should be assisted, if necessary, only in handling materials. But this is futile. For children want to learn, they are greedy to know, they triumph over each other in knowledge. If you do not teach them they will learn from each other, and probably learn wrong. The attempt to preserve the (B) of the child, in any art, is therefore a waste of time. It can be disastrous if it results only in the production of an imitative childishness, a self-conscious *naïveté* which is more stultifying than any mere conventionalism.

6 Yet Picasso has said, '(b-1)Give me the mind of a child,' and Picasso himself has shown more freshness of intuition and invention, more fertile originality, than any artist in centuries. All the same, (b-2)Picasso is a product of the schools; he is highly accomplished in technique. He has given immense thought to the problem of artistic expression. And as a young artist he showed all the conventionality of the art student just graduated from years of conceptual teaching in the drawing class. His blue period is the cliché of a student mind attempting originality merely by style and achieving therefore not only the false but the conventional. For nothing is more easy than the novel style invented only to be different.

7 That is to say, Picasso has passed from the age of true childish inspiration, through years of conceptual and technical training, back to the original vision which is not childish, but has all the originality of the child's eye, combined with the far greater depth and richness of a man's experience.

(信州大学)

問1 論旨を踏まえて，空欄（**A**）に入れるのに最も適切な語を本文中より1語抜き出しなさい。　（5点）

問2 ②で少女の描いた白鳥の絵の特徴を80字以内の日本語で述べなさい。

（12点）

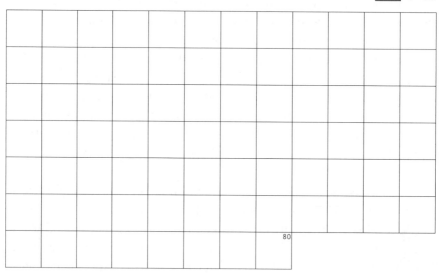

80

問3 ア［　　　　　］の中の語句を文意に沿うように並べ替えなさい。　（6点）

［all / child / had / of / the first / the qualities / the second］

問4 筆者の意図が明らかになるように，下線部 **(a)** の内容を80字以内の日本語で説明しなさい。 　独自 （12点）

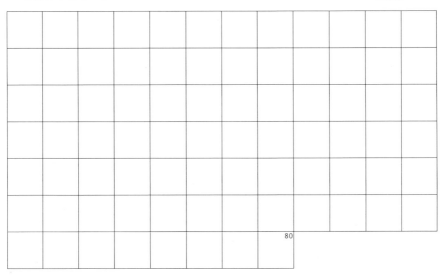

問5 論旨を踏まえて，空欄 **(B)** に入れるのに最も適切な語を本文中より1語抜き出しなさい。 　大学 （5点）

問6 下線部 **(b-1)(b-2)** の内容を参考にして，筆者の考える Picasso の芸術家としての特徴を70字前後の日本語で説明しなさい。 　大学・改 （10点）

次の英文を読んで，設問に答えなさい。(50点)

During World War Two, soldiers learned to fear treatment as much as enemy bullets. Unsanitary conditions and equipment in field hospitals made open wounds a breeding ground for bacteria that killed thousands.

Today, vast improvements in medical hygiene* have greatly reduced (1)[being / chance / of / on / patients / poisoned / treatment / the / the] table. And our safety is protected by an unlikely source, the bright blue blood of the horseshoe crab*. The helmet-shaped creature has developed a unique defense to compensate for its weakness to infection in shallow waters. When faced with poisons produced by bacteria, amebocyte cells* in the blood — colored blue by their copper-based molecules — identify and harden around the invading matter, trapping the threat inside a gel-like seal that prevents it from spreading. (2)Nature's method is now utilized on a grand scale. Over 600,000 crabs are captured each year during the spring breeding season, to "donate" around 30% of their blood in a handful of specialist facilities in the United States and Asia. The blood is worth $60,000 a gallon in a global industry valued at $50 million a year.

(3)Forty-five minutes of exposure to the crab's blood is enough to reveal endotoxins* from certain bacteria which otherwise avoid detection, and is sensitive enough to isolate a threat the equivalent size of a grain of sand in a swimming pool. The U.S. Food and Drug Administration (FDA) requires that intravenous* drugs and any medical equipment coming in contact with the body must first pass through the crab's blood, from needles to devices for surgery including pacemakers. As a result, thousands more of us survive such procedures. The method is established but undergoes constant improvement, according to John Dubczak, General Manager at Charles River Laboratories, which manufactures and globally distributes the products. "Detection is down to one part per trillion," he said. "But we can take it down to a tenth of a trillion, and further orders of magnitude more sensitive." Charles River has adapted the system into a more resource-efficient, mobile kit requiring as little as 5% of the blood solution. Such systems can be applied outside the lab and break new frontiers, such as on a trip to the International Space Station.

"The (4)[bacteria / determine / present / some / test / to / if / used /

was / were] on various space station surfaces," said Norman Wainwright, the facility's director of Research and Development. Further, the system could "help perform biological studies necessary for an extended human presence in space, from crew health and spacecraft environmental studies to the search for life elsewhere in the solar system." The blood is finding other uses on Earth too. Japanese scientists have devised a test for fungal* infections with it, and further research is developing anti-cancer treatment through the same principle of isolating and trapping threats. As the applications and their value multiplies, efforts have increased to develop (5)alternative tests, rather than rely on harvesting the crabs. One approach uses an electronic chip that provides an alert when in contact with contaminants. Another system using liquid crystals could offer similar detection ability at lower cost. "The report claims to exceed the sensitivity for finding poisons, so false positives are not a serious problem," says Dr. Peter B. Armstrong, a professor of molecular and cellular biology at the University of California. "But nothing has gone to the level of FDA approval to show it is yet a practical alternative. Knowing the cost and difficulty of obtaining FDA tests, it may be some time before any alternative is out there on the market." The urgency may increase with reports of (6)horseshoe crab numbers declining, for a variety of reasons, with the world's largest population in Delaware Bay reportedly reduced by between 75% and 90% in the last 15 years. Although there are welfare procedures in harvesting the blood, between 10–30% of donor crabs die in the process. One recent study showed that survivors are also harmed after release and often incapable of breeding, further threatening the population. "It's difficult because the blood is crucial for human health issues but the biomedical industry needs to keep the population steady," says Christopher Chabot, a biology professor at Plymouth State, who led the study. "We suggest decreasing the time they are out of water, and maintaining a constant temperature for transportation ... there is a lesser mortality rate if you keep them cool." (7)Ultimately, he believes an alternative is necessary to reduce the strain on the population, through both conservation programs and the development of an artificial substitute. Without it, medicine faces a return to the dark ages.

*hygiene「衛生(学)」　horseshoe crab「カブトガニ」　amebocyte cell「変形細胞」
endotoxins「内毒素」　intravenous「静脈注射の」　fungal「菌の」

問 1 下線部 **(1)** の （　　　） 内の語を意味が通じるように並べ替えなさい。

大学 (4点)

[being / chance / of / on / patients / poisoned / treatment / the / the]

問 2 下線部 **(2)** の具体的内容を，本文に沿って日本語で説明しなさい。

大学 (10点)

問 3 下線部 **(3)** を日本語に直しなさい。　　　大学 (12点)

問 4 下線部 **(4)** の （　　　） 内の語を意味が通じるように並べ替えなさい。

大学 (5点)

[bacteria / determine / present / some / test / to / if / used / was / were]

問 5 下線部 **(5)** の具体的内容を，本文に沿って日本語で説明しなさい。

大学 (5点)

問 6 下線部 **(6)** の2つの理由を，本文に沿って日本語で説明しなさい。

大学 (4点)

問 7 下線部 **(7)** を日本語に直しなさい。　　　大学 (10点)

次の英文を読んで，設問に答えなさい。(50点)

Luckily for all of us, many people are interested in helping others; some devote their careers and lives to it. Not everyone is so inclined, of course, and most people are self-interested at least some of the time. An evolutionary biologist or psychologist might say that we are *always* self-interested, and that our effort to help others is simply our attempt to feel good about ourselves. (　ア　) our motivations, however, a remarkable number of us help out our colleagues, family, friends, and even strangers.

Although admirable, there is a risk in helping others, which is related to the possibility that helping can actually be selfish. That risk lies in falling prey to what some call (a) " the savior complex." This is just what it sounds like — an attitude or stance toward the world where you believe you are the expert who can suddenly appear to save others. It is an uneven approach to helping, in which the helper believes he or she has all of the answers, knows just what to do, and that the person or group in need has been waiting for a savior to come along.

While this is a genuine problem, we should not let the real pitfalls of the savior complex extinguish one of the most humane instincts there is — the instinct to (　イ　). The trick is to help others without believing yourself to be, or acting like you are, their savior.

(b)All of which is to say that *how* you help matters just as much as that you *do* help, which is why it is essential to begin by asking, "How can I help?" If you start with this question, you are asking, with humility, for direction. You are recognizing that others are experts in their own lives, and you are affording them the opportunity to remain in charge, even if you are providing some help.

I recently heard a great story on *The Moth*, which underscored the importance of asking *how* you can help. *The Moth* is a radio program and podcast that features true stories, told live by people from around the world. The stories are fascinating, including a recent one from a woman in her eighties, who explained how she valued her independence. She loved the fact that she had always taken care of herself and that she could still do so into her eighth decade. And then she had a stroke.

While she was in the hospital, her neighbors in her New York City apartment building made some minor renovations to her apartment to (c)[easier / for / her / it / live there / make / to / with] a walker, which she would need after her first stroke. To begin with, she was taken aback, as she was cordial but not good friends with her neighbors. But their gesture of goodwill inspired her to recognize that some dependence on others could actually enrich her life, especially if she returned the favor. So she hung a sign on her apartment door welcoming her neighbors to come in for a chat. (d)She then recounted how her neighbors often came by to talk and emphasized with gratitude that, when they offered to help, they always asked *how* they could help. By asking her how they could help, she explained, they were allowing her to retain her independence and dignity.

（京都大学）

5

問1 空欄（**ア**）に入るものとして最も適切な語句を次の選択肢①〜④のうちから1つ選び，記号で答えなさい。　独自 （3点）

① Because of

② In spite of

③ Instead of

④ Regardless of

問2 下線部 (a) はどのようなものか。本文に即して日本語で説明しなさい。

大学 （10点）

問3 空欄（**イ**）に入るものとして最も適切な語句を次の選択肢①〜④のうちから1つ選び，記号で答えなさい。　独自 （3点）

① become a "savior"

② feel good

③ gain something

④ lend a hand

問4 下線部 (b) を和訳しなさい。　大学 （19点）

問 5 下線部 **(c)** の（　　）内の語句を意味が通じるように並べ替えなさい。

（3点）

[easier / for / her / it / live there / make / to / with]

問 6 下線部 **(d)** を和訳しなさい。　　　　　　　　　 （12点）

(A) 次の英文の要旨を 70 ～ 80 字の日本語にまとめなさい。句読点も字数に含める。

Rumours spread by two different but overlapping processes: popular confirmation and in-group momentum. The first occurs because each of us tends to rely on what others think and do. Once a certain number of people appear to believe a rumour, others will believe it too, unless they have good reason to think it is false. Most rumours involve topics on which people lack direct or personal knowledge, and so most of us often simply trust the crowd. As more people accept the crowd view, the crowd grows larger, creating a real risk that large groups of people will believe rumours even though they are completely false.

In-group momentum refers to the fact that when like-minded people get together, they often end up believing a more extreme version of what they thought before. Suppose that members of a certain group are inclined to accept a rumour about, say, the evil intentions of a certain nation. In all likelihood, they will become more committed to that rumour after they have spoken to each other. Indeed, they may move from being tentative believers to being absolutely certain, even though their only new evidence is what other members of the group believe. Consider the role of the internet here: when people see many tweets or posts from like-minded people, they are strongly inclined to accept a rumour as true.

What can be done to reduce the risk that these two processes will lead us to accept false rumours? The most obvious answer, and the standard one, involves the system of free expression: people should be exposed to balanced information and to corrections from those who know the truth. Freedom usually works, but in some contexts it is an incomplete remedy. People do not process information in a neutral way, and emotions often get in the way of truth. People take in new information in a very uneven way, and those who have accepted false rumours do not easily give up their beliefs, especially when there are strong emotional commitments involved. It can be extremely hard to change what people think, even by presenting them with facts.

(東京大学)

草稿用

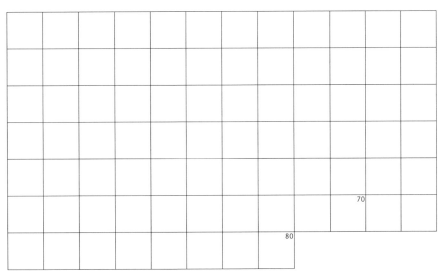

解答用

(B) 以下の英文は，高齢者にやさしい (age-friendly) 町づくりを促進するための世界的な取り組みについて論じたものである。英文の内容を 70 ～ 80 字の日本語で要約しなさい。句読点も字数に含める。

The age-friendly community movement has emerged as a powerful response to the rapidly growing aging population. Although definitions of "age-friendly community" vary, reflecting multiple approaches and methods, many models highlight the importance of strengthening social ties and promote a vision that takes into account all ages. For example, Kofi Annan, who served as the seventh Secretary-General of the United Nations, declared in the opening speech at the UN International Conference on Aging in 1999, "A Society for All Ages embraces every generation. It is not fragmented, with youths, adults, and older persons going their separate ways. Rather, it is age-inclusive, with different generations recognizing and acting upon their common interests."

The World Health Organization and other international organizations further articulate this premise by defining aging as a lifelong process: "We are all aging at any moment in our life and we should all have the opportunity to do so in a healthy and active way. To safeguard the highest possible quality of life in older age, WHO endorses the approach of investing in factors which influence health throughout the life course."

In practice, however, the age-friendly community movement has focused primarily upon the needs and interests of older adults and their caregivers and service providers. In doing so, it has failed to gather enough data from youth and families about what produces good living conditions in a city or about opportunities for and barriers against working together with older adults.

What accounts for this gap between vision and practice? One answer may lie in the common assumption of the age-friendly community movement that what is good for older adults is good for everyone. In other words, if the age-friendly movement succeeds in making communities suitable for older adults, those communities will then be suitable for all generations. While there are many shared interests among different generations, recent studies in the United States and Europe indicate that young adults and older adults differ in their voting patterns and attitudes more than at any time since the 1970s. These studies suggest that in order to fully understand what constitutes a city that is friendly to people at different stages of the aging process, it is critical to gather data from multiple generations about what makes a city good for both growing up and growing older.

（東京大学）

大学 （10点）

草稿用

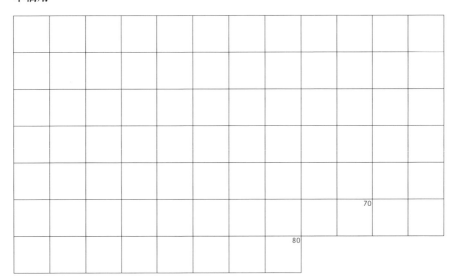

解答用

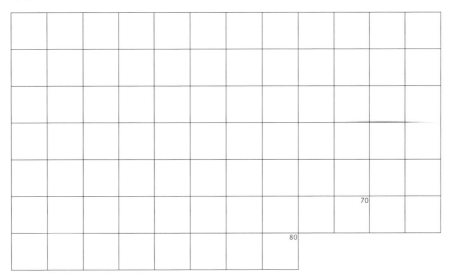

Read the following article carefully and answer the questions. (50点)

1 Figurative languages are indispensable when we seek to communicate unpleasant sensations to ourselves and to others. The metaphors we choose have a profound impact on the way we *feel* pain as well as upon the ways our suffering is treated. If we are to understand how people in the past suffered, we need to pay attention to the languages they seized hold of in order to overcome some of the obstacles to pain-speech.

2 It may be useful to begin with a very few words about figurative languages in general before moving on to a more detailed analysis of the ways people-in-pain employ them. Figurative languages are rhetorical figures of speech that employ association, comparison, or resemblance, as in analogies between two things ('pain gnawed*1 at his stomach'), similes*2 ('the pain felt like a rat, gnawing his stomach'), and metonyms*3 ('the gnawing continued'). As shorthand, the term 'metaphor' will be used to refer to all these figures of speech.

3 Abstract, metaphorical concepts emerge from bodily experiences and environmental interactions. Bodies are actively engaged in figurative processes and social interactions that constitute painful sensations. And culture collaborates in the creation of physiological bodies and metaphorical systems.

4 Metaphorical clues are often extremely complex (for example, when a person describes their pain as 'sharp', do they mean 'narrowly confined, of high intensity, or of short duration'?). They are also often confusing, especially if taken literally. For instance, what does it mean to say that a pain 'hurts like blue blazes'? What are we to make of a man who states that 'I literally felt a physical pain in my gut. I mean that: a physical pain — like an elephant kicking me in the ribs'? Not only is the biological distance between guts and ribs fairly well determined, but readers might also ask how he knows what being kicked by an elephant might 'literally' feel like.

5 In 1957, a physician from the National Hospital in London observed that "we say 'pins and needles', knowing that the common experience so described does not resemble the actual sensation provided by multiple

and successive applications of 'real' pins and needles. 'Burning' and 'tearing' pains are manifestly unlike the feeling of being burnt or torn".

6 The 'selection of metaphors' seems to be 'based on an entirely different principle from an extension of the effects of a tool or weapon on the human body'. Instead, the metaphor is itself an analogy, based largely on visual and temporal correspondences. Thus, "if a painful experience has a temporal form of starting suddenly and ending abruptly, while being limited spatially to a small region, we call it a shooting pain. It resembles the 'visual form' of a shot, not the painful properties of the shot's consequences. ... A 'sawing' pain projects the temporary structure of sawing (rhythmic, repetitive, and possessing frequent highs and lows) on to the visual characterizations of a saw". What is being described is the 'spatiotemporal patterns of the sensation'. Correspondences between the body and metaphor are central to understanding the way people experience their worlds, including painful ones.

7 Wild descriptions actually express the pain for the sufferer. Similar to words such as 'absolute, infinite, and eternal', they marked the negation of definitive conception and helplessness of thought. They reveal the 'extreme disabling effect' of pain on the sufferer's most basic self. Perhaps even more importantly, the use of immoderate descriptions was an attempt to "excite in the minds of others a proportionate feeling*4 of the really inexpressible misery of the strange and confusing sensation. They are endeavors not to convey ideas, but to express feelings that are inexpressible".

8 Through language, then, sufferers not only attempted to render their own worlds less chaotic, but they also sought to reach out to others for help and sympathy. Human experience 'emerges from our bodily being-in-the-world'. People are born into worlds that are not of their own making: they must navigate within this world, and they do so by employing not only the existing metaphorical tools but also the ability to imaginatively create other conceptual domains from bodily experiences. These metaphors don't merely reflect pain but are crucial in constituting it, within interactive social contexts.

7

*¹**gnawed**: chewed or to be troubled ╱*²**similes**: comparison words ╱*³**metonyms**: substitute words ╱*⁴**proportionate feeling**: appropriate emotional response

（慶應大学薬学部）

Q1. Which of the following is true of the author's description in paragraphs [1], [2], and [3]?　　　　　　　　　　　大学　(8点)

1. Figurative explanations are non-symbolic and vary little worldwide.
2. Metaphors represent dissimilar ways of expressing facts, common to all cultures.
3. The language used to communicate pain is superficial and has a modest bearing on how suffering is treated.
4. Literal expressions of feelings are crucial to understanding a person's interactions with pain and suffering.
5. Rich varieties in manners of communication and expression exist and reflect the many different ways that humans interact with their world.

Q2. Select the proper example representing a metaphorical clue as discussed in paragraph [4] (first mentioned in line 1) —　　　大学　(6点)

1. "I lost 10 kilograms in 6 months."
2. "My heart races into my neck when I worry."
3. "My field of vision is worsening year by year."
4. "I feel I have a high fever of about 39 degrees."
5. "I can't move my right ankle, because of the pain."

Q3. According to the author, there are two points that seem to be unnatural to the general reader in the underlined statement in paragraph [4] (lines 6 and 7). Explain in your own English words on each point what these unnatural aspects are.　　　　　　　　　　独自　(10点)

Point 1 _____

_____

Point 2 _____

_____

Q4. In paragraph [6], the main message that the author intends to convey is that — 大学 (8点)

1. The world is experienced only through metaphors.
2. The timing of pain does not strongly influence the way it is seen.
3. The location of discomfort is equally as important as the day it occurs.
4. The perception of pain can involve various senses and the imagination.
5. Describing the way devices cut into our world is the single way to comprehend physical impacts.

Q5. Translate the underlined part in paragraph [7] (lines 5 to 7) into Japanese. You can ignore the quotation marks. 独自 (10点)

Q6. Which of the following is NOT mentioned in this article? 大学 (8点)

1. Word replacements are needed to relay the suffering one goes through.
2. There are constraints imposed on the ability to share distressing events.
3. Pain expressions involve descriptions incorporating both time and space.
4. Different environments in which one grows up can impact the manner in which feelings are communicated.
5. It is easy to adequately compare physical experiences with subjective feelings by use of literal language.

次の英文を読んで，設問に答えなさい。(50点)

The following passage is adapted from a popular science book about colour in nature.

Orfeo, a mosaic* of 1618 by Marchello Provenzalle, depicts Orpheus with a violin and various animals at his feet. (1)It was two beautiful ducks in the mosaic that attracted my attention. Their green heads indicated their gender — they were males. Females have brown bodies and heads. This is a sexual trait found also in pheasants — the pheasants with green heads in the painting that Monet made in 1879, were also males. The male pheasant and duck heads attract females, but not just because of their color, which contrasts well with the rest of the body, but also because of their brightness. These bird-heads burn with green flames.

Monet, though, failed to capture the dynamism of this green. As he paced around his subject matter, he saw an iridescent* green flare leap around the pheasants' heads. First the crown lit up, then the throat. A wave of iridescence flowed over the feathers as Monet proceeded to walk, but this was not reproduced on his canvas. (2)The green on the canvas stayed where it was as Monet viewed it from different directions. Monet gave us a hint of something extraordinary by painting the head black with a single green streak. The streak of green did contrast well against the black and so drew the eye more than any other colors in the picture. But the brightness effect — that dazzling, metallic sheen we see from the compact discs or holograms on credit cards — was absent. The ducks in the mosaic *Orfeo*, on the other hand, were vividly portrayed in the composition.

Most stones in the mosaic achieve their color through pigment effects. Electrons jump between the orbitals of the minerals' molecules when struck by white light, absorbing some wavelengths and rejecting others into all directions in the process. The green stones selected to occupy the ducks' heads also contain pigments — green pigments — which absorb the rays of all the other colors in white light. (3)But this time the pigments do not reflect the green rays but allow them to pass directly through the molecules, unaltered in their paths, like green-bottle glass.

The green color seen from *Orfeo*, nonetheless, *is*, reflected from the stones. (4)The reflection is all about the physical shape of the green-pigmented stones. They are faceted like diamonds. So as the green rays strike the angled rear edge of the stone, rather than exiting the stone they reflect from it at (for instance) right angles, as if the rear edge was a mirror. They reflect back into the stone towards the other side of the diamond shape, and from there they reflect back out through the stone and into the atmosphere. The green rays (5)exit the stone in the direction from where they came — in a single direction, forming a beam. 'Beam' is the all-important character of this visual effect, in contrast with the splayed-out reflection from ordinary pigments. Accordingly, Provenzalle was able to capture the "life" in the color of the duck's heads — he possessed 'structurally colored' stones (although pigments did play a filtering role, it was the shape of the stone *structure* that caused the beam-type reflection). Without the green pigment, chandeliers and cut-glass 'crystal' tableware (6)possess a similar sparkle. This is the optical effect to be explored in this chapter. Alfred, Lord Tennyson, made a useful comparison between a structurally colored emerald and pigmented grass, which reflect the same rays. 'A livelier emerald twinkles in the grass,' he remarked.

*mosaic「モザイク画(多様の素材をタイルに見たてて配置し，1つの作品にする手法のこと)」 ／iridescent「虹色がかった；(見る角度によって色の変化する)真珠光沢の(*cf.* iridescence 「虹色」)」

(上智大学)

問1 下線部 **(1)** のように筆者が述べる理由として最も適当なものを次の **(a)** 〜 **(d)** のうちから1つ選びなさい。　　　　　　　大学・改 (6点)

(a) The author knew the kind of duck in the mosaic immediately.

(b) The gender of the ducks was not immediately obvious.

(c) They looked more like pheasants than ducks.

(d) The mosaic captured the exact green of their heads.

問2 下線部 (2) で述べられているモネの描いたキジの頭部の緑色と，モネが実際に観察したキジの頭部の緑色との違いについて，第2段落の内容を踏まえて100字前後の日本語で述べなさい。 独自 (12点)

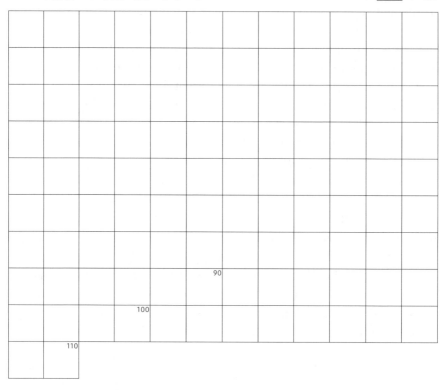

90

100

110

問3 下線部 (3) を和訳しなさい。 独自 (14点)

問4 下線部 (4) の意味に最も近いものを次の (a) ～ (d) のうちから1つ選びなさい。 大学・改 (6点)

(a) The shape of the green-pigmented stones causes light to reflect.

(b) The green color is not reflected in the stones.

(c) The shape of the green-pigmented stones is key to the painting.

(d) The light in the green-pigmented stones is already in the mosaic.

(a) bounce back in the same direction

(b) reflect more rays from the rear of the stone

(c) create a beam that reflects at right angles

(d) can also go straight through the stone

問 6 下線部 (6) の意味に最も近いものを次の (a) ～ (d) のうちから 1 つ選びな
さい。 　　　　　　　　　　　　　　　　　　　　　大学・改 (6点)

(a) also reflect beams of light to create green effects

(b) can be used to make mosaics in some cases

(c) reflect more green light in the same way as emeralds

(d) are similar to the mosaic stones in the way they reflect light

8

次の英文を読んで，設問に答えなさい。(50点)

The evolution of language

There is an almost perfect parallel between the evolution of DNA sequences and the evolution of written and spoken language. Both consist of linear digital codes. Both evolve by selective survival of sequences generated by at least partly random variation. Both are combinatorial systems capable of generating effectively infinite diversity from a small number of discrete elements. Languages mutate, diversify, evolve by descent with modification and merge in a ballet of unplanned beauty. Yet the end result is structure, and rules of grammar and syntax as rigid and formal as you could want. 'The formation of different languages, and of distinct species, and the proofs that both have been developed through a gradual process, are curiously parallel,' wrote Charles Darwin in *The Descent of Man*.

This makes it possible to think of language as a designed and rule-based thing. And for generations, this was the way foreign languages were taught. At school I learned Latin and Greek as if they were cricket or chess: you can do this, but not that, to verbs, nouns and plurals. A bishop can move diagonally, a batsman can run a leg bye, and a verb can take the accusative. Eight years of this rule-based stuff, taught by some of the finest teachers in the land for longer hours each week than any other topic, and I was far from fluent — indeed, I quickly forgot (a)[had / I / learned / little / what] once I was allowed to abandon Latin and Greek. (b)Top-down language teaching just does not work well — it's like learning to ride a bicycle in theory, without ever getting on one. Yet a child of two learns English, which has just as many rules and regulations as Latin, indeed rather more, without ever being taught. An adolescent picks up a foreign language, conventions and all, by immersion. Having a training in grammar does not (I reckon) help prepare you for learning a new language much, if at all. It's been staring us in the face for years: the only way to learn a language is bottom-up.

Language stands as the ultimate example of a spontaneously organised phenomenon. Not only does it evolve by itself, words changing their meaning even as we watch, despite the railings of the mavens, but it is learned, not taught. The prescriptive habit has us all tut-tutting at the decline of language standards, the loss of punctuation and the debasement of vocabulary, but it's all nonsense. (c) Language is just as rule-based in its newest slang forms, and just as sophisticated as it ever was in ancient Rome. But the rules, now as then, are written from below, not from above.

There are regularities about language evolution that make perfect sense but have never been agreed by committees or recommended by experts. For instance, frequently used words tend to be short, and words get shorter if they are more frequently used: we abbreviate terms if we have to speak them often. (d-1) This is good — it means less waste of breath, time and paper. And it is an entirely natural, spontaneous phenomenon that we remain largely unaware of. Similarly, common words change only very slowly, whereas rare words can change their meaning and their spelling quite fast. Again, (d-2) this makes sense — re-engineering the word 'the' so it means something different would be a terrific problem for the world's English-speakers, whereas changing the word 'prevaricate' (it used to mean 'lie', it now seems mostly to mean 'procrastinate') is no big deal, and has happened quite quickly. Nobody thought up this rule; it is the product of evolution.

Languages show other features of evolutionary systems. For instance, as Mark Pagel has pointed out, biological species of animals and plants are more diverse in the tropics, less so near the poles. Indeed, many circumpolar species tend to have huge ranges, covering the whole of an ecosystem in the Arctic or Antarctic, whereas tropical rainforest species might be found in just one small area — a valley or a mountain range or on an island. The rainforest of New Guinea is a menagerie of millions of different species with small ranges, while the tundra of Alaska is home to a handful of species with vast ranges. This is true of plants, insects, birds, mammals, fungi. It's (e) a sort of iron rule of ecology: that there will be more species, but with smaller ranges, near the equator, and fewer species, but with larger ranges, near the poles.

And here is the fascinating parallel. It is also true of languages. The native tongues spoken in Alaska can be counted on one hand. (f) In New Guinea there are literally thousands of languages, some of which are spoken in just a few valleys and are as different from the languages of the next valley as English is from French. Even this language density is exceeded on the volcanic island of Gaua, part of Vanuatu, which has five different native languages in a population of just over 2,000, despite being a mere thirteen miles in diameter. In forested, mountainous tropical regions, human language diversity is extreme.

（旭川医科大学）

問1 DNA 配列と，書き言葉および話し言葉との間で筆者の指摘する類似点を第1段落の内容に即して3点述べなさい。 独自 (6点)

問2 下線部 **(a)** の （　　　） 内の語を意味が通じるように並べ替えなさい。 独自 (3点)

　　　[had / I / learned / little / what]

問3 下線部 **(b)** の理由を本文に即して述べなさい。 大学 (4点)

問4 下線部 **(c)** を和訳しなさい。 独自 (9点)

問5 下線部 **(d-1)** および下線部 **(d-2)** の this が指示する内容をそれぞれ述べなさい。 大学・改 (9点)

問6 下線部 **(e)** の内容を本文に即して述べなさい。 大学 (8点)

問7 下線部 **(f)** を和訳しなさい。 大学 (11点)

9

次の英文を読み，設問に答えなさい。(50点)

In the dry red soil of Chimayo, New Mexico, there is a hole in the ground that some call holy. They intend no pun, no play on words. The hole is a serious matter; the locals who tend to it would (a) no more joke about their humble opening in the earth than they would a hole in the head, or the heart.

Though it has a long and eclectic spiritual history, the hole sits today in the back corner of a Roman Catholic Church, El Santuario de Chimayo, which is among the most frequently visited religious pilgrimage sites in America. Hundreds of thousands of true believers and curious souls visit every year to line up in a small side chapel strewn with pictures of loved ones lost. They crowd into a closet-sized space around the hole, bend at the knees, dip their hands into the cool of the gap below, and pull up big handfuls of dirt. Visitors to Chimayo believe that eating the dirt brings miracles.

Some would call (b) it folk religion — not the real or legitimate practice of a Christian church but an indigenous corruption of the sanctioned sacrament of Communion*. Others might suggest it is in fact something more complicated: a distinctly American form of religious syncretism, a blending of faith traditions so complete that it is difficult to separate one from the other. Implicit in each of these explanations is a more obvious physical truth. (c) The church was built over a hole in the ground that has history both connected to and independent of the structure around it. To extend the symbolic story: In thinking about religion in American history, we have too often focused only on the church standing above the hole and not on the hole itself, nor on the people lining up to make the soil within a part of their blood, their bones. The United States is a land shaped and informed by internal religious diversity — some of it obvious, some of it hidden — and yet the history we have all been taught has mostly failed to convey this. (d) We have learned history from the middle rather than the margins, though it is the latter from which so much of our culture has been formed.

We need only look to the point often seen as the beginning to know this is true. It is the story we memorized in school: *In fourteen hundred and ninety-two, Columbus sailed the ocean blue* ... and he did so, we all have been taught, on orders and at the expense of Ferdinand and Isabella, the Catholic monarchs of Spain. The largest of his ships was named for the mother of the Christian savior. In his journal, which begins in the form of a prayer, "In the Name of Our Lord Jesus Christ," Columbus writes of standards bearing the cross brought onto the lands he was soon to conquer.

Less well known are the men who sailed with Columbus who did not call this symbol their own. No less than America would be, Europe at the time was a place endlessly conflicting over its multi-religious past. Having shaped so much of Iberian culture, practitioners of Judaism and Islam provided Spain's Catholics with a daily reminder that their world was not made by the church alone. Whether this reminder was mere embarrassment or existential threat, it was reason enough to force them out. Columbus devotes the first words of his diary to praising Spain for evicting its religious minorities in the same year he began his voyage, and yet his own adventure could not have been accomplished without men drawn from the very peoples he was so pleased to see driven from their homes. It was precisely their connections to exiled faiths that led several of his crewmen to join a mission that was less likely to end in riches than a watery grave.

*sacrament of Communion　ミサで聖体を受け取ること

（京都大学）

10

問1 下線部 (a) を正しく言い換えたものを，以下の選択肢（**ア**）〜（**エ**）のうちから1つ選びなさい。　独自 (4点)

（**ア**）joke about their humble opening in the earth, although they would never joke about a hole in the head, or the heart

（**イ**）never joke about their humble opening in the earth, just as they would never joke about a hole in the head, or the heart

（**ウ**）no longer joke about their humble opening in the earth, in the way they would joke about a hole in the head, or the heart

（**エ**）not so much joke about their humble opening in the earth as they would joke about a hole in the head, or the heart

問2 下線部 (**b**) の it は具体的にどのようなことを指しているかを，日本語で述べなさい。 　独自 (10点)

問3 下線部 (**c**) を和訳しなさい。 　大学 (24点)

問4 下線部 (**d**) の中の "the middle" と "the margins" は，それぞれ具体的にどのようなことを指しているかを，新大陸発見の事例を用いて，それぞれ日本語 60 ~ 80 字で述べなさい（句読点を含む）。 　大学 (12点)

"the middle"

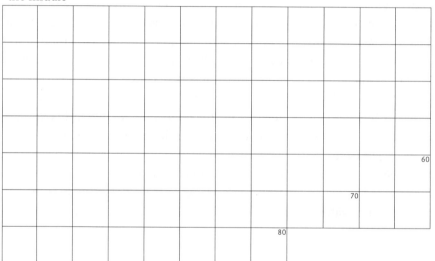

"the margins"

											60
									70	
							80			

次の英文を読んで，設問に答えなさい。なお，文章中の stratocumulus という単語は「層積雲」を意味する。(50点)

Gavin Pretor-Pinney decided to take a break. It was the summer of 2003, and for the last 10 years, in addition to his graphic-design business in London, he and a friend had been running a magazine called *The Idler*. This title suggests "literature for the lazy." It argues against busyness and careerism and for the value of aimlessness, of letting the imagination quietly run free. Pretor-Pinney anticipated all the jokes: that (A)he'd burned out running a magazine devoted to doing nothing, and so on. But it was true. Getting the magazine out was tiring, and after a decade, it seemed appropriate to stop for a while and live without a plan — to be an idler himself in a positive sense and make space for fresh ideas. So he exchanged his apartment in London for one in Rome, where everything would be new and anything could happen.

Pretor-Pinney is 47, tall and warm, with a grey beard and pale blue eyes. His face is often bright, as if he's being told a story and can feel some terrific surprise coming. He stayed in Rome for seven months and loved it, especially all the religious art. One thing he noticed: the paintings he encountered were crowded with clouds. They were everywhere, he told me recently, "these soft clouds, like the sofas of the saints." But outside, when Pretor-Pinney looked up, the real Roman sky was usually cloudless. He wasn't accustomed to such endless, blue emptiness. He was an Englishman; he was accustomed to clouds. He remembered, as a child, being charmed by them and deciding that people must climb long ladders to harvest cotton from them. Now, in Rome, he couldn't stop thinking about clouds. "I found myself ア(1) them," he told me.

Clouds. They were a strange obsession, perhaps even a silly one, but he didn't resist it. He went with it, as he often does, despite not having a specific goal or even a general direction in mind; he likes to see where things go. When Pretor-Pinney returned to London, he talked about clouds constantly. He walked around ア(2) them, learned their scientific names, like "stratocumulus," and the weather conditions that shape them and argued with friends who complained they were gloomy or dull. He was realizing, as he later put it, that "clouds are not something to complain about. They are, in fact, the most dynamic and poetic aspect of nature."

Slowing down to appreciate clouds enriched his life and sharpened his ability to appreciate other pockets of beauty ｱ(3) in plain sight. At the same time, Pretor-Pinney couldn't help noting, (B)we were entering an era in which we were losing a sense of wonder. New, supposedly amazing things bounced around the internet so quickly that, as he put it, we can now all walk around with an attitude like, "Well, I've just seen a panda doing something unusual online — what's going to amaze me now?" His passion for clouds was teaching him that "it's much better for our souls to realize we can be amazed and delighted by what's around us."

At the end of 2004, a friend invited Pretor-Pinney to give a talk about clouds at a small literary festival in South West England. The previous year, there were more speakers than people in the audience, so Pretor-Pinney wanted an interesting title for his talk, to draw a crowd. "Wouldn't it be funny," he thought, "to have a society that defends clouds against the bad reputation they get — that stands up for clouds?" So he called it "The First Annual Lecture of the Cloud Appreciation Society." And it worked. Standing room only! Afterward, people came up to him and asked for more information about the Cloud Appreciation Society. They wanted to join the society. "And I had to tell them, well, I haven't really got a society," Pretor-Pinney said. So he set about ｱ(4) one.

He created a simple website with a gallery for posting photographs of clouds, a membership form and a bold manifesto. ("We believe that clouds are unjustly insulted and that life would be infinitely poorer without them," it began.) He also decided to charge a membership fee and issue a certificate in the mail. He did these things because he recognized that joining an online Cloud Appreciation Society that existed in name only might appear ridiculous, and he wanted to make sure that it did not seem ｲ .

Within a couple of months, the society had 2,000 ｱ(5) members. Pretor-Pinney was surprised and delighted. Then, Yahoo placed the Cloud Appreciation Society first on its 2005 list of Britain's "Wild and Wonderful Websites." People kept clicking on that link, which wasn't

11

necessarily surprising, but thousands of them also clicked through to Pretor-Pinney's own website, then paid for memberships. Other news sites noticed. They did their own articles about the Cloud Appreciation Society, and people followed the links in those articles too. Previously, Pretor-Pinney had proposed writing a book about clouds and had been rejected by 28 editors. Now he was an internet sensation with a large online following; he got a deal to write a book about clouds.

The writing process was ア(6) . On top of not actually having written a book before, he demanded perfection of himself, so the work went slowly. But *The Cloudspotter's Guide*, published in 2006, is full of joy and wonder. Pretor-Pinney surveys clouds in art history, poetry, and modern photography. In the middle of the book, there's a cloud quiz. Question No. 5 asks of a particular photograph, "(C)_____ stratocumulus?" The answer Pretor-Pinney supplies is, "It is pleasing for whatever reason you find it to be."

The book became a bestseller.

（東京大学）

問1 下線部（A）に関して，"all the jokes" の例であることがわかるように，その内容を日本語で説明しなさい。　　　　　　　　大学 （8点）

問2 下線部（B）の内容を本文に即して日本語で説明しなさい。　　大学 （10点）

問3 下に与えられた語を正しい順に並べ替え，下線部（C）を埋めるのに最も適切な表現を完成させなさい。　　　　　　　　大学 （5点）

[about / is / it / layer / of / pleasing / so / that's / this / what]

問4 以下の問いに解答しなさい。

(ア) 空所 (ア)(1)〜(6) には単語が一つずつ入る。それぞれに文脈上最も適切な語を次のうちから一つずつ選びなさい。ただし，同じ記号を複数回用いてはならない。　　　　　　　　　　　　　　　大学 (各3点)

a) admiring　　　　**b)** disturbing　　　　**c)** exhausting

d) hating　　　　　**e)** hiding　　　　　　**f)** ignoring

g) inventing　　　　**h)** missing　　　　　**i)** paying

j) recovering

(イ) 空所 ┃ イ ┃ に入れるのに最も適切な単語を次のうちから一つ選びなさい。
　　　　　　　　　　　　　　　　　　　　　　　　　　大学 (4点)

a) cloudy　　　　　**b)** expensive　　　　**c)** lazy

d) pointless　　　　**e)** serious

(ウ) 本文の内容と合致しないものはどれか。一つ選びなさい。　　大学 (5点)

a) It was not until he went to Rome that Pretor-Pinney found clouds attractive.

b) Pretor-Pinney learned a lot about clouds after he came back to London, which helped him write *The Cloudspotter's Guide*.

c) Pretor-Pinney's Cloud Appreciation Society drew people's attention quickly.

d) Pretor-Pinney's talk about clouds at a small literary festival turned out to be exceptionally successful.

e) Pretor-Pinney was busy both when co-editor of *The Idler* and when founder of the Cloud Appreciation Society.

11

次の英文を読んで，設問に答えなさい。（50点）

The "secret of a good memory" is the secret of forming diverse and multiple associations with every fact we care to retain. But this forming of associations with a fact is nothing but *thinking about* the fact as much as possible. Briefly, (　ア　), (1)of two men with the same outward experiences and the same mental capacities, *the one who thinks over his experiences most*, and weaves them into systematic relations with each other, *will be the one with the best memory.* We see examples of this on every hand. Most men have a good memory for facts connected with their own pursuits. The college athlete who remains a dunce* at his books will astonish you by his knowledge of men's "records" in various feats and games, and will be a walking dictionary of sporting statistics. The reason is that he is constantly going over these things in his mind, and comparing and making series of them. They form for him not so many odd facts, but a concept-system — so they stick. (2)Thus the merchant remembers prices, the politician other politicians' speeches and votes, in such an amount as amazes outsiders, but this is easily explained by the amount of thinking they devote to these subjects. The great memory for facts which a Darwin and a Spencer reveal in their books is not incompatible with their having a brain with only a middling degree of native retentiveness. (3)Let a man early in life set himself the task of confirming such a theory as that of evolution, and facts will soon cluster and cling to him like grapes to their stem. Their relations to the theory will hold them tight, and the more of these the mind is able to discern, the more substantial the knowledge will become. Meanwhile the theorist may have little, or if any, loose memory. Unutilizable facts may be unnoted by him and forgotten as soon as heard.

In a system, every fact is connected with every other by some thought-relation. The consequence is that every fact is retained by the combined suggestive power of all the other facts in the system, and forgetfulness is almost impossible.

The reason why (4)*cramming* is such a bad mode of study is now made clear. By cramming I mean that way of preparing for examinations by intensively learning "points" by heart during the preceding few hours or days, little or no work having been performed in the previous course of the term. Things learned thus in a few hours, on one occasion, for one purpose, cannot possibly have formed many associations with other things in the mind. Their brain-processes are led into by few paths, and are relatively little liable to be awakened again. Speedy forgetfulness is the almost inevitable fate of all that has been learned in this simple way. (イ), if the same materials are associated with other external incidents and considered in various relations, they grow into such a system, and lie open to so many paths of approach, that they remain permanent possessions. This is why habits of continuous application should be enforced in educational processes. (ウ) there is no evil in cramming in itself: if it led to the desired end of secure learning, it would be infinitely the best method of study. But (5)it does not; and students themselves should understand the reason why.

*a dunce: a person who is slow at learning; a stupid person

(大阪医科大学)

問1 下線部 **(1)** を和訳しなさい。　　　　　　　　　大学 (10点)

問2 下線部 **(2)** を和訳しなさい。　　　　　　　　　独自 (10点)

問3 下線部 **(3)** を和訳しなさい。　　　　　　　　　独自 (8点)

問4以降は次ページ →

問4 下線部 **(4)** で筆者の言う cramming とはどのようなことか。本文の内容に即して 70 字前後の日本語で述べなさい。 独自 (8点)

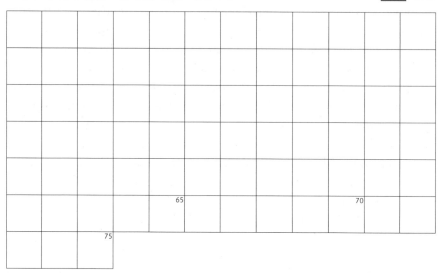

問5 筆者が下線部 **(5)** のように述べる理由を，本文の内容に即して 60 字前後の日本語で述べなさい。 大学・改 (8点)

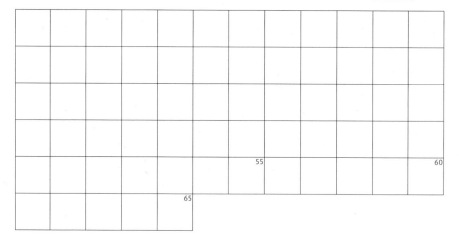

問6 空所（**ア**）〜（**ウ**）に入れる最も適切な表現を以下の中から1つずつ選び番号で答えなさい。文頭にくるものもすべて小文字で示してある。同じ表現を2度用いてはならない。 独自（6点）

① of course

② on the contrary

③ then

次の英文を読んで，設問に答えなさい。(50点)

"Do every act of your life as though it were the very last act of your life," said Marcus Aurelius, Roman emperor and philosopher. If these words (a) have a familiar ring, it is because philosophers and religious thinkers have been saying more or less the same thing from time immemorial.

Be here now.

Be ever mindful.

Live in the present.

Clearly, we human beings must have great difficulty living mindfully in the present. (ア), why would so many philosophers feel the need to keep repeating the message?

On the face of it, fully engaging in the here and now does not sound that difficult. *Here* is right here in front of us. And it is *now* right now. So what's the problem?

Some people drift away from the present by desiring something better than what exists here and now. Others drift away into "What's next?" (b) Another, more thorough way of avoiding full immersion in the present is by seeing all of life as stages of preparation, ranging from preparing for dinner to preparing for life in the Hereafter, with preparing for final exams falling somewhere in between. At the other extreme, there are those of us who persistently dwell in the past, with either nostalgia or regret or a mix of the two.

This drifting away from the present comes along with the human capacities of imagination and extended memory. We can always imagine our lives as different from what they actually are; we can always see alternatives. Apparently, that is a temptation that is hard for most of us to resist. (イ), we can remember the way life was in the past, and chewing that over also seems irresistible.

Besides, I suspect that there is something about living fully in the present that deeply frightens us. (c) What could be the source of this fear? One reason could be that we live in perpetual terror of being disappointed by our lives, indeed, by life itself. We know intuitively that life in the here and now is life's ultimate — life cannot get any realer than *right now.* But what if we find the here-and-now life seriously lacking? What if it strikes us with the full force of "Is that all there is?" What if we find this ultimate reality uninspiring or, (ウ), hard, unfair, and painful? To deal with this fear of existential disappointment we make a preemptive strike on living in the present by reflexively imagining something different, by switching our consciousness to the future or past or to an imagined alternative life.

Another possible reason we refrain from living in the present is that it is fraught with intimations of our mortality. When we are fully immersed in the here and now, we become profoundly aware of the unstoppable progression of time and change. Most of us have experienced highly charged moments of bliss occasioned by simple events — a sudden appearance of a flock of doves overhead; an astonishing performance of a passage of music; an enchanting smile on the face of a passing stranger. These moments are fleeting. That is an essential part of their intensity. But these fleeting moments leave us with a bittersweet awareness that everything ends. And with that awareness comes the inescapable knowledge of our mortal existence. We are fully cognizant of the fact that the sum of our here-and-now moments will reach their end and then we will be no (エ).

（京都大学）

問1 空欄（ア）～（エ）に入る最も適切な語を以下の中から選び，番号を記入しなさい。同じ語は一度しか使用してはならない。なお，文頭に入る語も最初の文字を大文字にしていない。　[大学]（各2点）

① less　　　　　② likewise　　　　③ more
④ otherwise　　⑤ therefore　　　　⑥ worse

問2 下線部 (a) を言い換えるとき，最も適切なものを以下の中から選び，番号を記入しなさい。　[独自]（4点）

① have a well-known characteristic
② have some rarity value
③ sound like something you have heard before
④ sound pleasing to the ear

問 3 下線部 **(b)** を和訳しなさい。　　　　　　　　　　　　大学 （18点）

問 4 下線部 **(c)** の問いに筆者が与えている答えを，"this fear" の内容を明らかに しつつ，日本語で 130 〜 160 字にまとめなさい（句読点を含む）。

大学 （20点）

次の英文を読んで，設問に答えなさい。（50点）

Have you ever been eating in a restaurant — just an ordinary café or dining room, ア(1) by the rush of waitresses, the buzz of conversation, and the smell of meat cooking on a grill — and when you take up the salt to sprinkle it over your eggs, you're struck by the simple wonder of the shaker, filled by unseen hands, ready and awaiting your pleasure? For you, the shaker exists only for today. But in reality it's there hour after hour, on the same table, refilled again and again. The evidence is visible in the threads beneath the cap, worn down by ア(2) twisting — someone else's labor, perhaps the girl with the pen and pad waiting patiently for you to choose an ice cream, the boy in an apron with dirty sneakers, perhaps someone you'll never in your life see. This shaker is work, materially realized. And there you are, undoing it.

Or you might have wandered through a department store, looking at neat stacks of buttoned shirts. The size or color you prefer is at the bottom of the stack, and though you're as gentle as can be lifting the shirts, extracting only the ア(3) one, the pile as you leave it is never quite as tidy, and it won't be again until the invisible person returns to set things right.

Cash in an ATM machine. Hotel towels on the floor. The world is full of (A)this kind of work, always waiting to be done and then undone, so it can be done again.

This morning, I gathered up all the cans and bottles thrown about the apartment by my boyfriend and put them in a bag to carry down to the building's rubbish area. He hasn't slept here in a week, but I'd been staying late at the university library and only managed to lift myself out of bed in time to bathe and run to my secretary job in an office in downtown Kobe, where every day I perform my own round of boring tasks. I'm fairly good at it, though. I'm careful to put the labels on file folders so they are perfectly centered, perfectly straight, and I have a system of the colors of ink and sticky notes that keeps everything ア(4) . I never run out of pens or paper clips. When anyone needs an aspirin or a piece of gum or a cough drop, I'm the one who has it in her desk drawer. Always. Like magic.

Today is Sunday and both the office and the university library are closed. My boyfriend texted he'd arrive at one o'clock, so I have all morning to straighten up the apartment and shop. Around eleven last night I finished my final paper of the year, and there won't be another until classes begin again in a few weeks. It's a comfortable feeling.

Besides the cans and bottles, there are the containers of takeout yakisoba, with dried spring onion stuck on them, from our dinner together last weekend. The oily paper bags that once held pastries I pick up half-price from the bakery in Sannomiya* before it closes. I eat these on weeknights, alone, in bed. Sometimes in the morning, I discover bits of pastries or spots of cream on my pillow. My boyfriend would be ア(5) .

After throwing away the containers and bags into the overflowing rubbish box, I strip the bed sheets and leave them in a pile beside the bed. There are many other things to do, but the sky is threatening rain and I decide to do the shopping before it starts to pour.

To go out, I put on a salmon-pink raincoat and hat my boyfriend gave me on my birthday. He mentioned, modestly, that it came from a special shop in Tokyo. Not long after, I spotted the same set in an ordinary clothing store in Umeda*. (B)It's possible the Tokyo salesgirl took advantage of him; she probably convinces every customer what he purchased was one-of-a-kind. Then, after he left, she simply brought out another from the back.

I didn't tell my boyfriend about the second coat, or that the shade of pink was exactly like the smocks worn by the small boys and girls in the daycare down the road. The first time I wore it, I found myself in a narrow alley with the daycare attendants and a long line of small children, moving like a grotesque pink worm. The attendants grinned at me as I pressed my back against the wall, trying to disappear, then hurried off the other way.

On a Sunday, though, the children should all be at home.

With my purse, shopping bag, and the collection of cans and bottles, I leave the apartment and lock the heavy metal door behind me. The apartment is on the top floor, so there are three flights of stairs before I reach the parking lot level. I rarely meet anyone going up or down. For several years, this building has been ア(6) by foreigners: English teachers from the neighborhood conversation schools, Korean preachers, now and then a performer from an amusement park. None of them stay

14

very long. My apartment was the home of the former secretary in my office, and when she left to get married she offered her lease to me. That was five years ago. I am now the building's most イ tenant.

The rubbish area is in a sorry state. Despite the clearly marked containers for different types of glass and plastic, and the posted calendar of pick-up days, the other tenants leave their waste where and whenever they choose. I place my cans and bottles in the proper boxes, and with my foot attempt to move the other bundles toward their respective areas. Some of the tenants combine unlike items into a single bag, so even this small effort on my part doesn't clear up the mess. I feel sorry for the garbage collectors, the people (C)_____ one by one.

*Sannomiya(三宮)「神戸を代表する繁華街」　Umeda(梅田)「大阪の二大繁華街の一つ」

(東京大学)

問1 下線部（**A**）の内容を説明しなさい。　　　　　　　　　　　　大学 (8点)

問2 下線部（**B**）の内容を具体的に説明しなさい。　　　　　　　　大学 (10点)

問3 下に与えられた語を正しい順に並べ替え，下線部（**C**）を埋めるのに最も適切な表現を完成させなさい。　　　　　　　　　　　　　　　大学 (5点)

[is / it / pieces / sort / task / the / to / whose]

問4 以下の問いに解答しなさい。

(ア) 空所アの**(1)**〜**(6)**には単語が1つずつ入る。それぞれに文脈上最も適切な語を次のうちから1つずつ選びなさい。ただし，同じ記号を複数回用いてはならない。　　　　　　　　　　　　　　　　　　　　大学 (各3点)

a) chosen　　**b)** encouraged　　**c)** horrified　　**d)** occupied

e) organized　**f)** realized　　　**g)** repeated　　**h)** surrounded

(イ) 空所 イ に入れるのに最も適切な語を次のうちから1つ選びなさい。　　　　　　　　　　　　　　　　　　　　　　　　　　大学 (4点)

a) boring　**b)** difficult　**c)** egocentric　**d)** faithful　**e)** popular

58

(**ウ**) 本文の内容と合致するものはどれか。最も適切なものを 1 つ選びなさい。

大学 (5点)

a) The author does not like her boyfriend who has no taste in clothes.

b) The author focuses on the necessary labor which is done unnoticed.

c) The author has a good friend in her office who always helps her like a magician.

d) The author has an ambition to reform the local community and public welfare.

e) The author is fed up with her domestic household routine and her job as a secretary.

14

次の英文を読んで，設問に答えなさい。(60点)

Last month five thugs* caused mayhem* in a supermarket in south London. One punched and kicked a female staff member to the ground. Another smashed an object over a disabled customer's head before punching and knocking him out of his wheelchair. One victim ended up in hospital. (a)As shocking as the violence was the realisation that many people had watched on as innocent, vulnerable people were attacked. At least one bystander recorded the incident on a smartphone. Nobody appears to have tried to intervene.

Before we rush to condemn the bystanders, however, consider whether you might have put yourself in harm's way. There were five perpetrators*, apparently fit, strong and violent. Would you be certain you could overcome them? Could you be sure they were not carrying weapons? Would others back you up? How competent, and how far away, were the supermarket security guards?

Honest answers to these questions help us to understand how we have become a stand-by-and-watch society in which the wrong people are afraid. Instead of fearing being caught and punished for attacking others, thugs often seem to be proud of their violence. (b)私たちの多くは，他人を助けに行くのではなく，何か恐ろしいことや残忍なことに巻き込まれるのを恐れている。

The supermarket incident is an extreme example. But think less alarming scenarios. Would you say anything to somebody who drops litter, or lets their dog foul the pavement? Would you stop some teenagers from vandalising* a playground, or bullying a classmate after school? Would you stop a thief or intervene as a man threatens a woman in a fit of rage? There are understandable reasons for not doing so. (c)But that we are reluctant to intervene at such moments shows how the norms in our society favour those who do bad things. This is a serious problem in itself, but it is also a problem that leads to others. The more people get away with minor acts of irresponsibility, anti-social behaviour and criminality, the more they feel confident they can get away with worse.

A society with a greater willingness to police* its members' behaviour might not produce more people willing to intervene when they witness crimes taking place. (d) But it would experience less serious crime in the first place by addressing what were once called the causes of crime. It would expect fathers to play a proper role in the upbringing of their children, even if they do not live at home. It would give greater support to head teachers who impose discipline in their schools. It would have no tolerance for the noise, litter, graffiti, disrespect and intimidation that are too common in our towns and cities. It would value aspiration, education and hard work. In other words, a society in which we were willing to place expectations on others and accept them for ourselves, and in which we were ready to call out unacceptable behaviour and help others who do (e) the same, would be a more resilient* society, more capable of creating virtuous circles than vicious ones.

And yet this argument is mostly overlooked. When ministers grapple with policy problems, the solutions they debate focus on government action and its effects on individual freedom and responsibility. The role of the community — how we can come together to help one another, how social expectations can produce better behaviour — is frequently forgotten. Unfortunately, the notion of community — or at least the idea that strong communities can look after themselves — is out of fashion. (f) The expectation that we might take responsibility not only for ourselves but for our families and neighbourhoods and people in need is often seen as too much trouble. The belief that our behaviour might be better when it is policed not just by individual conscience and legal boundaries but by social norms is seen as judgmental or cruel.

And to be fair, in the past, it has sometimes been like that. We look back at the way families and communities once dealt with people who were gay, or had children outside marriage, or got divorced, or had the wrong colour skin, or fell in love with the wrong person, and feel relief that (g) those days are behind us.

But is it really true that cruelty and unfairness are inherent in community and social norms? The honest answer is yes: a stronger community might run the risk of empowering the bossy and the self-righteous. But there is no reason to believe stronger social norms would restore value judgments we no longer support. As the campaign against racism has shown, social pressure can enforce modern moral standards as well as older ones. Allowing for a little bossiness — which itself can be policed and resisted — would anyway be a small price to pay for escaping the moral free-for-all* our society sometimes resembles. (h)Judging and punishing the criminal and the irresponsible is, after all, the whole point of having social norms and ensuring everyone follows them.

> ***thug**: a violent person, especially a criminal／**mayhem**: a situation that is not controlled or ordered, when people are behaving in a disorganized, confused, and often violent way／**perpetrator**: a person who commits a crime or does something that is wrong or evil／**vandalise**: to damage something, especially public property, deliberately and for no good reason／**police[v]**: to make sure that a particular set of rules is obeyed; control／**resilient**: able to recover easily and quickly from unpleasant or damaging events／**free-for-all**: a situation in which there are no rules or controls and everyone acts for their own advantage

（慶應大学医学部）

問1 下線部 **(a)** を和訳しなさい。　　　　　　　　　　　　大学 （8点）

問2 下線部 **(b)** を英訳しなさい。　　　　　　　　　　　　大学 （6点）

問3 下線部 **(c)** を和訳しなさい。　　　　　　　　　　　　大学 （8点）

問4 下線部 **(d)** を it が指すものを明らかにして和訳しなさい。　大学 （8点）

問5 下線部 **(e)** はどのようなことか，日本語 20 字以内で説明しなさい。

大学 （4点）

								10	
							20		

問6 下線部 **(f)** を和訳しなさい。 大学 (8点)

問7 下線部 **(g)** はどのようなことを伝えようとしているのか，those days がどのような時代だったかを明らかにして日本語60字以内で説明しなさい。

大学・改 (7点)

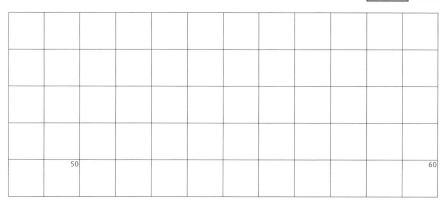

問8 下線部 **(h)** を和訳しなさい。 大学 (7点)

問9 この新聞記事の見出しとして最もふさわしいものを選択肢より選びなさい。

大学 (4点)

　ア　Bystanders criticized for not coming to aid of attack victims

　イ　Government proposes new measures to combat rising violent crime

　ウ　Staff and customers attacked in south London supermarket

　エ　Stronger social norms and communities needed to tackle anti-social behaviour

出典一覧

問題1 *The Great Virginia Grape Heist* by Rene Chun, 01/12/2018 Issue. From The Atlantic. ©2018 The Atlantic Monthly Group, LLC. All rights reserved. Used under license.

問題2 Roberts, Richard M., and Roger J. Kreuz., *Becoming Fluent* ©2015 Massachusetts Institute of Technology, by permission of The MIT Press.

問題3 *Art and Reality* by Joyce Cary, August 2013. Cambridge University Press. Used by permission.

問題4 *Why this crab's blood could save your life* by Kieron Monks, 05 January 2015 From CNN.com. © 2015 Cable News Network. A Warner Bros. Discovery Company. All rights reserved. Used under license.

問題5 *From Wait, What?* by James E. Ryan. Copyright © 2017 by James E. Ryan. Used by permission of Harper Collins Publishers.

問題6(A) *On Rumors: How Falsehoods Spread, Why We Believe Them, and What Can Be Done* by Cass R. Sunstein, 03/10/2014. Wylie UK / Princeton University Press US. Used by permission.

問題6(B) *Building Communities for All Ages: Lessons Learned from an Intergenerational Community-building Initiative* by Nancy Henkin, Corita Brown, 01/09/2014. John Wiley and Sons (Journal of Community & Applied Social Psychology) Used by permission.

問題7 *The Story of Pain From Prayer to Painkillers* by Joanna Bourke, 10/04/2017. Oxford Publishing Limited. Used by permission.

問題8 *Seven Deadly Colours: The Genius of Nature's Palette and How it Eluded Darwin* by Andrew Parker. 03/05/2005/. Free Press. Used by permission.

問題9 "The evolution of language" from *The Evolution of Everything* by Matt Ridley. Copyright © 2015 by Matt Ridley. Used by permission of Harper Collins Publishers.

問題10 From *One Nation, Under Gods* by Peter Manseau, copyright ©2015. Reprinted by permission of Little, Brown, an imprint of Hachette Book Group, Inc.

問題11 *The Amateur Cloud Society That (Sort Of) Rattled the Scientific Community* by Jon Mooallem. The New York Times Magazine. Used by permission.

問題12 *The Principles of Psychology* by William James, 1890. Henry Holt and Company.

問題13 "EVERY TIME I FIND THE MEANING OF LIFE, THEY CHANGE IT: WISDOM OF THE GREAT PHILOSOPHERS ON HOW TO LIVE" by Daniel Klein adapted from excerpt from EVERY TIME I FIND THE MEANING OF LIFE, THEY CHANGE IT: WISDOM OF THE GREAT PHILOSOPHERS ON HOW TO LIVE by Daniel Klein, copyright ©2015 by Daniel Klein. Used by permission of Penguin Books, an imprint of Penguin Publishing Group, a division of Penguin Random House LLC. All rights reserved.

問題14 *This Will Only Take a Moment* by Elin Hawkinson. Middlebury College (New England Review). Used by permission.

問題15 *To tackle anti-social behaviour we need stronger social norms and communities* by Nick Timothy, 08/08/2021. © Nick Timothy / Telegraph Media Group Limited 2021. Used by permission.

Obunsha

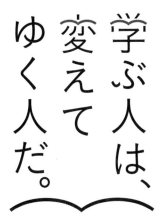

学ぶ人は、
変えて
ゆく人だ。

目の前にある問題はもちろん、

人生の問いや、

社会の課題を自ら見つけ、

挑み続けるために、人は学ぶ。

「学び」で、

少しずつ世界は変えてゆける。

いつでも、どこでも、誰でも、

学ぶことができる世の中へ。

旺文社

最難関大 英語長文
読解の原点

東大・京大・医学部レベル

Reading
FUNDAMENTALS

BY

刀禰泰史 著

旺文社

はじめに

　河合塾で仕事をして30年以上，その中で教材，模擬試験の作成に，授業と並行して携わってきました。受講生の夥(おびただ)しい数のテストゼミの答案を採点し，他方で模擬試験の解説や採点基準を作成するうち，いつしか通常授業においても，英文読解問題においては，模擬試験と同等の採点基準を作成し，「どういうミスをしたらどのくらい減点されるのか」「出題者は何を求めているのか」を，毎回受講生に示すようになりました。そして英文構造を明示することで，「何となく訳文は合っているようだが実はちゃんと読めていない」ことを受講生自身が確認できるようにしました。学校・塾・予備校の授業は講義形式が多く，受講生がせっかく答案を作っても，それが妥当であるかの判断は往々にして受講生自身に委ねられます。しかしながら，人には「他人に厳しく自分に甘い」ところがあるので，自分の答案の妥当性を判断することは容易ではありません。こうした私の「可視化」の試みは幸いにして多くの受講生に支持されて現在に至っています。

　本書は私の英文読解の授業を本の形で極力再現したものです。採点基準や英文構造の解析を資料として示しつつ，解説は極力授業で話している口調を再現しています。収録した問題はあまりにも古いものは避け，旺文社の『全国大学入試問題正解』の掲載問題で難易度が「やや難」以上の中から，私自身が読んで「面白い」と思った素材（言い換えれば「この問題文を模試に出題してみたいな」と思えるような素材）を選びました。大学の問題をそのまま流用したものもあれば，独自に追加した問題もあります（問題編には，その設問が大学の出題のままかどうかを示してあります）。問題形式にかかわらず，まずは制限時間内に自力で解答を試みて，その後じっくり解説を読み込んでみてください。皆さんが今まで漫然とやってきた英文読解問題へのアプローチが，本書を読まれた後で少しでも変わるのであれば，これ以上の喜びはありません。

本書の作成に関わられたすべての方に感謝しつつ

刀禰(とねやすし)泰史

著者プロフィール

河合塾英語科講師。元大阪大学非常勤講師（ドイツ語）。東京外国語大学卒。同大学院修士課程修了後，ドイツ・フライブルク大学留学。河合塾大阪校・新宿校にて東大・京大・医進クラスを中心に担当しながら，京大オープン模試の主幹を務める。「授業後にグレーゾーンを残さない」をモットーにした明快な授業を展開し，毎年数多くの受験生を合格に導いている。『全国大学入試問題正解 英語 国公立大編』（旺文社）で20年以上，京都大学をはじめ難関大学の解答・解説を執筆。趣味は弦楽器演奏，鉄道，昆虫採集，家族との釣りなど多彩。

目次

解答・解説

解答
作成の
ヒント

編集協力：株式会社シナップス
校正：江本祐一，大河恭子，笠井嘉生，大塚恭子，Jason A. Chau
組版：日新印刷株式会社
録音：ユニバ合同会社 ナレーション：Ann Slater
音声サイト：牧野剛士
本文デザイン：しろいろ
装幀：名久井直子
編集担当：須永亜希子

本書の特長

『全国大学入試問題正解 英語』（旺文社）で長年にわたり京都大学をはじめとした難関大学の解答・解説執筆を担当し，予備校の模試作成にも携わる著者が，最難関大学入試に対応できる 15 題（要約問題は 2 題で 1 セット）を厳選。**問題演習に加えて，読解や解答記述に強くなるための解説が充実した 1 冊です。**

1. ハイレベル問題を多数収録

大学出題問題に加えて，予備校の模試作成に携わる著者が，最難関大学レベルの読解力と記述力を試す問題を収録しています。**大学の出題傾向に基づいた対策と予想問題の演習が 1 冊でできるようになっています。**

2. 実力の現在地がわかる詳細な採点基準

英文和訳問題や内容説明問題は**解答をブロック（区分）に分けて「区分点」を設定し，ブロックごとに採点基準を示しています。**自己採点することで**実力の現在地を知り，採点基準から問いの要点や出題の意図をつかむ**ことができます。

3. 精度の高い記述力・解答力をしっかりフォロー

記述式問題では「問いの考え方」⇒「ブロックごとの解説＋採点基準」という流れによって**理想の解答プロセスをたどれる**ようになっています。選択式問題では，**正解の根拠だけでなく不正解の理由にも納得できる**ように解説しています。また，説明問題の字数制限・解答欄・採点基準や要約問題の解き方などを「**解答作成のヒント**」でまとめて解説し，ハイレベルな解答力をフォローします。

4. 精度の高い読解力をしっかりフォロー

問題には，構文解説＋全訳＋語句解説に加えて，著者による「**読み方・解き方**」の講義音声をつけています。また，ハイレベルな読解力に必須の知識を「**読解のヒント**」（段落内の論理展開や Discourse Markers など）と「**重要構文**」（比較構文や仮定法など）／「**重要語句**」でまとめて解説しています。

本書の構成

別冊／問題編

目標解答時間を目安に問題を解き，かかった時間を記録しましょう。

大学 は大学出題の設問， 独自 は本書オリジナルの設問であることを示します。

字数制限のある記述問題には解答欄を設け，指定字数の前後に数字を振ってあります。解答欄を使って字数の調整をしてください。

配点と解答欄は本書独自のものです。

---

1 ⏱ 35分 | 714語 | 解答・解説 本冊p.10

次の英文を読んで，設問に答えなさい。(50点)

Tuesday, September 11, 2018, was supposed to be harvest day for David Dunkenberger, a co-owner of Firefly Hill Vineyards*, in Elliston, Virginia. He got to the fields early, eager to get this year's grapes picked before the backwash of Hurricane Florence rolled in. As he scanned the vines, though, he began to feel queasy. His entire crop, about 2.5 tons of grapes, had (ア).

In the days that followed, Dunkenberger grieved the loss of his 2018 vintage and considered the ramifications. Factoring in sunk labor costs* and lost sales, he figured he was out $50,000. (2) He thinks that the job was planned by professionals — amateurs could never have snipped three acres clean so quickly — and that it likely would have required a crew of seven pickers, aided by headlamps and two pickup trucks. As for who would be motivated to carry out such a theft, Dunkenberger says he is reluctant to accuse a fellow grower, but can find no other logical explanation. Wine grapes are too sweet to eat. They perish quickly, so they are typically crushed or pressed within 24 hours. "A lot of people are under contract to grow grapes," he told me, adding that this year's wet weather had led to disappointing harvests. "If you can't fulfill that contract, you don't get paid." When I spoke with Lieutenant Mark Hollandsworth of the local sheriff's department, he supported Dunkenberger's theory: "The rain this year did (イ) a lot of grapes."

European grape growers have also been targeted. A particularly audacious crime made headlines in October, when thieves used a large commercial harvester to steal 1.8 tons of pricey Riesling* grapes from a vineyard near a busy supermarket in southern Germany. And last year, several French vineyards reported huge thefts, including a total of more than 7.5 tons of grapes (ウ) from various Bordeaux* farms. (3) Bad weather that summer had cut crop yields drastically, making local growers the prime suspects. As one observer told *Agence France-Presse* on condition of anonymity, "There's a great temptation to help oneself from [the vineyard] next door."

Or, apparently, from any type of farm that grows what's known as high-value produce — think avocados, nuts, exotic fruits. One pecan

4

本冊／解答・解説編

解説と採点基準 ◀

解答をブロック(部分)に分けて区分点を設定し，解き方と書き方を解説。ブロックごとの採点基準を示します。

自己採点の仕方 ◀

1. ブロックごとに採点基準に沿っているかを確認します。
2. ブロックごとの得点を合計して得点を記入しましょう。

考え方 ◀

解答の該当箇所の見抜き方，解答の組み立て方を解説します。

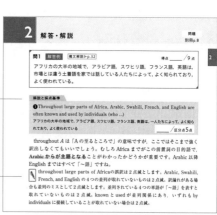

2 解答・解説 | 問題 別冊p.8

問1 解答例▶p.32 [構文解説▶p.32] 得点 ___ /9点

アフリカの大半の地域で，アラビア語，スワヒリ語，フランス語，英語は，市場とは違う土着語を家では話している人たちによって，よく知られており，よく使われている。

解説と採点基準

❶Throughout large parts of Africa, Arabic, Swahili, French, and English are often known and used by individuals (who ...)
アフリカの大半の地域で，アラビア語，スワヒリ語，フランス語，英語は，…人たちによって，よく知られており，よく使われている ___ /区分点5点

throughout A は「A の至るところで」の意味ですが，ここではそこまで強く訳出しなくてもいいでしょう。むしろ Africa までが this 前置詞の目的語で，Arabic からが主語となることが重要です。Arabic 以降 English まではすべて「～語」ですね。

throughout large parts of Africa の誤訳は2点減とします。Arabic, Swahili, French, and English の4つの差異が取れていないものは2点減。訳漏れがある場合も各語のミスとして2点減とします。差列れている4つの単語が「一語」を表すと取れていないものも2点減。known と used が並列関係にあり，いずれも by individuals に接続していることが取れていない場合は2点減。

問2 解答例 得点 ___ /10点

自分は他者を教える救世主であり，救う側の自分がすべての答えを持っており，何をすべきかわかっていて，困っている人はひたすら救世主が来るのを待っているのだという，他人を教えようとする人が陥ることのある一方的な思い込み。

🔍考え方 下線部 (a) の直後に This is just what it sounds like という記述があります。it sounds like A「それは A のように聞こえる」という表現の A に当たる部分が関係代名詞になっており「聞こえるとおりのものである」がこの部分の直訳です。「これはまさに聞こえるとおりのものである」とは直前の下線部 (a)「救世主コンプレックス」という言葉どおりの意味だ，と言っているわけで，筆者は

解答作成のヒント／読解のヒント

　説明問題の字数制限・解答欄・採点基準や要約問題の解き方などをまとめて解説します。

重要構文／重要語句

　ハイレベルな読解問題で特に重要な構文を取り上げて，考え方をていねいに解説します。

構文解説・全訳・語句

　15題のすべての英文について構造をビジュアル的に示しています。また，著者による「読み方・解き方」に関するイントロダクションの音声と，英文の読み上げの音声がついています。

分析記号

（　　）	……副詞の働きをする語・句・節
〈　　〉	……挿入句・節
［　　］	……形容詞の働きをする語・句・節
Ｓ Ｖ Ｏ Ｃ	……主節の要素
(S) (V) (O) (C)	……従属節の要素または意味上のSVOCの関係
～～～	……仮定法
＿＿＿	……同格関係
❶❷	……等位接続詞で結ばれる要素
Ａ Ｂ	……相関関係にある要素
▢	……相関関係または比較の関係を作る語句

音声の利用方法

本書の付属音声を専用ウェブサイト・スマートフォンアプリで聞くことができます。

２次元コードから聞く方法

各ページの２次元コードをスマートフォン・タブレットで読み込んで, 音声を再生することができます。

ウェブサイトで聞く方法

以下のサイトにアクセスし, パスワードを入力してください。
https://service.obunsha.co.jp/tokuten/sainane/
※すべて半角英数字。検索エンジンの「検索欄」は不可。

パスワード：sainanen

ご注意ください

◆音声を再生する際の通信料にご注意ください。 ◆音声はMP3 形式となっています。音声の再生にはMP3を再生できる機器などが別途必要です。デジタルオーディオプレーヤーなどの機器への音声ファイルの転送方法は, 各製品の取り扱い説明書などをご覧ください。ご使用機器, 音声再生ソフトなどに関する技術的なご質問は, ハードメーカーもしくはソフトメーカーにお問い合わせください。 ◆スマートフォンやタブレットでは音声をダウンロードできないことがあります。 ◆本サービスは予告なく終了することがあります。

スマートフォンアプリで聞く方法

1. 「英語の友」公式サイトより, アプリをインストール
   （「英語の友」で検索するか, 右の2次元コードから読み込めます）
   https://eigonotomo.com/

2. ライブラリより本書を選び,「追加」ボタンをタップ

3. パスワードを求められたら, 上と同じパスワードを入力してください

ご注意ください

◆本アプリの機能の一部は有料ですが, 本書の音声は無料でお聞きいただけます。 ◆アプリの詳しいご利用方法は「英語の友」公式サイト, あるいはアプリ内のヘルプをご参照ください。 ◆本サービスは予告なく終了することがあります。

問題 1 ~ 15

解答・解説編

問1 解答   得点 _____ / **12** 点（各3点）

（ア）vanished （イ）spoil （ウ）stolen （エ）spilled [spilt]

解答
作成の
ヒント **01** | 空欄補充問題

　空欄補充問題に解答する際には，内容的にどれが適切かを考えるよりも前に，まず**文法的に適切なものはどれかという観点から絞り込む**ことが大切です。本問の場合，語群はすべて動詞ですから，品詞面からの考察は不要ですが，**自動詞か他動詞か，分詞として用いられていないか**などを判断することが大切になります。

（ア）

　His entire crop, about 2.5 tons of grapes, had **（ア）**.「彼の全収穫物である，およそ 2.5 トンのブドウが **（ア）** いたのだ」が空欄を補う前の訳です。**（ア）** は**完了の助動詞 had の後**に続いていますから，過去分詞の形にしなければいけませんね。そして**後ろに何も名詞が続いていませんから，自動詞**がくることがわかります。

　第1段落第2文で He got to the fields early, eager to get this year's grapes picked before the backwash of Hurricane Florence rolled in.「彼はハリケーン・フローレンスの余波が押し寄せてくる前に，今年のブドウを収穫しようと意気込んで，朝早くに畑に着いた」という記述があります（ちなみに eager to *do* は〈付帯状況〉を示す being が省略された分詞構文で「…しようと意気込んで」の意味。get O picked は「O を収穫する [O を収穫された状態にする]」，backwash は「余波」，roll in は「押し寄せる」の意味です）。そして第3文に，As he scanned the vines, though, he began to feel queasy.「しかし，ブドウ畑を見渡して，彼は吐き気をもよおした」という記述が続きます（scan は「〜を見渡す」，feel queasy は「吐き気をもよおす」の意味です）。このことから，**収穫を期待して来たのにそれが裏切られた**ことは明白なので4つの候補の中から vanish「消え失せる」を選び，**had の後ろなので vanished** と過去分詞にします。

（イ）

　The rain this year did **（イ）** a lot of grapes.「今年の雨は確かにたくさんのブドウを **（イ）** しました」が空欄を補う前の訳です。**（イ）** の後ろには**名詞がきて**

いますから他動詞を選択することになります。その上で，第2段落の第7文に this year's wet weather had led to disappointing harvests「今年の雨の多い天気のせいで，期待外れの収穫しかあげられなかった［今年の雨の多い天気ががっかりするような収穫につながった］」という記述に注目し，そこから「～を台無しにする」の意味の spoil を選びます。直前に「確かに」の意味で**強調のために用いられている did** がありますから，それに続く動詞は原形の spoil となります。

（ウ）

including a total of more than 7.5 tons of grapes **（ウ）** from various Bordeaux farms「その中にはボルドー地区のいくつもの農場から **（ウ）** 合計で7.5トンを超えるブドウも含まれていた」が，空欄を補う前の訳です。**including A は「A を含んだ；A を含んで」**という意味の定型表現です（ここでは「その中には A が含まれる」と訳し下ろしています）。a total of ... 全体が including A の A に相当しますから，**a total of 以下が1つの名詞句になる**ことになります。a total of ～「合計～」の意味なので including の後は「合計7.5トンを超えるブドウ」の意味になります。となると，**（ウ）**から後は，それを**後ろから修飾する分詞句**と考える以外になく，直後の from との組み合わせも考えて，steal を選び，過去分詞にして stolen from ...「…から盗まれた」が正解とわかります。

（エ）

When a rear door of one car was opened, oranges **（エ）** onto the road like lava.「1台の車の後部ドアを開けると，オレンジが溶岩のように道路に **（エ）**」が空欄を補う前の訳です。**空欄の直後に目的語となる名詞はありませんから，自動詞が入る**とわかります。ここは窃盗団が警察に捕まる場面ですから，車は盗んだオレンジを満載しているはずです。ここまでで使っていない動詞は spill であり，「こぼれ出す」という意味の spill は内容的にも適合するので，spill を過去形にして解答とします。なお，like lava「溶岩のように」とあるので全訳では spilled [spilt] を「あふれて広がった」としてあります。

問2 解答例 構文解説▶p.20　　　　　得点 _____ /6点

3エーカーもの畑をこうも手際よく，すっかり摘み取ることは素人には無理であっただろうから。

🔍 **考え方** まず下線部（2）を含んだこの文の構造を見ていきましょう。He thinks that the job was planned by professionals — amateurs could never have snipped three acres clean so quickly — and that it likely would have required a crew of seven pickers, aided by headlamps and two pickup trucks. 「彼は，これはプロの仕事だと考えている——素人であったなら3エーカーもの畑をこうも手際よく，すっかり摘み取ることはできなかっただろう——それにおそらくは，ヘッドランプを装着し，2台のピックアップトラックを用意した7人のブドウの摘み手が必要だっただろうと考えている」。間にダッシュ（—）を用いた挿入がありますが，その部分を除いて読むと，He thinks that ... and that ... という構造が見えてきます。**2つの that 節が並列的に** thinks に接続していますね。つまりは**彼の考えるところは2点あり，この問いはその1点目の根拠を聞いている**ことになります。

　挿入部分は could have *done* という〈仮定法過去完了〉で書かれています。直前の下線部で the job was planned by professionals「彼は，これは**プロの仕事だと考えている**」とあるので，挿入部の amateurs という主語が「**素人であったなら**」という意味の**非現実条件相当語句**となります（重要構文 08 p.170）。could never have snipped three acres clean so quickly の snip は「～をちょきちょきと切り取る，～を摘み取る」，three acres は「3エーカー（のブドウ畑）」の意味（エーカーは広さの単位で，1エーカーは2頭の牛が1日で耕せる広さ，大体サッカーのフィールド半面分です）。clean は「すっかり；きれいさっぱり」の意味の副詞，so quickly は「こんなにも素早く」の意味の副詞で，それぞれ snip を修飾しています。全体で「素人であったなら3エーカーもの畑をこうも手際よく，すっかり摘み取ることはできなかっただろう」となり，これが「**プロの仕事**」と推測した理由となります。

　該当箇所を外している場合には得点がありません。語句レベルの誤訳は都度1点減点とします。

問3　解答例　構文解説 ▶ p.21　　　　　　　　　得点 ＿＿＿ /**12** 点

その夏の悪天候のためにブドウの収穫が激減しており，そのことから地元の生産者が一番の容疑者になった。

解説と採点基準

❶ Bad weather that summer had cut crop yields drastically
その夏の悪天候のためにブドウの収穫が激減しており　　　＿＿＿ /区分点**6**点

_sBad weather ... _vhad cut _ocrop yields がこのブロックの基本構造ですね。なお，「無生物主語構文を中心に：直訳か意訳か」（重要構文 01 p.14）の項目でも述べ

ていますが，「その夏の悪天候がブドウの収穫を激減させた」と，そのまま bad weather を主語として訳出しても減点されることはありません。解答例のように「その夏の悪天候のためにブドウの収穫が激減していた」と〈因果関係〉に置き換えて訳出してももちろん構いません。

that summer は副詞句ですが，解答例のように「その夏の」と bad weather を修飾しているように訳出しても構いません。未訳は 1 点減とします。cut が「減らす」の意味であることが取れていなければ 2 点減。crop yields が「（ブドウの）収穫高」の意味で cut の目的語であることが取れていないものは 2 点減。drastically「大幅に」の未訳・誤訳は 1 点減（全訳では cut drastically で「激減させた」としてあります）。

❷ making local growers the prime suspects
そのことから地元の生産者が一番の容疑者になった _____ ／区分点 6 点

　よく見かける，文末に置かれた分詞構文です。文末の分詞構文でまず気をつけねばならないのが *doing* の意味上の主語の確定です。考えられる 1 つ目は「文の主語と一致」の可能性で，ここでは Bad weather ということになります。もう 1 つ考えられるのが「そこまでの文の内容」であり，ここでは第 1 ブロックの内容，つまり「その夏の悪天候のためにブドウの収穫が激減していた」という内容が意味上の主語となる可能性です。このブロックの意味構造は (V)making (O)local growers (C)the prime suspects「地元の生産者を一番の容疑者にする」ということですから，この部分の意味上の主語が bad weather というのはおかしい。ですからこの分詞構文の意味上の主語は「そこまでの文の内容」ということになります。この部分を，非制限用法の関係代名詞を用いて **which made** local growers the prime suspects と言い換えることも可能であることからもわかるとおり，訳出は英語の語順どおり左から右のみです。これが明らかに取れていない答案は 3 点減となります。

　なお，ここも無生物主語構文なので，先に述べたとおり，「そのことが地元の生産者を一番の容疑者とした」としても構いませんし，解答例のように「そのことから地元の生産者が一番の容疑者になった」と〈因果関係〉で表してももちろん構いません。

この分詞構文のみを訳出していても得点はありません。VOC の構造が取れていないものは 3 点減。local growers「地元の生産者」の誤訳は 1 点減。local を「地方の」とした場合も同様に 1 点減。the prime suspects「一番の容疑者」の誤訳は 1 点減。

重要構文 **01** 無生物主語構文を中心に：直訳か意訳か

What made him do so?

皆さんはこの英文をどう訳しますか？

　1つは「何が彼にそうさせたんだろう」という訳ですね。What が主語で **make O do** は「**O に…させる**」ですから，それで問題ないはずです。ところが「なぜ［何が原因で］彼はそうしたんだろう」という訳がもう一方にあり，場合によっては「後者の方が自然な日本語で，そう訳していないと減点する」という意見まで出てくると，穏やかではありません。私は英文解釈の授業で初めにこの例を示して「どちらでも減点はされないからそうしたレベルのことで悩むな」と言っています。

　随分前に同時通訳者の草分けの小松達也さん（私の大学の大先輩に当たります）の講演を聞いておりましたら，こんなことをおっしゃっておられました。「同時通訳に必要なことは**ひたすら native speaker の言うことを正確に理解**すること，これに尽きます。正確に理解したら，**それをどう日本語で表現するかは皆さん日本語の native speaker なんですからできる**に決まっていますよ」と。目から鱗が落ちるとはこういうことを言うのかと思いました。受験の和訳においては「…という風に訳すとより自然」といった指導がしばしばなされますが，皆さんが**自分の訳文を声に出してみて，自分的に不自然さを感じないのであれば大概大丈夫**なんだと思って結構です。例えば，Ten minutes' walk brought me to the station. という文を目にして「10 分の歩きが私を駅に連れてきた」と訳して平気な人はまずいないでしょう？「10 分歩いたら私は駅に着いた」としたくならないですか？　そういうことです。

　ここまで「無生物主語をそのまま主語として訳出しても，因果関係で処理してもどちらも可」と申し上げてきましたが，面倒な事例があります。次の英文をご覧ください。

(例) When caffeine is consumed, <u>its molecular structure</u>, which is close to that of adenosine, <u>allows</u> it to bind to nerve cell receptors, <u>preventing</u> adenosine from binding to the same place. This stops people feeling sleepy.

(From *Addicted to staying awake?* by Daniel Eshaghia, University Credit Union (Daily Bruin).)

訳例 「カフェインが摂取されると，アデノシンの分子構造と似たその分子構造が，カフェインが神経細胞の受容体と化学結合すること**を可能にし**，アデノシンが同じ場所に化学結合すること**を妨げる**のだ。

このせいで人は眠気を感じなくなるのである」

第1文の前半は $_S$its molecular structure ... $_V$allows $_O$it $_{to\ do}$to bind ... という構造をしています。挿入されている関係詞節の処理は今は置いておくとして、これは典型的な無生物主語構文ですね。**allow O to *do*** は「**O が…することを可能にする**」の意味ですから前半は上で示したような訳となります（念のため、it は caffeine を指していますね）。ただ、これを〈因果関係〉で訳出しようとする受験生は多く、「アデノシンの分子構造と似たその分子構造のために、カフェインは神経細胞受容体と化学結合できる」と訳してきます。ここまでは先ほども申し上げたように「どちらの訳文も正しい」でよいのですが、問題は preventing 以下の処理です。これは文末に置かれた分詞構文なので、原則に従って訳し下ろして「アデノシンが同じ場所に化学結合することを妨げる」と訳出します。

さて、**アデノシンが同じ場所に結合することを妨げるのは何でしょうか？**　無生物主語をそのまま訳出した 訳例 では「カフェインの分子構造」が「妨げる」ことになりますよね。ところが因果関係を前面に出して、「…カフェインは神経細胞受容体と結合することができて、アデノシンが同じ場所に結合するのを妨げる」としてしまうと、「カフェイン」が「妨げる」ことになってしまいます。分詞構文の意味上の主語は「原則、文の主語に一致」ですから、これは正しくありません。このようなことを私は模擬試験の答案で何度も見ています。これはいわゆる「直訳」の方が正確と見なされる例なのです。

ちなみに、第2文も無生物主語の文ですね。**stop O *doing*** は「**O が…するのを妨げる**」の意味なので「このことが人々が眠気を感じるのを妨げる」という訳文はもちろん問題ありませんが、 訳例 のように「このせいで人は眠気を感じなくなる」と訳出しても問題ないわけです。

問4	解答	B	得点 _____ /7点

まずは下線部（4）の意味を考えてみましょう。

there may also be a tendency to regard **Ａ**fruits and vegetables as **Ｂ**something less than private property

「果物や野菜は私有財産ではない物と見なされる傾向もまたあるのかもしれない」

there may be **a tendency to *do*** は「**…する傾向があるかもしれない**」という意味ですね。それに続く **regard *A* as *B*** は「**A を B と見なす**」の意味の頻出表現です。A に「果物と野菜」が、そして B には something less than private property「私有財産ではない物」がきています。この **less than ...** は「**…ではない；…に満たない**」の意味で，something を修飾しています。したがって全体では「果物や野菜は私有財産ではない物と見なされる傾向もまたあるのかもしれない」ということになります。

　この下線部の直後にある犯罪学者の言葉が2つ紹介されています。1つ目は "I watch ₀people in stores *do*eat their way through the vegetable and fruit sections." という言葉。**watch O *do*** で「**O が…するのを見かける**」，eat *one's* way は make *one's* way「進む」を元にした表現で，make を置き換えることで様々な進み方を表します。eat *one's* way は「つまみ食いをしながら歩く」の意味なので「お客が野菜や果物売り場を商品のつまみ食いをしながら通り抜けるのを見かける」という内容です。つまり「ちょっとくらいつまみ食いしても罪にならない」と考えている，というのですね。

　2つ目は "You wouldn't steal a tractor, but when it comes to food, people think: *This came from the earth. God gave it to us, and anybody can take it.*" という言葉。**when it comes to ～** は「**～ということになると；～に関しては**」の意味です。その後に続く，人々の考える内容（イタリック（斜字体）の部分）は容易に読み取れますね。全体としては「トラクターを盗むなんてしないでしょうけれど，食べ物となると，人々はこう考えるんです。『これは大地から生まれたものだ。神様が私たちに授けてくれたのだから誰でも取っていいんだ』ってね」という意味になります。総じて，**果物や野菜は「私有財産」であるという意識が薄い**ということがここでは述べられています。

選択肢の訳
A.「果物や野菜の生産者たちは他の労働者と比較してプライバシーが少ない」
B.「果物や野菜は特定の所有者の物ではないと人々は考える傾向がある」
C.「人々は果物や野菜を他者と分かち合う傾向がある」
D.「果物や野菜の値段があまりに低いため，それらは価値ある財産とはなり得ない」

▶ 下線部の内容は，その後の記述からも正解は B であるとわかりますね。

問5 解答 **D**　　　　　　　　　　　　　　　　　　得点 _____ /6 点

　まずは下線部 (5) を含んだ1文の意味を考えてみましょう。
People of a certain sensibility might call that theft by another name.
「ある種の感性の豊かな人ならそれを別の名前を冠した窃盗と呼ぶかもしれない」
　of a certain sensibility は「ある種の感性の豊かな」の意味の形容詞句で，

people を修飾します。People of a certain sensibility がこの文の主語ですね。call that theft by another name は ᵥcall ₒthat ᵪtheft「それを窃盗と呼ぶ」という構造です。by another name は「別の名を冠した～；別名～」の意味で直前の theft を修飾しています。さてそこで，別の名を冠した**窃盗と呼ばれている「それ」**とは何なのでしょうか。

最終段落冒頭で，as long as people have been growing crops, other people have been stealing them,「人が作物を栽培する限り，常に他の人がそれを盗んできた」という見解が紹介されています。栽培された作物は大量にまとまって存在し，なおかつ足がありませんから移動もしません。悪い人から見ると「盗んでください」と言っているようなもので，ある意味で窃盗は必然だというのです。そして最終段落の第3文では For the same reasons it **enabled theft**, historians note, it also helped give rise to **efficient taxation**「窃盗を可能にしたのと同じ理由で，それは**効率的な課税制度**が生まれる一助ともなったのだ，と歴史学者たちは述べる」と述べられています。for the same reason **SV** で「**S** が **V** するのと同じ理由で」の意味。it は前文にある the transition from hunting and gathering to "sedentary settlement patterns" を指しています。挿入されている historians note は，文頭に置かれて Historians note that ... としたのと同じ働きです。note は「…と述べる」，help *do* は「…する一助となる」，give rise to *A* は「A を生じさせる」，efficient は「効率的な」，**taxation は「課税（制度）」**の意味です。

さらに，それに続いて With farming, **assets — crops —** were suddenly visible, and each harvest signaled **a new tax season**.「農業により，**作物という資産**が突然目に見える形になり，一回一回の収穫が**新たな課税の時期**の印となったのである」という記述が続きます。農家にとっての assets「資産」は，ダッシュ（—）によって crops と言い換えられているように，ずばり「作物」のことであり，その場から動くことなく存在する作物は，窃盗に対して逃げようがないのと同様，課税に対しても逃げようがありません。ですから harvest「収穫」は a new tax season「新たな課税の時期」の印となってしまうわけです。農家からすると「**窃盗」も「課税」も資産を持ち去られることには変わりがない**わけですから，「別の名を冠した窃盗」とは taxation「課税（制度）」のことだとわかります。

選択肢の訳
A. 文明　B. 収穫　C. 果物と野菜の窃盗　D. 課税

　まずは下線部（6）の意味を考えてみましょう。

the cultural boon <u>created</u> by agriculture more than <u>compensated for</u> its costs

　boon というのはあまり聞きなれない言葉ですね。「恩恵」という意味なのですが，仮にこの言葉を知らないとして，残りの部分から推測は可能でしょうか？この文はそもそも動詞がどれなのかが一見わかりづらい文ですが，**created は直後に by を伴う**ことから，created by agriculture で「農業によってもたらされた」の意味で cultural boon を修飾する過去分詞句ということになります。だとすると動詞となるものは **compensated for「（代償分）を補った」**以外に考えられません。**more than** は名詞，形容詞，副詞，動詞の前に置かれて「十二分に，…して余りある」の意味です。ここでは compensated for を修飾しています。ここまでで，「農業によってもたらされた文化的な？？は，代償分を補って余りあるものだった」という流れはつかめました。

　下線部直後のホッジスの言葉は，**「抽象→具体」という英文の通常の論理進行**から考えて，この**下線部の内容をより具体的に示した**ものと考えられます。"Farmers became the victims of property crimes," "But **all the attributes of civilization** that we recognize today also **flourished.**"「農家は財産に対する窃盗犯罪の被害者にはなりました」「しかし今日私たちが認める**文明の属性すべて**もまた**開花したのです**」とホッジスは述べています。これは「財産に対する窃盗犯罪の被害者となることは，農業によって文明が花開いたことに伴って生じる一種の副作用のようなものであり，**農業の文明へもたらした恩恵はそれを補って余りある**」という主張です（なかなかにユニークな切り口ですね）。そのことから下線部の boon はおそらく「恩恵」の意味ではないかと想像がつくはずです。

選択肢の訳

A.「農業が，政府の役人がより効率的に課税することを可能にした」

B.「文明の生む利益はそれに伴う犠牲よりも大きい」

C.「農家は収穫の窃盗の犠牲者となった」

D.「狩猟採集社会は農耕社会よりも多くの人口を養うことができた」

▶ したがって正解はBということになります。

読解のヒント 01 ｜ 段落[パラグラフ]内の論理展開

原則として１つの段落で言いたいことは１つである

「大学入学共通テスト」の前身である「大学入試センター試験」では，１つの段落の英文中のある単語に下線が引いてあって，その単語の意味を前後の内容から推測させる問題が出題されたことがあります。また，段落内の内容とそぐわない（あるいは段落の内容から見て不要と思われる）１文を取り除くように求める問題も出題され，同様の出題は東京大学の入試でも見られました。これらの問題を解答する際に共通する原則は１つです。**原則として，１つの段落で言いたいことは１つであるということです。**

もちろんすべての英文がそうとは限らないのですが，上の例に挙げたセンター試験問題では話をシンプルにするため，そのような作りとなっていました。そして段落内では**冒頭の抽象度が最も高く，後に行けば行くほど抽象度は下がり，具体的な記述になっていく**のです。英文の執筆者が10人いれば10通りの論理展開があるのは当たり前で，**安易に原則を求めるのは禁物である**というのが私の持論ですが，この「**抽象→具体**」の流れはほとんどの英文に当てはまり，逆の展開はあまり見られません。

わからなくても停滞せずに先に読み進む

例えば段落の冒頭に下線が引かれている場合，たいていは抽象度も語彙レベルも高いですから，そこだけで煮詰まることなく，**少なくともその段落全体を読んでから下線部に取り組む**ようにと私は指導しています。とりあえず機械的には訳出することができても，いまひとつ内容的にピンとこず，結果的に訳語などのミスで減点されることがこれによって少なくなります。

同様に，和訳以外の問題でも，問いの該当箇所までの内容だけで判断せず，**むしろヒントはその後にあるのではないか**，という前提に立って読み進めるとよいでしょう。「**わからなくても停滞せずに先に読み進む勇気を**」が，私が総合問題の演習の際に口酸っぱく言うことなのです。

ちなみに複数の段落間の関係については，私はあまり原則を求めることはしていません。段落を論理的に並べていく執筆者ももちろんいますが，そのような執筆者ばかりとは限りません。いわゆる「パラグラフリーディング」ができる文とそうでない文とがあるので，本書の読者はあまり文章全体の論理進行にはこだわり過ぎない方がいいと私は考えています。

1 ¹ₛTuesday, September 11, 2018, ᵥwas supposed to be ᴄharvest day for David Dunkenberger, a co-owner of Firefly Hill Vineyards, [in Elliston, Virginia]. ²ₛHe ᵥgot to the fields (early), (eager to ₍ᵥ₎get ₍ₒ₎this year's grapes ₍ᵈᵒⁿᵉ₎picked (before ₍₍ₛ₎₎the backwash [of Hurricane Florence] ₍₍ᵥ₎₎rolled in)). ³(As ₍ₛ₎he ₍ᵥ₎scanned ₍ₒ₎the vines), (though), ₛhe ᵥbegan to feel ᴄqueasy. ⁴ₛHis entire crop, about 2.5 tons of grapes, ᵥhad vanished.

訳 ¹2018年9月11日火曜日は，バージニア州エリストンのファイアフライ・ヒルブドウ園の共同オーナー，デイビッド・ダンケンバーガーにとっては収穫日のはずであった。²彼はハリケーン・フローレンスの余波が押し寄せてくる前に，今年のブドウを収穫しようと意気込んで，朝早くに畑に着いた。³しかし，ブドウ畑を見渡して，彼は吐き気をもよおした。⁴彼の全収穫物である，およそ2.5トンのブドウが影も形もなくなっていたのだ。

語句 ¹be supposed to *do*「…するはずになっている」 harvest「収穫」 co-owner「共同所有者」 vineyard「（ワイン製造用の）ブドウ畑」／²(be) eager to *do*「…したがっている」 get **OC**「O を **C** の状態にする」 backwash of *A*「A（好ましくないこと）の余波，影響」 roll in「押し寄せる」／³scan「〜を注意深く眺め回す；〜をざっと見る」 vines「ブドウ畑」 queasy「吐き気のする」／⁴crop「作物；収穫高」 vanish「消える」

2 ¹(In the days [that followed]), ₛDunkenberger ❶ᵥgrieved ₒthe loss of his 2018 vintage and ❷ᵥconsidered ₒthe ramifications. ²(Factoring in ❶sunk labor costs and ❷lost sales), ₛhe ᵥfigured he was out $50,000. ³ₛHe ᵥthinks ❶ₒthat the job ₍ₛ₎ was planned by professionals — ₍₍ₛ₎₎amateurs ₍₍ᵥ₎₎could never have snipped ₍₍ₒ₎₎three acres (clean) ₍₍ₛₒ₎₎quickly) — and ❷ₒthat it (likely) would have required a crew of seven pickers, [aided by ❶headlamps and ❷two pickup trucks]. ⁴(As for who would be motivated to carry out such a theft), ₛDunkenberger ᵥsays he ❶is reluctant to accuse a fellow grower, but ❷can find no other logical explanation. ⁵ₛWine grapes ᵥare too ᴄsweet to eat. ⁶ₛThey ᵥperish (quickly), so ₛthey ᵥare (typically) ❶crushed or ❷pressed (within 24 hours). ⁷"ₛA lot of people ᵥare under contract [to grow grapes]," (he told me, ₍ᵥ₎adding ₍ₒ₎that this year's wet weather

Labels within text 2: 過去の推量 marks the "(likely) would have required" section. O(that) and (S)(V) labels appear under "figured he was"; O(that)(S) under "says he".

had led to disappointing harvests)). ^{8}"(If (S)you (V)can't fulfill (O)that contract),
(((V)))
Syou Vdon't get paid." ^{9}(When (S)I (V)spoke with Lieutenant Mark Hollandsworth
of the local sheriff's department), She Vsupported ODunkenberger's theory: "SThe
rain (this year) did Vspoil Oa lot of grapes."

訳 ^{1}その後の数日間，ダンケンバーガーは 2018 年もののワインの損失を嘆き，その後の連鎖的に起こる成り行きについて考えた。^{2}埋没した人件費や失われた売り上げなどを考慮に入れ，5 万ドルの損失であると見積もった。^{3}彼は，これはプロの仕業だと考えている——素人であったなら3 エーカーもの畑をこうも手際よく，すっかり摘み取ることはできなかっただろう——それにおそらくは，ヘッドランプを装着し，2 台のピックアップトラックを用意した 7 人のブドウの摘み手が必要だっただろうと考えている。^{4}一体誰がこのような盗みをする気になるのだろうかということについて，ダンケンバーガーは，仲間のブドウ生産者を責めるのはためらわれるが，他に筋の通った説明が見つからないと言う。^{5}ワイン用のブドウは食べるには甘すぎる。^{6}傷むのが早いので，通常は 24 時間以内につぶすか圧搾する。^{7}「多くの人が契約してブドウを生産しています」と彼は私に言い，今年の雨の多い天気のせいで，期待外れの収穫しか上げられなかったと付け加えた。^{8}「契約条項を満たさないとお金はもらえないのです」^{9}私が地元の保安官事務所に所属するマーク・ホーランズワース警部補と話すと，彼もダンケンバーガーの考えを支持した。「今年の雨は確かにたくさんのブドウをだめにしましたから」と。

語句 ^{1}grieve「～を嘆く」 vintage「…年もの（のワイン）」 ramification「やっかい事，成り行き」／ ^{2}factor in A「Aを考慮に入れる」 labor「労働，労力」 figure (that) SV「（結論的に）…だと考える」／^{3}amateur「素人」 snip「～をちょきちょきと切り取る」 picker「摘み手」 aided by A「Aに手助けされた」／^{4}be motivated to do「…する気になる」 carry out A「Aを実行する」 be reluctant to do「…するのをためらう」 accuse「～を責める」 fellow「仲間の」 logical「筋の通った」／^{6}perish「傷む，腐る」 typically「通常は」 crush「～を押しつぶす」／^{7}under contract「契約して」 S lead to A「S は A につながる，S のせいで A になる」／^{8}fulfill「（条件や要求など）を満たす」／^{9}sheriff「（アメリカの）郡保安官」 spoil「～をだめにする」

---

3 ^{1}SEuropean grape growers Vhave (also) been targeted. ^{2}SA [(particularly) audacious] crime Vmade Oheadlines in October, (when (S)thieves (V)used (O)a large commercial harvester (to steal 1.8 tons of pricey Riesling grapes (from a vineyard [near a busy supermarket] [in southern Germany]))). ^{3}And (last year), Sseveral French vineyards Vreported Ohuge thefts, [(V)including (O)a total of more than 7.5 tons of grapes [stolen from various Bordeaux farms]]. ^{4}SBad weather (that summer) Vhad cut Ocrop yields (drastically), ((V)making (O)local growers (C)the prime suspects). ^{5}(As (S)one observer (V)told (O)*Agence France-Presse* (on condition of anonymity)), "There~~V~~'s ~~S~~a great temptation [to help oneself (from [the vineyard] [next door])]."

4 ¹Or, (apparently), from any type of farm [~~(S)~~that ~~(V)~~grows ~~(O)~~what's known as high-value produce — think ❶avocados, ❷nuts, ❸exotic fruits]. ²~~S~~One pecan grower [in southern Georgia] ~~V~~told ~~O₁~~me ~~O₂~~that anyone [with a $50 tool [called a Garden Weasel]] ~~(S)~~ can "(easily) pick up 300 pounds (in eight hours), (if the trees have been shook)." ~~(V)~~ ~~(O)~~ ³(In New Zealand, [where ~~(S)~~the price of an avocado ~~(V)~~has spiked to $3.30 (following two years of disappointing harvests)]), ~~S~~one pair of thieves ~~V~~was (recently) caught ~~(doing)~~transporting ~~(O)~~a haul [worth $4,300] (inside duvet covers). ⁴(Earlier (this year)), ~~S~~police [in Seville, Spain], ~~V~~apprehended ~~O~~three vehicles [filled with (nearly) 9,000 pounds of citrus]. ⁵(When ~~(S)~~a rear door [of one car] ~~(V)~~was opened), ~~S~~oranges ~~V~~spilled onto the road (like lava).

9,000 ポンド近くの柑橘類を満載した 3 台の車を捕まえた。⁵1 台の車の後部ドアを開けると，オレンジが溶岩のように道路にあふれて広がった。

語句 ¹apparently「どうやら…のようだ」 exotic「外国産の」／²shake「〜を揺さぶる」(shake-shook-shaken [(方言) shook])／³spike to *A*「(価格が) A まで高騰する」 catch **O** *doing*「〜が…する現場をおさえる」 transport「〜を運ぶ」 haul「盗品」 worth + 金額「〜の価値がある」 duvet「キルティングの羽毛かけ布団」／⁴apprehend「〜を逮捕する」 vehicle「乗り物，車」 filled with *A*「A でいっぱいの」 citrus「柑橘類」／⁵rear「後部の」 spill onto *A*「A の上にこぼれる；あふれ出る」 lava「溶岩」

---

5 ¹These thefts may seem ludicrous: ((even) when demand [for a particular item] is high), ● food is (still) (relatively) cheap, and ● crops are bulky. ²Other types of agricultural crime, [like ●cattle or ●equipment theft], offer [(much) higher] profit margins (for [(far) less] labor). ³But food [plucked from the dirt] is untraceable. ⁴And there may (also) be a tendency [to regard ❹fruits and vegetables as ❺something [less than private property]]. ⁵"I watch people [in stores] eat their way (through the ❶vegetable and ❷fruit sections)," ((says James Lynch, a criminologist [at the University of Maryland])). ⁶"You wouldn't steal a tractor, but (when it comes to food), people think: *This came from the earth*. ● *God gave it to us*, and ❷ *anybody can take it*."

訳 ¹このような窃盗は滑稽に思われるかもしれない。特定の産物への需要が高い時でさえ，それでも食品というのは比較的安いものであり，しかも作物はかさばる。²牛や機材の窃盗といった，他の種類の農業関連の犯罪は，はるかに少ない労力ではるかに高い利益をもたらすのだ。³だが，土からもぎ取った食品は追跡できない。⁴しかも果物や野菜は私有財産ではない物と見なされる傾向もまたあるのかもしれない。⁵「お客が野菜や果物売り場を，商品をつまみ食いしながら通り抜けるのを見かけますからね」と語るのはメリーランド大学の犯罪学者，ジェームズ・リンチである。⁶「トラクターを盗むなんてしないでしょうけれど，食べ物となると，人々はこう考えるんです。『これは大地から生まれたものだ。神様が私たちに授けてくれたのだから誰でも取っていいんだ』ってね」

語句 ¹ludicrous「滑稽な」 relatively「比較的」 bulky「かさばった」／²cattle「牛 (の群れ)」 equipment「機材」 profit margin「粗利益」／³pluck *A* from *B*「A を B からもぎ取る」 untraceable「追跡できない」／⁴tendency「傾向」 regard *A* as *B*「A を B と見なす」 private property「私有財産」／⁵criminologist「犯罪学者」／⁶when it comes to *A*「A ということになると」

6 ¹ (Indeed), (as long as _(S) people _(V) have been growing _(O) crops), _Sother people _Vhave been stealing _Othem, ((explains Alan Hodges, an agricultural economist [at the University of Florida])). ² _SHe _Vis quick to add _Othat the transition [from **Ⓐ**hunting and gathering to **Ⓑ**"sedentary settlement patterns"] [some 10,000 years

(S)

ago] was a net win (for humanity). ³ (For the same reasons [it enabled theft]),

(V)　　(C)

＝前文のthe transition ... ago

((historians note)), _Sit (also) _Vhelped give rise to efficient taxation: (With farming),

挿入された主節　　　　　　　　　　　(to)

_Sassets — crops — _Vwere (suddenly) _Cvisible, and _Seach harvest _Vsignaled _Oa new tax season. ⁴ _SPeople [of a certain sensibility] _Vmight call _Othat _Ctheft [by another name]. ⁵But (for Hodges), _Sthe cultural boon [created by agriculture] (more than) _Vcompensated for its costs. ⁶ "_SFarmers _Vbecame _Cthe victims of property crimes," ((he says)). ⁷ "But _Sall the attributes [of civilization] [_(O)that _(S)we _(V)recognize (today)] (also) _Vflourished."

訳 ¹実際，人が作物を栽培する限り，常に他の人がそれを盗んできた，とフロリダ大学の農業経済学者アラン・ホッジスは説明する。²彼はすぐにこう付け加える。約1万年前に狩猟採集から「定住型の居住スタイル」に移行したことは，人類にとっては掛け値なしの勝利だった，と。³窃盗を可能にしたのと同じ理由で，それは効率的な課税制度が生まれる一助ともなったのだ，と歴史学者たちは述べる。農業により，作物という資産が突然目に見える形になり，一回一回の収穫が新たな課税の時期の印となったのである。⁴ある種の感性の豊かな人ならこの仕組みを別の名前を冠した窃盗と呼ぶかもしれない。⁵しかしホッジスから見て，農業によってもたらされた文化的な恩恵は，代償分を補って余りあるものだったのだ。⁶「農家は財産に対する窃盗犯罪の被害者にはなりました」と彼は言う。⁷「しかし今日私たちが認める文明の属性すべてもまた開花したのです」

語句 ²be quick to *do*「すぐに…する」 transition from *A* to *B*「*A* から *B* への移行」 sedentary「定住性の」 settlement「移住，居住」 net「正味の，掛け値なしの」 humanity「人類」／³ note (that) **SV**「…と説明する，述べる」 give rise to *A*「*A* を生じさせる」 efficient「効率的な」 taxation「課税(制度)」 asset「(通例〜s) 資産」 visible「目に見える」 signal「〜の印になる」／⁴sensibility「感性」 call **OC**「**O** を **C** と呼ぶ」／⁵boon「恩恵」 compensate for *A*「*A* に対して埋め合わせる」／⁷attribute「特質，属性」 flourish「(文化が) 栄える，花開く」

2 解答・解説

問1 解答例 構文解説▶p.32　　　　　得点 ＿＿＿＿ /9点

> アフリカの大半の地域で，アラビア語，スワヒリ語，フランス語，英語は，市場とは違う土着語を家では話している人たちによって，よく知られており，よく使われている。

解説と採点基準

❶Throughout large parts of Africa, Arabic, Swahili, French, and English are often known and used by individuals (who ...)

アフリカの大半の地域で，アラビア語，スワヒリ語，フランス語，英語は，…人たちによって，よく知られており，よく使われている　　　　　＿＿＿＿／区分点**5**点

　throughout *A* は「*A* の至るところで」の意味ですが，ここではそこまで強く訳出しなくてもいいでしょう。むしろ Africa までがこの前置詞の目的語で，**Arabic からが主語となる**ことがわかったかどうかが重要です。Arabic 以降 English まではすべて「〜語」ですね。

> throughout large parts of Africaの誤訳は2点減とします。Arabic, Swahili, French, and English の4つの並列が取れていないものは2点減。訳漏れがある場合も並列のミスとして2点減とします。並列されている4つの単語が「〜語」を表すと取れていないものは2点減。known と used が並列関係にあり，いずれも by individuals に接続していることが取れていない場合は2点減。

❷who speak a different, indigenous language in their home than they do in the marketplace

市場とは違う土着語を家では話している人たちが　　　　　＿＿＿＿／区分点**4**点

　individuals を先行詞とする関係代名詞節です。節中の **different ... than SV**「**than 以下と異なった…**」がこの問いの最大の注意点です。different があるとすぐ from を探しがちですが，このように than を伴うこともあります。もともと different は「差」を表すことから than と共に用いられることがあり，それゆえ今でも **different は比較級に準じて far や much の修飾を受ける**ことがあります。from と異なる点は **than には SV が続くこともある**，という点です。ここでは than they do（=speak languages）が後に続いており，「市場で（言語を）話すのと異なった言語を家では話す」という意味になります。

先行詞の読み取りのミスは4点減でこの部分の得点なし。different ... than SV の構造が取れていないものは3点減。indigenous は「土着の」の意味です。大きく外していたら1点減。

問2　解答　**(d)**　　　　　　　　　　　得点 _____ /4点

下線部 (2) を含むこの1文 the research on those who possess more than one language paints an encouraging picture の意味は「二言語以上を話す人々に関する研究は心強い展望を示している」となります。下線部を直訳すると「励みになる絵を描く」となりますが，要するに「**前向きな展望を与えてくれる**」という意味だと見当がつきます。実際に次の段落では，一言語話者よりも**二言語話者の方が認知のテストで好成績を上げる**ことが述べられており，そのこともヒントとなるはずです。

選択肢の訳
(a)「悲観的な物語を構築する」
(b)「がっかりするような画像を描く」
(c)「中立的な描写をする」
(d)「前向きなシナリオを示す」
(e)「悲観的な見通しを描く」
▶ encouraging の表す前向きな言葉があるのは (d) のみですね。

問3　解答例　構文解説▶p.33　　　　　　　　得点 _____ /6点

色名とは異なる色で書かれた色の名前のリストを見せて，色の名前を表す単語自体を読み上げるのではなく，その単語が印刷されている色を言わせる課題。　　　　　　　　　　　　　　　　　　　　　　　　　　　　　　(70字)

問いの該当箇所はズバリ下線部直後の in which 以下の記述とその後の文です。
❶ individuals look at a list of color names written in different colors
「個人が色名とは異なる色で書かれた色の名前のリストを見る」
❷ The task is to name the colors that words are printed in, rather than say the word itself.
「ここでの課題は，色の名前を表す単語自体を読み上げることではなく，その単語が印刷されている色を言うことである」
例えば blue という単語が緑で書かれていたりするわけですね。「何色で書かれ

ているか」を答えるわけですが，blue という単語を見ながら「green」と答えるというのはなかなかに難しそうです。整理すると以下のようになります。

❶いろいろな色の名前がその色名とは違う色で書かれたリストがある。

❷色の名前を表す単語を読むのではなく，その色名が何色で書かれているかを答える。

 それぞれのポイントに３点ずつ配点します。

問4 解答 **(a)**　　　　　　　　　　　　　　　得点 _____ /4点

---

these two issues「これらの２つの問題」とあるので**直前に２つ問題点（不利な点）が述べられているはず**ですから，それらを探しましょう。第３段落第４文に the advantages of being bilingual are not universal across all cognitive domains「二言語使用であることの利点がすべての認知領域にわたって普遍的なものではない」という記述があります。二言語話者はよいことばかり，とはいかないわけですね。それに続いて Bilingual individuals have been shown to ❶have smaller vocabularies and to ❷take longer in retrieving words from memory when compared to monolinguals.「二言語話者は，一言語話者と比べて語彙が少なく，記憶の中から単語を呼び出すのにより時間がかかることが示されている」という記述があります。ちなみに be shown to *do* は「…するということが示されている」，have smaller vocabularies は言うまでもなく「語彙が少ない」の意味，take longer の long はここでは a long time の意味の名詞で，take longer in *doing* で「…するのにより時間がかかる」の意味になります。retrieve は「〜を取り戻す」の意味ですが，ここはいったん記憶した情報を「呼び出す」ことです。

整理すると以下の２点が問題点だとわかります。

❶一言語話者よりも語彙が少ない。

❷一言語話者より記憶から単語を呼び出すのに時間がかかる。

選択肢の訳

(a)「二言語話者は一言語話者と比べて語彙が少なく，単語を思い出すのに時間がかかる」

(b)「二言語話者は作業に対する注意力を交互に入れ替えて維持するのが難しい」

(c)「一言語話者は二言語話者と比べて選択的注意とマルチタスクの能力が低い」

(d)「一言語話者は認知，および言語能力の面で不利である」

▶ この問いは「二言語話者が不利なところ」を答えることが求められています

27

から，解答は (a) ですね。(c) は本文の内容とは合致していますが，下線部 (4) とは意味が異なります。

問5 解答例 構文解説 ▶ p.36 　　　得点 _____ /8点

そういうわけで，社会的に活発であることが認知症の発症を防ぐのか，それとも認知症でない人々の方が社会的に活発になる可能性が高いのか，本当はわかっていないのだ。

$_S$we $_V$can't (really) <u>say</u> ❶$_O$<u>whether ...,</u> or ❷$_O$<u>if ...</u> 「❶…か❷…かどうかは本当は言えない；❶…か❷…かどうかは本当はわからない」が全体の構造です。

解説と採点基準

❶So we can't really say whether being socially active prevents the onset of dementia,

そういうわけで，社会的に活発であることが認知症の発症を防ぐのか，…本当はわかっていないのだ　　　　　　　　　　　　　　　　　　　　　　_____ /区分点5点

whether 節中は $_{(S)}$<u>being socially active</u> $_{(V)}$<u>prevents</u> $_{(O)}$<u>the onset of dementia</u> という構造です。「社会的に活発であることが認知症の発症を防ぐ」「社交的であると認知症の発症を防げる」という趣旨ですね。

 $_S$<u>we</u> $_V$<u>can't</u> (really) <u>say</u> $_O$<u>whether ...</u> の構造が取れていない場合は 3 点減です。whether 節中の意味の取れていないものは 3 点減。

❷or if people who don't have dementia are more likely to be socially active

それとも認知症でない人々の方が社会的に活発になる可能性が高いのか　_____ /区分点3点

if が ❶ の **whether と並列関係** にあり，whether の意味で使われています。people who don't have dementia are more likely to be socially active は「認知症になっていない人の方が社会的に活発になる可能性が高い [社交的になりやすい]」という趣旨で，❶とは**因果関係が逆**です。

 if 以下が ❶ の whether 以下と並列関係にあることが取れていないもの，if 節中の趣旨が取れていないものはこのブロックの得点はありません。be more likely to *do* 単独の誤訳・未訳は 2 点減。

重要構文 02 共通関係と同格関係

　接続詞は1文中で複数の SV を接続する働きをし，**対等な主節と主節を連結するのは「等位接続詞」**，主節に対して何らかの修飾をする節を導くのは「従位［従属］接続詞」と呼ばれます。

等位接続詞と従位接続詞の扱いの差

例 S_1V_1, but S_2V_2 . 　この文ではS_1V_1とS_2V_2は完全に対等で，多くの場合，S_2V_2の方に重点が置かれます。「S_1はV_1する。しかしS_2はV_2する」といった感じになります。

例 S_1V_1, although S_2V_2. 　この文では although 以下はあくまで「従属」ですから**一番言いたいことはS_1V_1で完結している**と思ってよく，「S_1 は V_1 する。とはいえ S_2 は V_2 するわけだが」といった感じになるわけです。

共通関係——and, but, or による並列

　and などの等位接続詞の後には SV が接続されるのですが，その**直前の SV と重なっている部分は省略される**のが普通です。ただしあくまで「等位」なので，その場合でも**「前後に文法的に等しいものが並列される」**原則は変わりません。例えば and の後に takes のような3単現の動詞がきていたら，and の前にも必ず3単現の動詞があります。それらの3単現の動詞に1と番号を振り，and の後にきている要素に2と番号を振ります。それら2つの3単元の動詞は同じ主語を共有しているとわかるわけです。

例 Throughout ... English are often <u>known</u> and (... English are often) <u>used</u> by individuals ... (本文第1段落第5文)

例 Because ..., it can be difficult to ignore the word "blue," and (it can be difficult to) report that it is printed in green. (第2段落第4文)

　当たり前に思われるかもしれませんが，模擬試験の答案では，この and の並列が正しく取れていないために減点される事例が実に多いのです。**「英文解釈の基礎は and に始まり and に終わる」**と言ってもいいくらいです。もちろん物理的に並列の可能性が複数存在することはあり，その場合は内容判断となりますが，まずはこの原則を押さえておいてください。なお，**3つ以上の要素が並列された場合には 1, 2, 3(,) and [or] 4 となる**ことも，確認しておいてください。

同格関係（言い換え表現）

　一般的に「言い換え表現」は接続詞を介在させず，**コンマ (,) あるいはセミコ**

ロン (;) やダッシュ（─）を用いて横に連ねます。私はこういう表現をついつい「同格」という癖がありますが，本来これは名詞のみに使われる言い方で，例えばドイツ語では目的格で用いられている単語を「言い換える」場合，必ず同じ「目的格」で言い換えなければなりません。そこから「同格」という言い方が生じたわけですが，代名詞以外に格の消失している英語では主として名詞の言い換え表現全般を「同格表現」と呼んでいるように思います。

　日本語で「同格」というと，図形で言うところの「合同」といった感じで「全く同じ」という感じがしますが，英語の場合，**「一見同じに見えないけれどよく考えてみたら実は同じことだ」**といったような概念もコンマだけで並べられていることが珍しくありません。ですから，**「つまり」「すなわち」という訳語が必ずしも有効ではない場合もある**ことは覚えておいてください。

問6　解答　**1.** T　**2.** F　**3.** F　**4.** T　**5.** F　　得点 _____ ／15 点 (各3点)

選択肢とその訳

1. The number of people who speak only one language is thought to be smaller than the number of people who speak multiple languages.
「多言語を話す人よりも一言語しか話さない人の数の方が少ないと考えられている」

▶ 第1段落第2文 In fact, it has been estimated that there are fewer monolingual speakers in the world than bilinguals and multilinguals.「実際，世界においては，二言語話者や多言語話者よりも，一言語話者の方が数が少ないと推定されてきた」に一致しています。

2. Bilinguals performed as well as monolinguals on the Stroop Test and other measures of selective attention.
「二言語話者はストループ検査やその他の選択的注意の測定での成績が一言語話者と同じくらいによかった」

▶ 第2段落では第1文から bilinguals outperform monolinguals「二言語話者が一言語話者をしのぐ」という内容でした。ですから不一致。

3. According to a study conducted by Bialystok and her colleagues, bilinguals tend to show signs of dementia earlier than monolinguals.
「ビアリストックと同僚たちによって行われた研究によると，二言語話者は一言語話者よりも早い時期に認知症の兆候を示す傾向がある」

▶ 第4段落の第4・5文For those who showed signs of dementia, the

monolinguals in the sample had an average age at time of onset of 71.4 years. The bilinguals, in contrast, received their diagnosis at 75.5 years, on average. 「認知症の兆候を示した人々に関して，調査対象者のうち一言語話者は発症時の平均年齢が 71.4 歳であった。これに対して二言語話者が認知症と診断されたのは，平均で 75.5 歳時点であった」と不一致です。

4. In the study of Bialystok and her colleagues, <u>the monolingual group had a longer formal education</u> than the bilingual group.
「ビアリストックと同僚たちによる研究では，一言語話者のグループは二言語話者のグループよりも長い学校教育を受けていた」

▶ 第 4 段落最終文 the monolinguals reported, on average, <u>a year and a half more schooling</u> than their bilingual counterparts「一言語話者は，相対する二言語話者よりも平均して 1 年半長く学校教育を受けていたと報告している」に一致します。

5. Bialystok and her colleagues <u>have identified the exact factors</u> affecting the difference in the average onset age of dementia between the monolingual and bilingual groups.
「ビアリストックと同僚たちは，一言語話者グループと二言語話者グループとの間に見られる認知症の平均的な発症年齢の差に影響するまさにその要因を特定した」

▶ 第 6 段落第 1 文 But as encouraging as these kinds of studies are, <u>they still have not established</u> exactly how or why differences between bilinguals and monolinguals exist.「しかし，こうした類の研究は励みにはなるが，二言語話者と一言語話者との間の差が正確にはどのように，あるいはなぜ存在するのかをこれらの研究はまだ立証してはいない」に矛盾します。ちなみに **as** encouraging **as** these kinds of studies are は，encouraging as these kinds of studies are と同じで〈逆接；譲歩〉を表します。アメリカ英語では as ... as の形も用いるようです。

| 問7 | 解答 **(a)** | 得点 _____ /4 点 |

選択肢の訳
(a)「外国語学習は認知症を防げるか」
(b)「外国語学習のデメリット」
(c)「二言語使用することはアルツハイマー病のリスクを増すか」
(d)「アルツハイマー病患者における外国語能力の低下」

▶ ここまでの問いに答えながら読んでくれば答えは自明ですね。正解は (a) です。

1 ¹ₛ**❶**Bilingualism and **❷**multilingualism ᵥare (actually) more 𝒸common than you might think. ²(In fact), ₛit ᵥhas been estimated that there are fewer

(bilingualism and ... are common)　形式主語　　　　　　　　　　　(V)　(S)

monolingual speakers (in the world) than bilinguals and multilinguals. ³(Although (in many countries) ₍ₛ₎most inhabitants ₍ᵥ₎share ₍ₒ₎just one language (for example, Germany and Japan)), ₛother countries ᵥhave ₒseveral official languages.
⁴ₛSwitzerland, (for example), ᵥhas ₒabout the same population as New York City (about eight million people), and (yet) ₛit ᵥhas ₒfour official languages:
❶German, **❷**French, **❸**Italian, and **❹**Romansh. ⁵(Throughout large parts of Africa),

以降は具体例

ₛ**❶**Arabic, **❷**Swahili, **❸**French, and **❹**English ᵥare (often) **❶**known and **❷**used by individuals [who ₍ᵥ₎speak ₍ₒ₎a different, indigenous language (in their home) than ₍₍ₛ₎₎they ₍₍ᵥ₎₎do (in the marketplace)]. ⁶So ₛ**❶**bilingualism and **❷**multilingualism ᵥare 𝒸pervasive (worldwide). ⁷And (with regard to cognitive abilities), ₛthe research [on those [who ₍ᵥ₎possess ₍ₒ₎more than one language]] ᵥpaints ₒan encouraging picture.

訳 ¹二言語使用と多言語使用は，実際には意外に一般的である。²実際，世界においては，二言語話者や多言語話者よりも，一言語話者の方が数が少ないと推定されてきた。³多くの国々においてはほとんどの住民が一言語のみを共有する（例えばドイツと日本がそうである）が，複数の公用語を持つ国々も存在する。⁴例えばスイスはニューヨーク市とほぼ同じ人口（約800万人）なのだが，にもかかわらず，ドイツ語，フランス語，イタリア語，ロマンシュ語と，4つの公用語がある。⁵アフリカの大半の地域で，アラビア語，スワヒリ語，フランス語，英語は，市場とは違う土着語を家では話している人たちによって，よく知られており，よく使われている。⁶したがって，二言語使用や多言語使用は世界中に浸透しているのである。⁷そして，認知能力に関して，二言語以上を話す人々に関する研究は心強い展望を示している。

語句 ¹multilingualism「多言語使用（能力）」　common「ふつうの」／²estimate that **SV**「…と推定する」　monolingual「一言語使用の；一言語話者」／³inhabitant「住民」　share「～を共有する」　official language「公用語」／⁴and yet「にもかかわらず」　Romansh「ロマンシュ語」／⁵throughout *A*「*A*の至るところで」　Arabic「アラビア語」　Swahili「スワヒリ語」　individual「個人」　indigenous「土着の，土地固有の」　marketplace「市場」／⁶pervasive「浸透して」／⁷with regard to *A*「*A*に関しては」　cognitive「認知の」　those who **V**「…する人（たち）」　encouraging「心強い，励みになる」

32

2 ¹(For one thing), ₛbilinguals ᵥoutperform ₒmonolinguals (on tests of ❶selective attention and ❷multitasking). ²ₛSelective attention ᵥcan be measured by what is called the "Stroop Test" [in which ₍S₎individuals ₍V₎look at a list of color names [written in different colors]]. ³ₛThe task ᵥis ᴄto ❸name the colors [that words are printed in], (rather than ❹say the word itself). ⁴(Because ₍S₎we ₍V₎read (automatically)), ₛit ᵥcan be ᴄdifficult to ❶ignore the word "blue," and ❷report that it is printed in green. ⁵ₛBilinguals ᵥperform (better) (on ❹the Stroop Test), (as well as ❸other measures of selective attention).

> **訳** ¹一例を挙げると，二言語話者は選択的注意とマルチタスクのテストで，一言語話者をしのぐ。²選択的注意は，いわゆる「ストループ検査」によって測定することができる。このテストでは，色名とは異なる色で書かれた色の名前のリストを見る。³ここでの課題は，色の名前を表す単語自体を読み上げることではなく，その単語が印刷されている色を言うことである。⁴私たちは自動的に読んでしまうため，「青」という単語を無視して，それが緑で印刷されていると答えるのは困難になり得る。⁵二言語話者は，その他の選択的注意の測定と同様に，ストループ検査での成績が一言語話者より高い。

語句 ¹for one thing「ひとつには，一例を挙げると」 outperform「～より技量が上である」 selective attention「選択的注意」（多くの情報の中から特定の情報に対して選択的に注意を向けること）multitasking「マルチタスク；複数の作業を同時に行うこと」／²measure「～を測定する」 what is called A「いわゆる A」／³name「～の名前を言う」／⁴automatically「自動的に」 ignore「～を無視する」 report that SV「…と報告する」／⁵A as well as B「B と同様に A」

3 ¹ₛThey (also) ᵥare ᴄbetter at multitasking. ²ₛOne explanation [of this superiority] ᵥis ᴄthat ❶speakers of two languages are (continually) inhibiting one of their languages, and ❷this process of inhibition confers general cognitive benefits to other activities. ³(In fact), ₛbilingual individuals ᵥoutperform ₒtheir monolingual counterparts (on a variety of cognitive measures, [such as ❶performing concept-formation tasks, ❷following complex instructions, and ❸switching to new instructions]). ⁴(For the sake of completeness), ₛit ᵥshould be noted that the advantages of being bilingual are not universal (across all cognitive domains). ⁵ₛBilingual individuals ᵥhave been shown ❶to have smaller vocabularies and ❷to take longer in retrieving words from memory (when compared to bilinguals are).

33

monolinguals). [6] (In the long run), (however), _Sthe [❶cognitive and ❷linguistic] advantages of being bilingual (far) _Voutweigh _Othese two issues.

訳 [1]彼らはまた，マルチタスク作業においてもより秀でている。[2]この優位性の1つの説明は，二言語話者は常に一方の言語を抑制しており，その抑制のプロセスが他の活動に全般的な認知上の恩恵をもたらすというものだ。[3]実際，二言語話者は，概念形成タスクを実行すること，複雑な指示に従うこと，新たな指示へと切り替えることなど，様々な認知能力の測定において，同じことを行う一言語話者よりも好成績を上げるのだ。[4]完全を期すために言うと，二言語使用であることの利点がすべての認知領域にわたって普遍的なものではないということにも注目すべきである。[5]二言語話者は，一言語話者と比べて語彙が少なく，記憶の中から単語を呼び出すのにより時間がかかることが示されている。[6]しかし，長期的に見ると，二言語使用であることの認知上および言語上の利点は，これら2つの問題をはるかに上回るのである。

語句 [1]be better at A「Aについてより優れている」／[2]superiority「優っていること，優位」 inhibit「～を抑制する」 confer A to B「BにA(賞・栄養など)をもたらす」 general「全般的な」 benefit「恩恵」／[3]counterpart「相手，対応するもの (ここでは monolingual counterparts で「同じ課題を与えられた一言語話者」の意味)」 a variety of A「様々なA」 A such as B「BのようなA」 concept-formation「概念形成」 follow「～に従う」 complex「複雑な」 instruction「指示」 switch to A「Aに切り替える」／[4]for the sake of A「Aのために」 completeness「完全さ」 note that SV「…ということに注目する」 advantage of A「Aの利点」 universal「普遍的な」 across all A「すべてのAにわたって」 domain「領域」／[5]vocabulary「語彙」 take long in *doing*「…するのに長い時間がかかる」 retrieve A from B「BからAを取り戻す，回収する」 when compared to A「Aと比べると」／[6]in the long run「長期的に見ると」 linguistic「言語上の」 outweigh「～を上回る」 issue「問題」

---

4 [1](If _(S)the benefits of being bilingual _(V)spill over to other aspects of cognition), then _Swe _Vwould expect to see _O❶a lower incidence of Alzheimer's disease (in bilinguals) than (in monolinguals), or (at least) ❷_Oa later onset of Alzheimer's (for bilinguals). [2](In fact), there _Vis _Sevidence [to support this claim]. [3]❶_SThe psychologist Ellen Bialystok and ❷_Sher colleagues _Vobtained _Othe histories of 184 individuals [_(S)who _(V)had made use of a memory clinic in Toronto]. [4](For those [_(S)who _(V)showed _(O)signs of dementia]), _Sthe monolinguals [in the sample] _Vhad _Oan average age [at time of onset [of 71.4 years]]. [5]_SThe bilinguals, (in contrast), _Vreceived _Otheir diagnosis (at 75.5 years), (on average). [6](In a study [of this sort]), _Sa difference [of four years] ❶_Vis (highly) _Csignificant, and ❷_Vcould not be explained by other systematic differences [between the two groups]. [7](For example), $_S$<u>the monolinguals</u> $_V$<u>reported</u>, (on average), $_O$[(a year and a half) more] schooling (than their bilingual counterparts), so $_S$<u>the effect</u> $_V$<u>was</u> (clearly) not $_C$<u>due to formal education.</u>

> **訳** ¹二言語使用であることの利点が認知の他の面にも及ぶとすると，私たちは，アルツハイマー病の発症率が一言語話者よりも二言語話者において低くなるか，あるいは少なくとも二言語話者ではアルツハイマー病の発症が遅れることが確認されることを期待するだろう。²実際，この主張を裏づける証拠がある。³心理学者のエレン・ビアリストックと同僚たちは，トロントのメモリークリニックを利用した184人の病歴を入手した。⁴認知症の兆候を示した人々に関して，調査対象者のうち一言語話者は発症時の平均年齢が71.4歳であった。⁵これに対して二言語話者が認知症と診断されたのは，平均で75.5歳時点であった。⁶この種の研究では4年の差は非常に有意であり，2つのグループ間の他の体系的な差では説明できなかった。⁷例えば，一言語話者は，相対する二言語話者よりも平均して1年半長く学校教育を受けていたと報告しているので，この結果が正式な教育によるものでないことは明らかであった。

> **語句** ¹spill over to A「Aに及ぶ」 aspect「側面」 expect to do「…することを期待する」 incidence「(事件・病気などの)発生(率)」 Alzheimer's disease「アルツハイマー病」 onset of A「A(好ましくないこと)の始まり，発症」／²evidence「証拠」 support「～を裏づける」 claim「主張」／³colleague「同僚」 obtain「～を入手する」 make use of A「Aを利用する」 clinic「(病院内の)～科；診療所」／⁴sign of A「Aの兆候」 dementia「認知症」／⁵in contrast「これに対して」 diagnosis「診断」 on average「平均で」／⁶highly「非常に」 significant「重要な；統計的に有意な」 systematic「体系的な」／⁷schooling「学校教育」 due to A「Aによる，Aが原因で」 formal「正式な」

5 ¹$_S$<u>A separate study</u>, [conducted in India], $_V$<u>found</u> $_O$[(strikingly) similar] results: $_S$<u>bilingual patients</u> $_V$<u>developed</u> $_O$<u>symptoms of dementia</u> ((4.5 years) later than monolinguals), ((even) after $_{(S)}$<u>other [potential] factors, [such as ❶<u>gender</u> and ❷<u>occupation</u>], $_{(V)}$<u>were controlled for</u>). ²(In addition), $_S$<u>researchers</u> $_V$<u>have reported</u> $_O$<u>other positive effects of bilingualism</u> [for cognitive abilities [in later life]], ((even) when $_{(S)}$<u>the person</u> $_{(V)}$<u>acquired</u> $_{(O)}$<u>the language</u> (in adulthood)). ³(Crucially), $_S$<u>Bialystok</u> $_V$<u>suggested</u> $_O$<u>that the positive benefits of being bilingual</u> (only) (really) accrued to those [$_{((S))}$<u>who</u> $_{((V))}$<u>used</u> $_{((O))}$<u>both languages</u> (all the time)].

> **訳** ¹インドで実施された別の研究も，著しく類似した結果を得ている。性別や職業など，他の潜在的要因を考慮してもなお，二言語話者の患者は，一言語話者より4.5年遅く認知症の症状を発

症したのである。²さらに，研究者たちは，成人してから言語を習得した場合でも，人生後年の認知能力に対して二言語使用が他にもプラス効果を持つことも報告している。³極めて重要なことだが，二言語使用の利点は，常に両方の言語を使用している人にのみ実際にもたらされるのだとビアリストックは示唆した。

語句 ¹conduct「〜を行う」 strikingly「著しく」 develop「〜を発症する」 symptom「症状」 potential「潜在的な」 factor「要因」 gender「性別」 occupation「職業」 control for A「Aを考慮に入れる」／²acquire「〜を習得する」 adulthood「成人」／³crucially「決定的に，非常に重大なことに」 suggest that SV「…だと示唆する」 accrue to A「Aに自然に増える，結果的に増加する［生じる］」 all the time「常に」

6 ¹But (as encouraging as these kinds of studies are), they (still) have not established (exactly) how or why differences [between bilinguals and monolinguals] exist. ²(Because these studies looked back at the histories of people [who were (already) bilingual]), the results can (only) say that a difference [between the two groups] was found, but not why that difference occurred. ³Further research is needed (to determine what caused the differences [in age of onset] [between the two groups]).

訳 ¹しかし，こうした類の研究は励みにはなるが，二言語話者と一言語話者との間の差が正確にはどのように，あるいはなぜ存在するのかをこれらの研究はまだ立証してはいない。²これらの研究はすでに二言語使用であった人々の経歴を振り返るものであるため，その結果からは2グループ間に差が見つかったとは言えるが，なぜその差が生じたのかは説明できないのである。³2グループ間の発症年齢の差の原因が何であるかを特定するには，さらなる研究が必要である。

語句 ¹establish「〜を立証する」／³further「さらなる」 determine「〜を特定する」

7 ¹Other studies [of successful aging] suggest that being connected to one's community and having plenty of social interaction is (also) important (in forestalling the onset of dementia). ²(Once again), (however), the results are (far) less clear than the popular media might lead you (to believe). ³Older individuals [who lead active social lives] are, ((almost) by definition), healthier than their counterparts [who (rarely) leave their homes or interact with others]. ⁴(So) we can't (really) say whether being (socially) active prevents the onset of dementia, or if people [who don't have

36

dementia] are (more) likely to be (socially) active.
((O))　　(V)　　　　　　　　　　　　(C)

> **訳**　¹うまく年を取ることに関する他の研究は，認知症の発症を未然に防ぐ上で，自分のコミュニ
> ティとつながり，多くの社会的交流をすることもまた重要であると示唆している。²だがここでも
> また，研究結果は，有力なメディアが信じ込ませようとしているかもしれないものよりはるかに不
> 明瞭だ。³活発な社会生活をしている高齢者は，ほぼ当然と言えるが，めったに外出せず，他人と
> もめったに交流しない高齢者よりも健康である。⁴そういうわけで，社会的に活発であることが認
> 知症の発症を防ぐのか，それとも認知症でない人々の方が社会的に活発になる可能性が高いのか，
> 本当はわかっていないのだ。

語句　¹important in *doing*「…することにおいて重要だ」　forestall「～を未然に防ぐ」／²lead *A* to *do*「A
が…するように仕向ける」／³lead a ... life「…な生活を送る」　by definition「当然ながら，定義上」
rarely「めったに…しない」　interact with *A*「A と交流する」／⁴prevent「～を防ぐ」　be likely to
do「…する可能性が高い」

2

問1 解答 **education** 　　　　　得点 ＿＿＿ /5点

　本文の空欄を含む文は，But they always lose this power of original expression as soon as they begin their **(A)**.「だが，**(A)** を始めると，たちまち彼らは独創的に表現するこの力を失ってしまうのが常である」です。この直後に，直観的に捉えた白鳥の絵を描いた7歳の少女の絵を見て，年長の少女が「白鳥はこうだ」と「一般的な」白鳥の絵を描いてみせたエピソードが書かれています。そしてその後，その年長の少女について第4段落第3文に She had lost it by the education which emphasises the fact, measurements, analysis, the concept. Education is, and must be, almost entirely conceptual. And the concept is always the enemy of the intuition.「事実と計測と分析と概念を重視する教育のせいで，彼女はその能力を失っていたのである。教育とはほぼ全面的に概念的なものであり，またそうあらねばならない。そして，概念は常に直観の敵なのである」という記述が続きます。concept を解答の候補として考えた人もいるかもしれませんが，begin の目的語としてはしっくりきません。それゆえ concept を持つきっかけとなる education「教育」が解答として適切だとわかります。

問2 解答例 　　　　　　　　　　得点 ＿＿＿ /12点

両足はとても大きく，とても丁寧に描かれ，実物を模写したものだったが，体の輪郭はぼんやりとして，首や羽は，雲のように，1本の曲線の中に含まれて描かれていた。　　　　　　　　　　　　　　　　　　　　　　　　（77字）

🔍 考え方 第2段落の記述の中で「白鳥について」，特に**「具体的に」**述べられている箇所を抜き出します。

解説と採点基準

❶ 両足はとても大きく，とても丁寧に描かれており，実物を模写している 　＿＿＿ /区分点6点

　足について述べた第2段落第11文 Its feet were enormous and very carefully finished, obviously from life. が該当します。ここでの life は「実物」の意味です。

🖊 3つの下線それぞれに2点ずつ配点。

❷体の輪郭はぼんやりとして，首や羽は，雲のように，1本の曲線の中に含まれて描かれていた

_____ ╱区分点**6**点

体について述べた第2段落第15文 for body she gave it <u>the faintest, lightest outline</u>, <u>neck and wings included in one round line shaped rather like a cloud</u> が該当します。2つ目の下線は具体的イメージがつかみにくいですが，一筆書きを思い浮かべるとよいでしょう。

 2つの下線それぞれに3点ずつ配点。

なお❶と❷の順序は問いませんが，**❶と❷が対比関係にあることは明示する必要があります**。〈逆接〉あるいは〈対比〉が示されていないものは全体から3点を減点します。

解答
作成の
ヒント **02** | **説明問題の字数制限および解答欄の大きさ**

字数制限「〜字前後［程度］」の指定がある場合

内容説明問題の字数制限は多くの場合，**解答のヒント**となります。出題者が実際に解答を何パターンか作成して，その**最大公約数的なところで字数を決めている**ことが多いからです。**指定の字数を大きく上回ったり，大きく下回っている場合には自分の解答が適切ではないと判断して再考**した方がよいでしょう（問題6の東京大学要約問題のように，そもそも字数制限がかなり厳しく，まとめるのに苦労する問題もありますが…）。

指定字数が100字未満の場合…指定字数から±5字を目安に収める

指定字数が100字を超える場合…指定字数から±10字を目安に収める

＊「〜字以内」は，指定字数からマイナス5〜10字を目安にします。

ただ，字数制限を課しますと，字数を守らない答案，特に字数オーバーした場合の扱いについて出題側も何らかの原則を決めておかねばなりません（**参考**京都大学（問題5）の採点基準（p.67）／東京大学要約問題（問題6）の採点基準（p.80））。私も模試で字数制限付きの出題をしたことがあるので実情がわかるのですが，出題者側からすると字数制限は厄介なことなのです。

字数制限のない場合

上述した実情から，字数制限をせず「解答欄に収まるように」という指示を出し，単に四角い解答欄を与えてその中に収まるように，とする大学が多いわけです。ですが，これは受験生の側からするとあまりありがたくはありません。どの程度踏み込んで解答をまとめてよいかのヒントがないわけです。解答欄の大きさから推測すればよいといえ

ばそうなのですが，人によって字の大きさも違いますし，出題者の求めている解答の分量を推し量るのは容易ではありません。実際私たちが解答を作成してみて，どう考えても解答欄の半分も書けば十分だということもありますし，実際に大学が公表した正解例が解答欄の大きさにまるでそぐわず実にあっさりしていて驚いたこともあります。これは自由英作文の場合にも言えることですが，**字数制限のない場合には何が何でも解答欄を埋めようとするのではなく**（それをすると逆に余計なことを書いて減点されるリスクが高まることが多いのです），自分なりに納得できる解答を書いたと思ったら，少々解答欄が余っていても，もう次の問いに進んでいい，と私は指導しています。

| 問3 | 解答 | 構文解説▶p.47 | | 得点 ＿＿＿＿＿／6点（正解のみ） |

(Yet) the second child had all the qualities of the first(.)

「（しかし，）この2人目の子もかつては1人目の子の持つ一切の資質を備えていたのだ」

動詞となるものは語群のうち had しかありません。**had を中心として SVO が**展開されているはずです（解答作成のヒント 03 p.50）。

語群のうちの the first は **the first child** すなわち，大胆に**自分の直観に従って白鳥を描いた7歳の少女**のことですね。the second は **the second child** すなわち「一般的な」白鳥を描いた年長の少女です。また，**all は複数と結びつきます**から all the qualities というまとまりになるはずです。

the first (child) と the second (child) のどちらかが文の主語として働き，all the qualities が目的語になると見当がつきます。どちらが主語になるかについてはこの直後の記述に注目します。A few years before she had had the ability to see for herself, to receive the unique personal impression. She had lost it by the education which emphasises the fact, measurements, analysis, the concept.「その数年前には，彼女は，自分の力で物を見て，独自の個人的な印象を受ける能力を持っていたのだ。事実と計測と分析と概念を重視する教育のせいで，彼女はその能力を失っていたのである」（第1文で to see for herself が to receive ... によって言い換えられている展開はわかりますね）。この2文の主語である she「彼女」は，独創的な白鳥を描いた7歳の少女ではなく，**「一般的な」白鳥を描いて見せた年長の少女**つまり the second child であることが確定し，したがって問いの文の主語は the second child であるとわかります。the second と the first のいずれの後にも child は接続できるわけですが，最初に出てくる方

が child を伴い，**後から出てくる方では省略する**のが自然な流れです。ここまで
で the second child had all the qualities までが確定です。残っている前置詞 of
を「the second child が失っていたのは，自分もかつては持っていた the first
(child) の持つ資質だ」という文の内容から，of the first として all the qualities
の後につなげて完成となります。

問4 解答例 構文解説 ▶ p.47   得点 _____ ／**12 点**

鳥の名前を覚えると，子どもは目の前の鳥を，その名前の付いた鳥の一羽と
して概念的にしか見なくなり，固有の性質を持つものとして直観的に見なく
なってしまうということ。   （80字）

考え方 該当箇所を直訳すると「子どもに鳥の名前を教えると，子どもは鳥をな
くしてしまう」となりますが，これだけでは何を言っているのかわかりません。
そこでまず，この部分に先立つ記述を見てみましょう。第4段落第4・5文に
Education is, and must be, almost entirely conceptual. And the concept is
always the enemy of the intuition.「教育とはほぼ全面的に概念的なものであり，
またそうあらねばならない。そして，概念は常に直観の敵なのである」とあり，
その具体例として下線部の記述があるわけです。ということは，どうやら**「鳥の
名前」というのが「概念」**であって，**「鳥を失う」というのは「直観を失う」**と
いうことなのか，と漠然と対応関係を推測できます。

　次に下線部に続く記述を見てみましょう。It never *sees* the bird again but
only a sparrow, a thrush, a swan ...「子どもの目には，二度とその鳥が『見える』
ことがなくなり，一羽のスズメ，一羽のツグミ，一羽の白鳥としてしか見えなく
なってしまう」と述べられていますね（ちなみに主語の it は a child を指します）。
sees が *sees* とイタリックで強調されているのは **see as it is**「あるがままに見る」
の意味であることを表しており，これこそが「直観」で物を見ることを表します。
そして a sparrow, a thrush, a swan は**「名前」つまりは「概念」で捉える**こと
を表します。

　さらにこの段落の最終文を見ておきましょう。ここまで述べてきた内容が別の
角度で言い換えられています。We all know people for whom all nature and art
consists of concepts, whose life, therefore, is entirely bound up with objects
known only under labels and never seen in their own quality. の中に2つある
関係代名詞節（whom ... と whose ...）はいずれも **people を先行詞**として説明
しています。

関係代名詞の部分に they（＝ people）を代入して読んでみると，１つ目の節は For them all nature and art consists of concepts.「その人にとっては自然も芸術もその一切が概念から成っている」となり，２つ目の節は Their life is entirely bound up with objects known only under labels and never seen in their own quality.「彼らの生は，名前の付いた状態でしか認知されることがなく決して固有の性質を備えた状態で捉えられることのない事物と完全に結びついている」となります。少しややこしいですが，known only under labels と never seen in their own quality はいずれも objects を修飾しています。要するにこの人たちの頭の中での事物は**名前というラベルとのみ結びついており，決して一つひとつ固有の性質を持ったものとは見なされていない**ということですね（白鳥でもよく見ると一羽一羽皆個性があるわけですが，この人たちはそうは考えないわけです）。先の記述で *sees* がイタリックで書かれていた部分は，see objects in their own quality とここで明確に述べられています。以上を踏まえて答案をまとめます。

解説と採点基準

❶鳥の名前を覚えると 　　　　　／区分点**2**点

　下線部の記述そのままですが，解答には必要な部分です。

❷子どもは目の前の鳥を，その名前の付いた鳥の一羽として概念的にしか見なくなる 　　　　　／区分点**5**点

　「白鳥」という名の下，**白鳥と名の付くものは皆同じに見えてしまう**，ということを述べていると読み取れたかどうかがポイントです。

> 単に「名前でしか見なくなる」「概念的にしか見なくなる」としただけの解答は具体的イメージに乏しいため２点減とします。

❸（目の前の鳥を）固有の性質を持つものとして直観的に見なくなってしまう 　　　　　／区分点**5**点

> 「固有の性質を持つものとして」は「あるがままに」としても構いません。「直観的に」は書いていなくても減点しません。語句レベルの間違いについては❶～❸まで都度１点減とします。

問5　解答　intuition　　　　　　　　　　得点 ＿＿＿ ／5点

　　本文の空欄を含む文は，The attempt to preserve the **(B)** of the child, in any art, is therefore a waste of time.「それゆえ，いかなる芸術においても，子どもの **(B)** を保とうとする試みは時間の無駄なのである」です。therefore「それゆえ」と言っていることから，**そこまでの記述によって引き出された結果**がこの文だとわかるので，その前の記述を読んでみましょう。

　　第5段落第1文に This ruin of aesthetic intuition by conceptual education has produced the theory that children should not be taught anything about the arts.「このように概念的な教育によって審美的な直観が台無しになってしまうということから，子どもは芸術については何一つ教わるべきではない，という理論が生まれた」と述べられています。つまりは，教育は直観を台無しにするから，**教育をやめれば直観は保てるのではないか**，という極論ですね。ですが，But this is futile.「しかしこれは無益な理論である」とこれは**否定**され，その根拠として For children want to learn, they are greedy to know, they triumph over each other in knowledge. If you do not teach them they will learn from each other, and probably learn wrong.「なぜなら子どもは知りたがるし，知ることに貪欲であるし，知識において互いに勝ち負けを競うからである。彼らを教育しなければ，彼らは互いから学び，おそらく誤って学ぶであろう」と述べられています。要は，大人が教育しなくても，子どもは互いに教え合って，しかも，ろくな結果にならない，というのです。

　　ここまでをまとめると，**「子どもが直観を失ってしまうことを止める手立てはない」**ということですね。ですからそれに続く下線部は「子どもの直観を保とうという試みは時間の無駄である」となるわけです。よって，この段落の第1文にある intuition が解答として適切だとわかります。

問6　解答例　　　　　　　　　　　　　　得点 ＿＿＿ ／10点

どの芸術家よりも直観や創意の新鮮さ，豊かな独創性を示した一方で，美術学校で何年も概念的な教育を受けたおかげで慣習的な様式を示し，技術に秀でてもいた。　　　　　　　　　　　　　　　　　　　　（74字）

🔍 **考え方** 下線部 (b-1) Give me the mind of a child「私に子どもの心を与えよ」というピカソの言葉について，筆者は，直後に Picasso himself <u>has shown more freshness of intuition and invention, more fertile originality,</u> than any artist in centuries.「ピカソ自身，幾世紀にもわたって存在してきたどの芸術家と比べて

も，直観や創意のより一層の新鮮さを，より豊かな独創性を示してきた」と述べています。ここまでで述べられてきたように，子どもは物事を概念で見ず，あるがままに直観的に捉える能力を持っています。ピカソが求めたのはまさにそれだったのです。

　次に下線部 (b-2) を見てみましょう。この部分は，All the same「にもかかわらず」という副詞に導かれており，**前の記述と対比的に**述べられていることがわかります。Picasso is a product of the schools; he is highly accomplished in technique.「ピカソはいくつもの学校の生んだ存在なのである。彼は技術にたいへんに秀でているのだ」というのが下線部ですが，これを直訳しただけでは，特に a product of the schools の部分について，具体性に欠けます。そこで，それに続く記述を見てみましょう。He has given immense thought to the problem of artistic expression. And as a young artist <u>he showed all the conventionality of the art student just graduated from years of conceptual teaching in the drawing class.</u>「彼は芸術表現という問題に膨大な考えを巡らせてきた。そして若い画家であった頃，**絵画の授業で概念的な教育を何年も受けて卒業したばかりの美術学校生の持つありとあらゆる慣例的な様式をピカソは示していた**」と述べられています。ここまで述べられたとおり，子どもの持つ「直観」を大人は取り戻すことはできません。そして直観とは対極の，**「概念的な」教育を受けた結果，ありとあらゆる「慣例的な」様式を示すことになるピカソ**が，「考えを巡らせて」目指したのが「子どもの心」だったとここでは述べられているわけです。

解説と採点基準

❶ どの芸術家よりも直観や創意の新鮮さ，豊かな独創性を示した 　　　＿＿＿＿／区分点**4**点

Picasso himself has shown more freshness of intuition and invention, more fertile originality, than any artist in centuries. という箇所を外した答案には本問全体の得点を与えません。

🖉 「他のいかなる芸術家と比べて」と比較が表現されていないものは 2 点減。語句レベルの間違いについて，語句ごとに 1 点減点。

❷ 一方で，美術学校で何年も概念的な教育を受けたおかげで慣習的な様式を示し，技術に秀でてもいた 　　　＿＿＿＿／区分点**6**点

🖉 「美術学校で概念的な教育を受けた」「慣習的な様式を示した」「技術に秀でていた」各項目で 2 点ずつです。この項目が❶と対比的に述べられていないものは，ここで 2 点減とします。

構文解説・全訳・語句

英文と著者の講義の音声がついています。

6〜7

3

1 ¹ₛIntuition, the recognition of the [objective] real in its own quality, ᵥis, (of

= recognize the objective real in its own quality

course), ₍an essential function. ²ₛThe smallest children ᵥmust have ₀power [to

know]. ³And ₛthey ᵥexplore ₀the world [❶of things and events, ❷of characters],

the smallest children

(with [intense] curiosity and concentration).

> **訳** ¹直観とは客観的実在物をその固有の性質のままに認知することであるが，もちろんのことながら，不可欠な機能である。²ごく幼い子どもたちは感じ取る力を持っているに違いない。³そして，彼らは物や事象，様々な人々からなる世界を，強い好奇心と集中力を持って探究するのだ。

語句 ¹intuition「直観，直感，勘」 recognition「認知，認識」 objective「客観的な」 the real「実在する物」 essential「不可欠な」 function「機能」／³explore「〜を探究する」 character「(ここでは) 人々，人物」 intense「激しい，強い」 curiosity「好奇心」 concentration「集中力」

2 ¹ₛA great deal of the [spiritual and perpetual] joy [that children bring to

us] ᵥis ₍the power of ❶seeing the world as a new thing, as pure intuition, and (so)
(V)   (O)

❷renewing (for us) the freshness of all life. ²But ₛthey (always) ᵥlose ₀this power
(V)   (O)

[of original expression] (as soon as ₍ₛ₎they ₍ᵥ₎begin ₍ₒ₎their education). ³ₛA small

girl of seven (once) ᵥasked ₀₁me ₀₂if I would like a drawing. ⁴ₛI ᵥsaid ₀yes.
= Would you like a drawing? 「絵はいかがですか？」 (S) (V) (O)

⁵ₛShe ᵥasked, ₀'What shall I draw?'

⁶'Anything [you like].'

⁷'Shall ₛI ᵥdraw ₀₁you ₀₂a swan?'

⁸'Yes, a swan'; and ₛthe child ❶ᵥsat down and ❷ᵥdrew (for half an hour). ⁹ₛI'd
= I had

ᵥforgotten about the swan (until ₍ₛ₎she ₍ᵥ₎produced ₍ₒ₎the most original swan [I'd

ever seen]). ¹⁰ₛIt ᵥwas ₍a [swimming] swan, ((that is)), a creature [designed

(simply) to swim]. ¹¹ₛIts feet ᵥwere ❶₍enormous and ❷₍(very carefully) finished,

((obviously) from life). ¹²ₛThe whole structure [of the feet] ᵥwas shown (in heavy

black lines). ¹³ₛThe child ❶ᵥwas used to seeing swans (on a canal [at the end of her

garden]) and ❷ᵥhad taken [particular] notice of their feet. ¹⁴(Below the water)

_Sthe swan _Vwas _Call power. ¹⁵But (for body) _Sshe _Vgave _{O₁}it _{O₂}the [❶faintest, ❷lightest] outline, (neck and wings included in one round line [shaped (rather

直前の内容に情報を追加する分詞構文。元は its neck and wings were included ...

like a cloud)]) — a perfect expression [of the cloud-like movement of the

which (=she gave ... a cloud) was

swan [on the surface]].

訳 ¹子どもたちが私たちにもたらす精神的で永続的な喜びの多くが，世界を新たなものとして，純粋に直観に捉えたものとして見る力であり，そうして私たちに代わってすべての生の新鮮味を再確認する力である。²だが，教育を受けはじめると，たちまち彼らは独創的に表現するこの力を失ってしまうのが常である。³7歳の少女がある時私に，「絵を描いてほしい？」と聞いてきた。⁴私は「はい」と答えた。⁵「何を描いてほしい？」と彼女は尋ねてきた。

⁶「あなたの好きなものなら何でも」

⁷「白鳥を描いてあげようか？」

⁸「ええ，じゃあ白鳥を描いて」。そして少女は腰かけて30分ほど絵を描いた。⁹私はその時まで白鳥とはどういうものかについて忘れていたのだが，彼女は私がそれまでに見た中で最も独創的な白鳥の絵を描いたのだった。¹⁰それは泳いでいる白鳥であり，つまりはただただ泳ぐだけのために創造された生き物であった。¹¹両足はとても大きく，とても丁寧に仕上げられており，実物を模写しているのは明らかだった。¹²両足の作り全体は太く黒い線で描かれていた。¹³少女は自分の家の庭の端にある運河のほとりで白鳥を眺めることが日常的であり，白鳥の足に特に注目していたのだ。¹⁴水面下では白鳥は無敵だった。¹⁵しかし体に対しては少女は，この上なくぼんやりとした，淡い輪郭を与えており，首や羽が，雲にかなり似た1本の曲線の中に含まれていて，それは水面での雲のような白鳥の動きを完璧に表したものだったのだ。

語句 ¹a great deal of *A*「多くの*A*」 spiritual「精神的な」 perpetual「永続的な」 bring *A* to *B*「*B*に*A*をもたらす」 see *A* as *B*「*A*を*B*として見る；*A*を*B*と見なす」 renew「(元気など) を取り戻させる；(感情) をよみがえらせる」／²original「独創的な；最初の」 as soon as **SV**「…するとすぐに」／⁷draw *A* *B*「*A*に*B*を描いてやる」 swan「白鳥」／¹⁰that is (to say)「つまり」 (be) designed to *do*「…するために [するように] 作られた」／¹¹enormous「巨大な」 finish「〜に仕上げをほどこす」 obviously「明らかに」 life「(絵のモデルとなる) 実物, 本物」／¹²the whole *A*「*A*全体」 structure「構造」／¹³be used to *doing*「…することに慣れている」 canal「運河」(on a canal の on は「〜に面して」) take notice of *A*「*A*に注目する」／¹⁵faint「かすかな」 outline「輪郭」 round「丸い」 rather「かなり」 surface「(the 〜) 水面」

3 ¹_SI _Vwas admiring _Othis swan (when _(S)an older child [in the room], [aged

=and then

thirteen], ❶_(V)looked at the drawing and ❷_(V)said (contemptuously) _(O)'That's not a bit like a swan. ²I'll draw you a swan,' and ❸_(V)produced (at once) _(O)a Christmas-card swan, [of the commonest type]).

訳 ¹私がその白鳥に感心していると，部屋にいた13歳の，年長の子どもがその絵を眺め，軽蔑したように，「それは全然白鳥なんかじゃない。²私が白鳥を描いてあげる」と言って，たちまちクリスマスカードの絵柄の，最も一般的なタイプの白鳥を描いてみせた。

語句 ¹admire「〜を称賛する」 contemptuously「軽蔑して」 not a bit「全く…ない」／²at once「ただちに」 common「一般的な」

4 ¹(Yet) ₛthe second child ᵥhad ₒall the qualities [of the first]. ²(A few years before) ₛshe ᵥhad had ₒthe ability [to see (for herself), to receive the unique personal impression]. ³ₛShe ᵥhad lost ₒit (by the education [₍ₛ₎which ₍ᵥ₎emphasises ₍ₒ₎❶the fact, ❷measurements, ❸analysis, ❹the concept]). ⁴ₛEducation ❶ᵥis, and ❷ᵥmust be, ((almost) entirely) ₖconceptual. ⁵And ₛthe concept ᵥis (always) ₖthe enemy of the intuition. ⁶ₛIt ᵥis said that (when you give a child the name of a bird), it loses the bird. ⁷ₛIt never ᵥsees ₒthe bird (again) but only ₒ❶a sparrow, ❷a thrush, ❸a swan, and there ᵥis ₛa good deal of truth in this. ⁸ₛWe all ᵥknow ₒpeople [for whom ₍ₛ₎all nature and art ₍ᵥ₎consists of concepts], [₍ₛ₎whose life, (therefore), ₍ᵥ₎is (entirely) bound up with objects [❶known ((only) under labels) and ❷never seen in their own quality]].

訳 ¹しかし，この2人目の子もかつては1人目の子の持つ一切の資質を備えていたのだ。²その数年前には，この2人目の子が，自分の力で物を見て，独自の個人的な印象を受ける能力を持っていたのだ。³事実と計測と分析と概念を重視する教育のせいで，彼女はその能力を失っていたのである。⁴教育とはほぼ全面的に概念的なものであり，またそうあらねばならない。⁵そして，概念は常に直観の敵なのである。⁶子どもに鳥の名前を教えると，子どもは鳥をなくしてしまう，と言われている。⁷子どもの目には二度とその鳥が「見える」ことがなくなり，一羽のスズメ，一羽のツグミ，一羽の白鳥としてしか見えなくなってしまうのであり，このことには多大なる真理がある。⁸自分の中では自然も芸術もその一切が概念から成っていて，それゆえ，名前の付いた状態でしか認知されることがなく，決して固有の性質を備えた状態で捉えられることのない事物と，自らの生が完全に結びついているという人々を，私たちは皆知っている。

語句 ³emphasise 英「(米 emphasize) 〜を重視する，強調する」 measurement「計測，測定」 analysis「分析」 concept「概念」／⁴entirely「全面的に」／⁵enemy「敵」／⁶It is said that SV.「…と言われる」／⁷sparrow「スズメ」 thrush「ツグミ」 truth「真理」／⁸consist of A「Aから成る」 be bound up with A「Aと結びついている」 label「ラベル，名札」

5 ^{1} _SThis ruin [of aesthetic intuition] [by conceptual education] _Vhas produced _Othe theory that children should not be taught anything [about the arts]. ^{2} _SThey _Vshould be assisted, (if necessary), ((only) in handling materials). ^{3}But _Sthis _Vis _Cfutile. ^{4}For ❶_Schildren _Vwant to learn, ❷_Sthey _Vare _Cgreedy to know, ❸_Sthey _Vtriumph over each other in knowledge. ^{5} (If you do not teach them) _Sthey ❶_Vwill learn (from each other), and (probably) ❷_Vlearn (wrong). ^{6} _SThe attempt [to _(V)preserve _(O)the intuition of the child, (in any art)], _Vis (therefore) _Ca waste of time. ^{7} _SIt _Vcan be _Cdisastrous (if _(S)it _(V)results (only) in the production [of an imitative childishness, a [self-conscious] *naïveté* [which is more stultifying than any mere conventionalism]]).

同格のthat (S) (V) (O)
接続詞
(it is)
=the attempt

訳 ^{1} このように概念的な教育によって審美的な直観が台無しになってしまうということから，子どもは芸術については何一つ教わるべきではない，という理論が生まれた。^{2} 子どもは用具を扱う際にのみ，必要があれば，手を貸されるべきだというのだ。^{3} しかしこれは無益な理論である。^{4} なぜなら子どもは知りたがるし，知ることに貪欲であるし，知識において互いに勝ち負けを競うからである。^{5} 彼らを教育しなければ，彼らは互いから学び，おそらく誤って学ぶであろう。^{6} それゆえ，いかなる芸術においても，子どもの直観を保とうとする試みは時間の無駄なのである。^{7} もしそうした試みが子どもらしさの模倣，すなわち，いかなる慣例主義よりも人をだめにする，自覚に基づく無邪気さを生む結果に終わるだけだとするならば，悲惨なことになりかねない。

語句 ^{1} ruin「台無しになること」 aesthetic「審美的な」/ ^{2} assist *A* in *doing*「A が…することを手伝う」 if necessary「必要があれば」 handle「～を操作する」 material「(通例～s) 用具，道具」/ ^{3} futile「全く無駄な」/ ^{4} for SV「というのも…だから」 be greedy to *do*「…したがる」 triumph over *A*「A に勝つ」/ ^{6} attempt to *do*「…しようという試み」 preserve「～を保全する」/ ^{7} disastrous「災難を招く，破壊的な」 result in *A*「A に終わる」 imitative「模倣の，偽造の」 childishness「子どもっぽさ」 self-conscious「自意識の強い」 naïveté「(フランス語) 純朴さ，単純さ」 stultify「～を台無し [無意味] にする」 mere「ほんの，単なる」 conventionalism「慣例 (主義)」

---

6 ^{1} (Yet) ❶_SPicasso _Vhas said, 'Give me the mind of a child,' and ❷_SPicasso himself _Vhas shown ❶_Omore freshness [of intuition and invention], ❷_Omore fertile originality, than any artist [in centuries]. ^{2} (All the same), _SPicasso _Vis _Ca product of the schools; _She _Vis (highly) _Caccomplished in technique. ^{3} _SHe _Vhas given _Oimmense thought (to the problem of artistic expression). ^{4}And (as a young artist)

$_S$he $_V$showed $_O$all the conventionality of the art student [just graduated from years of conceptual teaching in the drawing class]. ^{5}$_S$His blue period $_V$is $_C$the cliché of a student mind [$❶_{(V)}$attempting $_{(O)}$originality ((merely) by style) and $❷_{(V)}$achieving (therefore) not only $❹_{(O)}$the false but $❺_{(O)}$the conventional]. ^{6}For $_S$nothing $_V$is more $_C$easy than the novel style [invented ((only) to be different)].

接続詞

3

訳 ^{1}にもかかわらず，ピカソは「私に子どもの心を与えよ」と言った。そしてピカソ自身，幾世紀にもわたって存在してきたどの芸術家と比べても，直観や創意のより一層の新鮮さを，より豊かな独創性を示してきたのだ。^{2}にもかかわらず，ピカソはいくつもの学校の生んだ存在なのである。彼は技術にたいへんに秀でているのだ。^{3}彼は芸術表現という問題に膨大な考えを巡らせてきた。^{4}そして若い画家であった頃，絵画の授業で概念的な教育を何年も受けて卒業したばかりの美術学校生の持つありとあらゆる慣例的な様式をピカソは示していた。^{5}彼の「青の時代」は，様式のみによって独創性を目指し，それゆえに間違っているのみならず，型にはまった創作しか成し遂げられない学生の精神の典型像であるのだ。^{6}なぜなら他と異なるだけのために創作された斬新な様式ほど安直なものはないからである。

語句 ^{1}invention「創意」 fertile「豊かな」 originality「独創性」／^{2}all the same「にもかかわらず」 be accomplished in A「Aに秀でている，Aに熟達している」 technique「技術」／^{3}immense「膨大な」／^{4}conventionality「慣例［因習］的な様式」 years of A「何年にもわたるA」／^{5}blue period「青の時代（ピカソが1901年から1904年の間に制作した作品を定義するために用いられる。この時期のピカソは基本的に青や青緑の色合いのモノクロームの絵画を描いていた）」 cliché「（フランス語）典型」 merely by A「単にAによって」 achieve「～を成し遂げる」 conventional「型にはまった」／^{6}only to do「…するためだけに」

7 ^{1}(That is to say), $_S$Picasso $_V$has passed from $❹$the age of true childish inspiration, through $❺$years of [conceptual and technical] training, back to $❻$the original vision [$_{(S)}$which $❹_{(V)}$is not $_{(C)}$childish, but $❺_{(V)}$has $_{(O)}$all the originality of the child's eye, [combined with the [(far) greater] $❶$depth and $❷$richness of a man's experience]].

訳 ^{1}つまりは，ピカソは真に子どもっぽいひらめきを見せていた年齢から，何年にもわたる概念的で技術的な訓練の歳月を経て，子どもっぽくはないが，子どもの目の持つ独創性の一切と，それをはるかに上回る一人の人間の認識の深みと豊かさを伴った独創的なものの見方に回帰したのである。

語句 ^{1}from A through B back to C「AからBを通ってCに回帰する」 inspiration「ひらめき」 training「訓練」 vision「ものの見方」 combined with A「Aを伴った」

問1 解答 構文解説▶p.60 得点 ＿＿＿ ／4点 (正解のみ)

(... vast improvements in medical hygiene have greatly reduced) **❶**the chance of **❷**patients being poisoned **❸**on the treatment (table)

「(…医療の衛生状態が大幅に向上したことが,) 患者が治療 (台) の上でばい菌に侵される可能性 (を大きく減らした)」

(※全訳 (p.60) では「…向上したことにより, …減った」のように訳しています。)

---

❶ まず reduce は他動詞ですから, 目的語が必要です。それが the chance に当たります。the chance は

the chance to *do*「…する機会」

the chance of *doing*「…する可能性」

the chance that S V「S が V する可能性」

の意味で使われることは覚えておいてください。ここは **of がある**ので reduce the chance of *doing* で「…する可能性を減らす」という流れだとわかります。

❷ その後のつながりですが, 前置詞の後ろに直接 **S V** を接続させることは原則できませんから, 例えば **patients are poisoned「患者がばい菌に侵される」**を the chance of に接続させようと思えば, are を動名詞の being に, そして動名詞の主語は所有格 (例 patient's) にしてその前に置くのが原則です。ただ, **一般名詞の場合は -'s が脱落する**ことが多い (問いは複数形の所有格 patients' なので, (') のみが脱落) ので最終的に patients being poisoned という並びとなります (この patients を「目的格」とする説明もあります)。

❸ 残る前置詞 on の後にも名詞がこなければいけないので, on the table という語順が浮かびます。treatment が最後に残りますが, treatment table「治療台」という組み合わせにして完成です。

解答作成のヒント **03** | 整序英作文の解答の極意

　整序英作文の問題は英語力を試すのにかなり有効な形式です (もちろん問題にもよりますが)。そして整序英作文の解法のカギは, 複雑な英文の構造を読み解く上でも役に立つものなのです。しっかり頭に入れておいてください。

①まず, 選択肢の中から「これは動詞だ」というものを選ぶ

　ここでポイントとなるのは以下の3つの動詞です。

1. be 動詞

2. has ; takes など「3 単現の s の付いている動詞」

3. took のように，不規則動詞で，原形とも，過去分詞とも形の異なる動詞の過去形

例えば are であれば，自動的に主語は複数形か you 以外にないことになります。それを語群の中で探すことにより自ずと **SV** が現れるはずです。

②次に，**if, that** などの従位接続詞に注目する

従位接続詞が 1 つあれば通常 SV は必ず 2 組あります。これで基本的な組み合わせがある程度でき上がります。

③次に，**and, but, for, or** といった等位接続詞に注目する

等位接続詞は，名前のとおり**文法的に等しいものを前後に配置する**性質がありますから，and なら and の前後に選択肢の中から文法的に同じ働きのものを探して配置していくのです。これは構造のいささか複雑な英文の読解にも通じます。例えば and の直後に形容詞がきていたら，and の前に形容詞がないか探します。そして**その形容詞に番号 1 番，and の後ろの形容詞に番号 2 番**を振って並列を読み取ります。並列関係が読み取れずに減点されている答案は大変に多く，「英文解析の基本は and の処理に始まり and の処理に終わる」ということを実感する次第です。

④最後に，選択肢の中に前置詞があったら必ずその後に名詞を 1 つ接続させる

この名詞というのは名詞句（複数の単語から成る），動名詞（句）も含みます。

特に，①と③は英文を読解する上でもとても大切になります。演習を重ねて構造ミスを減らしていきましょう。

問2 解答例 構文解説▶p.60　　　　　　得点 _____ /10 点

バクテリアによって作られた毒素に出くわすと，銅を主成分としたその分子によって青い色をした血液中の変形細胞が，侵入物質を特定し，その周囲で硬化し，その脅威をジェル状の密封剤の中に閉じ込め，その密封剤によって脅威が広がるのを防ぐ，カブトガニ特有の感染防止の仕組み。

考え方 Nature's method is now utilized on a grand scale.「自然界のやり方は今や大規模に利用されている」というのが下線部を含んだ 1 文の意味です。この後に続く記述はもっぱら is now utilized on a grand scale の具体的内容に終始するので，Nature's method の具体的内容は**この文以前の記述**の中に求めることに

51

なります。

　そして下線の2文前にある The helmet-shaped creature has developed a unique defense to compensate for its weakness to infection in shallow waters. 「ヘルメットの形をしたこの生物は浅瀬での感染症に対する脆弱性を補うため，他に類を見ない，ある防御策を発達させてきた」という記述の中の**a unique defense「ある防衛策」**という記述に注目します。これはカブトガニが自己防衛のために取っている「防衛策」ですから，これが筆者の言う Nature's method, すなわち自然界がカブトガニに提供する方法のことであるとわかります。**英文の論理進行は「抽象→具体」が原則**です (読解のヒント 01 p.19)。ですから，a unique defense を具体的に展開した直後の記述，When faced with poisons ... that prevents it from spreading. という文が問いの解答に該当する箇所であるとわかります。

解説と採点基準

❶ カブトガニ特有の感染防止の仕組み ＿＿＿＿／区分点**2**点

　まず大前提として，**❶ Nature's method「自然界の方法」**とは**「カブトガニの防衛システムである」**ということは明記しておく必要があります。

　その上で該当箇所を丹念に解釈していきます。説明問題だからと大雑把に読まず，**和訳に準じた丁寧な読みを心がけましょう。**

🖊 「(カブトガニの) (感染防止の) 仕組み [方法]」というまとめ方をしていないものは全体から2点減。

---

❷ バクテリアによって作られた毒素に出くわすと ＿＿＿＿／区分点**1**点

　この文の主語は amebocyte cells ですから，冒頭の When faced 以下の条件節も When amebocyte cells are faced with poisons produced by bacteria と省略を補って読みます。produced by bacteria は poisons を修飾していますね。

---

❸ 血液中の変形細胞が，侵入物質を特定し，その周囲で硬化し ＿＿＿＿／区分点**3**点

　主節の構造は ₛamebocyte cells in the blood — colored blue by their copper-based molecules — ❶ᵥidentify and ❷harden around 共通のₒthe invading matter, となっています。identify は「〜を特定する」の意味，harden around 〜は「〜の周囲で硬化する」という意味で，なじみのない表現でしょうが，**直後の trapping 以下で言い換えられている**ので，的外れな解釈にはならないと思いま

52

す。invading matter は「侵入（してくる）物質」の意味です。

identify と harden around が共に the invading matter を目的語としていることが取れていないと2点減。あとは identify, harden around, the invading matter の訳語に誤訳があればそれぞれ1点減。

❹ 銅を主成分としたその分子によって青い色をした　　　　　／区分点1点

挿入されている— colored blue by their copper-based molecules —は **which are colored blue ...** と同じに読めばよく，**amebocyte cells を修飾**しています。colored blue は color **O** blue「**O** を青く色づける」を基にした構造。copper-based は「銅を主成分とした」の意味。molecule は言わずと知れた「分子」の意味ですね。

❺ その脅威をジェル状の密封剤の中に閉じ込め, その密封剤によって脅威が広がるのを防ぐ
　　　　　／区分点3点

文末の trapping the threat inside a gel-like seal that prevents it from spreading は harden around を言い換えている分詞構文です。（重要構文 03 参照）trap **O** inside a gel-like seal は「**O** をジェル状の密封剤の中に閉じ込める」の意味で，**the threat とは具体的には先に出てきた poisons** のことです。that から後は a gel-like seal を先行詞とする関係代名詞節。prevent **O** from *doing*「**O** が…するのを防ぐ」は頻出表現ですね。it は前出の the threat を指し, spread は「広がる」の意味です。that 以下は上記のように訳し下ろして構いません。

まず分詞構文として読めているかどうかがポイント。読めていなければ3点減。上での解説のとおり，**harden around という前半の記述の言い換え**ですから，解答例のように訳し下ろしのみを正解とします。あとは trapping the threat inside a gel-like seal の意味がつかめていなければ2点減。that prevents it from spreading という関係代名詞節を正しく処理できていなければ2点減。

重要
構文　**03** 分詞構文

　分詞構文は下線部訳はもちろん，内容説明問題などで英文を解析する際に絶対に外せない重要項目です。
　分詞構文について次に挙げる2つの誤解を私はよく耳にします。
　✕分詞構文は文頭にあることが多い。
　→そんなことはありません。**最も多いのは文末だったりします。**

✕分詞構文は「理由」を表すことが多い。

→これも正しくありません。そもそも分詞構文は「接続詞」を用いない構文であり、したがって**その主節との関係も曖昧なことが多い**のです。

最も多く用いられるのは〈付帯状況〉と言われるもので、〈同時〉を表したり前の内容の〈言い換え〉を表したりするほか、新聞などスペースが限られている場合に **and の代わり**に用いられることもあります。次の例文を見てください。

例　He sat there watching TV, with his wife sewing beside him.

これがある種、典型的な分詞構文の例文です。この文には分詞構文が2つ含まれています。もともと分詞構文は〈同時〉を表すことが多いですから、**1文の中にいくつでも用いることができる**のです。

$_{S_1}$He $_{V_1}$sat there ($_{V_2}$watching TV), (with $_{S_2}$his wife $_{V_3}$sewing beside him).

この文には**2つの主語と3つの動詞**が含まれており、それが**すべて同時に起こっていることとして述べられています**。前半は「彼はそこに座ってテレビを見ていた」「彼はテレビを見ながらそこに座っていた」という意味になります。**同一の主語が2つのことを同時に行っている場合、一方を分詞構文化して表すことはよくあります**。気をつけてほしいのは、**「この *doing* の前に with を付けてはならない」**ということです。これは受験生が英作文でよくやる間違いの一つですので注意しましょう。

文の後半には**別の主語（his wife）が立っています**。このように *doing* の前に**別の主語が出ている**ことがあります（このような分詞構文のことを「独立分詞構文」と言います）。そしてこの「独立分詞構文」が〈同時〉を表すときに〈付帯状況〉の目印として with を伴って使うことがあるのです。ちなみにこの with は必須ではなく、with なしで独立分詞構文が用いられることもあります。

上の例の訳は「彼はそこに座ってテレビを見ていて、妻は横で縫い物をしていた」となります。本書には和訳問題をはじめとして実にたくさん分詞構文が出てきます。その都度しっかり処理の仕方を確認するようにしてください。

問3　解答例　構文解説▶p.61　　　　　　　得点＿＿＿／**12点**

カブトガニの血液に 45 分浸すだけで、他の方法では検出できない特定のバクテリア由来の内毒素を検出するには十分であり、プールの中の 1 粒の砂に相当する大きさの脅威を分離するのに十分な感度なのである。

❶Forty-five minutes of exposure to the crab's blood is enough to reveal endotoxins from certain bacteria which otherwise avoid detection,

カブトガニの血液に45分浸すだけで，他の方法では検出できない特定のバクテリア由来の内毒素を検出するには十分である

＿＿＿＿／区分点**7**点

4

Forty-five minutes of exposure to the crab's blood「45分間カブトガニの血液に浸されること［さらされること］」が文の主語です。exposure to *A* は，expose **O** to *A*「**O** を A に浸す［さらす］」の受動態〈S is exposed to *A*〉「S は **A に浸される［さらされる］**」の名詞化表現で，「A に浸される［さらされる］こと」の意味です。それを受ける 2 つの動詞句のうちの 1 つ目が is enough to reveal ... avoid detection です。is enough to *do* は「…するのに十分である」，reveal は「～を検出する」，endotoxins は問題文の語注にあるように「内毒素」の意味なので，直訳すると「カブトガニの血液に 45 分浸すことは内毒素を検出するのに十分である」のようになります。

from certain bacteria「特定のバクテリア由来の」とその後の関係代名詞節 which otherwise avoid detection「他の方法では検出できない」は，**共に endotoxins を修飾**しています。which 以下が bacteria を修飾しているように思ったかもしれませんが，detection の元の動詞の **detect** と，**reveal は共に「～を検出する」**の意味で使われており，あくまでもその目的語は endotoxins でなければなりません。otherwise「それ以外で；他の方法で」とは，**「カブトガニの血液に浸されなければ」**ということです。

Forty-five minutes of exposure to the crab's blood の意味が取れていないものは 2 点減です。is enough to *do* の誤訳は 2 点減。reveal が「～を検出する」の意味，from certain bacteria が「特定のバクテリア由来の」の意味で endotoxins を修飾していることが取れていないとそれぞれ 1 点減。which 以下が endotoxins を修飾していることがわかっていないと 2 点減。which の先行詞は取れているものの，would otherwise avoid detection のアイデアが取れていないものも 2 点減。**otherwise を単に「さもなければ」としたものは 1 点減**です。「他の方法で（は）」と訳出しましょう。

❷and is sensitive enough to isolate a threat the equivalent size of a grain of sand in a swimming pool

プールの中の1粒の砂に相当する大きさの脅威を分離するのに十分な感度なのである

＿＿＿＿／区分点**5**点

is sensitive enough to *do*「…するのに十分な感度である」は❶の **is enough to reveal ... と並列関係**にあります。isolate はここでは「（ウイルスなど）を分離する」の意味。the equivalent size of ...「…に相当する大きさの」の**前には of が省略**されており，the equivalent size of ... は a threat を修飾しています。このように，名詞の後の the size の前の of が省略されることは珍しくありません。a grain of sand は「1 粒の砂」の意味です。プールの中の 1 粒の砂を特定できるくらいの感度というのは相当なものですね。

この部分が前半の is enough ... と並列関係にあることが取れていなければ 3 点減となります。sensitive enough to *do* が処理できていないものは 2 点減。isolate と threat「脅威」の誤訳はそれぞれ 1 点減。the equivalent size of a grain of sand in a swimming pool が a threat を説明したものであると取れていないものは 2 点減，「プールの中の 1 粒の砂の大きさに匹敵する」のアイデアが取れていないものは同じく 2 点減。

問4 解答 構文解説▶p.62 得点 _____ ／5 点（正解のみ）

(The) test was used to determine if some bacteria were present (on various space station surfaces),

「一部のバクテリアが（宇宙ステーションの様々な表面に）存在するかどうかを明らかにするためにこの検査が用いられた」

整序英作文の解答の極意 ①「まず動詞に注目」（解答作成のヒント 03 p.50）により，was と were に注目します。それぞれ単数名詞と複数名詞の主語が要りますから，与えられた単語から (The) <u>test</u> was ... および <u>some bacteria</u> were ... という 2 組の **SV** が決まってきます。あとは used と present のどちらをどちらに接続させるかですが，「一部のバクテリアが用いられるかどうかを明らかにするためにこの検査が存在した」というのは内容的に不自然です（バクテリアは発見すべき対象のはずです）から，the test was used と some bacteria were present の組み合わせを選びます。**SV** が 2 つあるので接続詞でつなぐ必要があり，これに if を用います。to determine は the test was used の後ろに置き，「～を明らかにするために用いられた」の意味となります。なお be used to A [*doing*]「A［…すること］に慣れている」とは別表現なので注意してください。そして determine の目的語として if 以下を接続させて完成です。なお，この if は「…かどうか」の意味で名詞節を導き，whether と同じ意味で用いられます。

問5 解答例 　構文解説▶p.63 　得点 _____ /5 点

> カブトガニの血液に代わる，汚染物質に接触すると警告を発する電子チップを用いたシステムや，それよりも低コストで，同様の検出能力で汚染物質の発見を行う，液晶を用いたシステム。

🔍 **考え方** 下線部 (5) の直後の記述も含めた第 4 段落第 5 文 alternative tests, rather than rely on harvesting the crabs の文意は「カブトガニを捕獲することに頼るのではなく，それに代わる検査」ということですね。つまりは「カブトガニの代替となる検査方法」に当たる記述を探すことになります。ここでも「抽象→具体」の流れで，**下線部の直後の 2 文に具体的手法**が述べられています。

解説と採点基準

❶ カブトガニの血液に代わる，汚染物質に接触すると警告を発する電子チップを用いたシステム
_____ /区分点**3**点

1 つ目は第 6 文の One approach uses an electronic chip that provides an alert when in contact with contaminants.「1 つの試みは汚染物質に接すると警告を発する電子チップを用いたものである」です。that 以下は an electronic chip を先行詞とする関係代名詞節。when 以下は when (it is) in contact with contaminants と補って読みましょう。この部分は provides an alert「警告を発する」を修飾しています。**contaminant「汚染物質；問題のある物質」**は少し難度の高い単語ですが，覚えておいてください。

✒️ 該当箇所を外したものは得点がありません。「カブトガニの血液に代わる」がないものは 1 点減。「電子チップを用いる」「(電子チップは) 汚染物質に接触すると警告を発する」にそれぞれ 1 点ずつの配点です。

❷ それよりも低コストで，同様の検出能力で汚染物質の発見を行う，液晶を用いたシステム
_____ /区分点**2**点

2 つ目の記述は第 7 文 Another system using liquid crystals could offer similar detection ability at lower cost.「液晶を使ったもう 1 つのシステムは，より低コストで，同様の検出能力を提供できるだろう」です。using liquid crystals は Another system を修飾している形容詞句です。liquid crystals は「液晶」, similar detection ability は「同様の検出能力」の意味です。at lower cost「より低価格で」は could offer ... を修飾しています。

問6　解答例　構文解説▶p.63　得点＿＿＿／4点

血液を採取されている間に10〜30パーセントのカブトガニが死んでしまい，生き残ったカブトガニも放流されたのち，しばしば繁殖できなくなるから。

🔍考え方 reports of horseshoe crab numbers declining, for a variety of reasons は下線部 (1) の整序英作文にも見られた動名詞構文で **horseshoe crab numbers** と **declining** の間に **SV の関係**があり，「様々な理由からカブトガニの個体数が減少しているという報告」という意味になります。

　下線部直後の記述はどれほど個体数が減少しているかの具体的数字であり，理由とはなっていません。個体数が減少するということはそれだけ多くのカブトガニが死んでいるということですから，それを探すと，下線部の1文後に Although there are welfare procedures in harvesting the blood, between 10–30% of donor crabs die in the process. 「血液を採取する際にカブトガニに害が及ばないような手法は取られてはいるものの，献血をするカブトガニの10〜30パーセントがその過程で死に至る」という記述があります。これが第1の解答です。「2つの理由」とあるのでその後の記述を見ると One recent study showed that survivors are also harmed after release and often incapable of breeding, further threatening the population. 「最近のある研究が示したところによると，生き残ったカブトガニにも，放流された後で害が及んでおり，しばしば繁殖が不可能となり，それがさらに個体数を脅かしているという」と述べられています。なるほど，繁殖力が落ちるのも個体数の減少につながりますね。

　和訳問題ではないので，**個体数減少の理由に直結する部分のみ**を抜き出します。「血液を採取されるカブトガニの10〜30パーセントがその過程で死に至る」に2点を配点します。具体的な数字などに誤りがあれば1点減とします。「生き残ったカブトガニでも，しばしば繁殖が不可能となる」に2点配点します。

問7　解答例　構文解説▶p.63　得点＿＿＿／10点

最終的には，カブトガニの個体数にかかる負荷を減らすために代替案が必要なのであり，それは保護プログラムと人工の代替物の開発の両方による，と彼は信じている。それなくしては，医療は暗黒時代への回帰に直面することになる。

解説と採点基準

❶Ultimately, he believes an alternative is necessary to reduce the strain on the population, ❷through both conservation programs and the development of an artificial substitute.　最終的には, カブトガニの個体数にかかる負荷を減らすために代替案が必要なのであり, それは保護プログラムと人工の代替物の開発の両方による, と彼は信じている。

_____／区分点7点

❶ he believes の後ろには接続詞 that が省略されており, (S)an alternative (V)is (C)necessary ...「代替案が必要である」が that 節内の基本構造です。an alternative はここでは「(カブトガニの血を利用することの) 代替案」の意味です。to reduce ... は「…を減らすために」の意味の副詞用法の不定詞。the strain on the population は「個体数にかかる負荷」の意味。❷ through 以下は reduce を修飾しており, 負荷を減らすための手段を具体的に表しています。both は conservation programs「保護プログラム」と the development of an artificial substitute「人工の代替物の開発」との並列を強調する働きをしています。

❶ he believes は本来文の先頭に置かれるもので, この文全体を支配します。he believes (that) ... と読めていないものは2点減とします。ultimately「最終的には」の誤訳は1点減。an alternative「代替案」はこの下線部の肝となる大事な単語なので誤訳は2点減とします。is necessary to reduce ～「～を減らすために必要だ」の誤訳は2点減。「減らすことが必要だ」は need to reduce の訳ですからここでは誤訳です。the strain on the population「個体数にかかる負荷」の意味が取れていなければ2点減とします。❷ through both A and B「A と B の両方による」が reduce を修飾するものであることが取れていなければ2点減とします。意味が取れていない場合も2点減。conservation programs「保護プログラム」および artificial substitute「人工の代替物」の誤訳はそれぞれ1点ずつの減点です。

❸Without it, medicine faces a return to the dark ages.
それなくしては, 医療は暗黒時代への回帰に直面することになる。

_____／区分点3点

最終文の Without it の it は前文の an alternative を指しています。medicine はここでは「医療」, face は「～に直面する」, a return to A は「A への回帰」, the dark ages は「暗黒時代」の意味です。

構文解説・全訳・語句

英文と著者の講義の音声がついています。

 8〜9

1 ¹(During World War Two), ₅soldiers ᵥlearned to fear ₀treatment (as much as enemy bullets). ²₅[Unsanitary] ❶conditions and ❷equipment [in field hospitals] ᵥmade ₀open wounds ₍a breeding ground [for bacteria [that killed thousands]].

> **訳** ¹第二次世界大戦の間,兵士たちは敵の銃弾と同じほどに治療されることを恐れるようになった。²野戦病院の不衛生な状況と設備により,開放創(開いた傷口)は何千もの兵士を死に追いやるバクテリアの温床となった。

> **語句** ¹learn to *do*「…するようになる」 bullet「弾丸,銃弾」/²unsanitary「不衛生な」 field「(形容詞的に)野外の」 wound「(刃物・銃弾などによる)傷」 breeding ground for *A*「(ground は通例単数形) *A*(病気)の発生地,温床」 bacteria「(bacterium の複数形)バクテリア」

2 ¹(Today), ₅vast improvements [in medical hygiene] ᵥhave (greatly) reduced ₀the chance [of patients being poisoned (on the treatment table)]. ²And ₅our safety ᵥis protected by an unlikely source, the bright blue blood of the horseshoe crab. ³₅The helmet-shaped creature ᵥhas developed ₀a unique defense (to compensate for its weakness [to infection in shallow waters]). ⁴(When faced with poisons [produced by bacteria]), ₅amebocyte cells [in the blood] — [colored blue by their copper-based molecules] — ᵥ❶identify and ❷harden around 共通の₀the invading matter, (₍ᵥ₎trapping ₍₀₎the threat (inside a gel-like seal [₍₍ₛ₎₎that ₍₍ᵥ₎₎prevents ₍₍₀₎₎it from spreading])). ⁵₅Nature's method ᵥis (now) utilized (on a grand scale).

    = the threat

⁶₅Over 600,000 crabs ᵥare captured (each year) (during the spring breeding

    = More than

season), (to "donate" around 30% of their blood (in a handful of specialist facilities

    = about

[in ❶the United States and ❷Asia])). ⁷₅The blood ᵥis ₍worth $60,000 a gallon (in a global industry [valued at $50 million (a year)]).

> **訳** ¹今日,医療の衛生状態が大幅に向上したことにより,患者が治療台の上でばい菌に侵される可能性は大きく減った。²そして思いもよらない原因により,私たちの安全は守られているのだ。それがカブトガニの真っ青な血液である。³ヘルメットの形をしたこの生物は浅瀬での感染症に対する脆弱性を補うため,他に類を見ない,ある防御策を発達させてきた。⁴バクテリアによって作

60

られた毒素に出くわすと，銅を主成分としたその分子によって青い色をした血液中の変形細胞が，侵入物質を特定し，その周囲で硬化し，その脅威をジェル状の密封剤の中に閉じ込め，その密封剤によって脅威が広がるのを防ぐのだ。⁵自然界のやり方は今や大規模に利用されている。⁶毎年春の繁殖期に，60万匹を超えるカブトガニが，アメリカやアジアの少数の専門施設で，その血液の30パーセントほどを「献血」するために，捕らえられているのだ。⁷その血液は，年間5,000万ドル規模のグローバル産業において，1ガロン当たり6万ドルの値打ちがある。

語句 ¹vast「(程度が) ばく大な」 hygiene「衛生 (学)」 poison「〜を毒する；毒素」／²unlikely「ふつう考えもつかない；成功しそうにない」 source「源，原因」 horseshoe crab「カブトガニ」／³helmet-shaped「ヘルメットの形をした」 develop「〜を発達させる」 compensate for A「Aに対して埋め合わせる」 weakness to A「Aに対する脆弱性」 infection「感染 (症)」 shallow water「浅瀬」／⁴face A with B「AをB (困難) に直面させる」 amebocyte cell「変形細胞」 copper-based「銅を主成分とした」 molecule「分子」 identify「〜を特定する」 harden around「〜の周囲で硬化する」 invade「侵入する」 trap「〜を閉じ込める」 threat「脅威」 gel-like「ジェル状の」 seal「(ここでは天然の) 密封 (剤)」／⁵utilize「〜を利用する」 on a grand scale「大規模に」／⁶capture「〜を捕獲する」 donate「(血液など) を提供する」 a handful of A「一握りのA (handful「少数」)」 specialist「専門の」 facility「施設」／⁷be worth ＋金額「〜の価値がある」 valued at A「(通例受身形で)(専門家によって) A (価格) だと見積もられる」

---

3 ¹ₛForty-five minutes of exposure [to the crab's blood] ❶ᵥis ꜀enough (to reveal endotoxins [from certain bacteria] [which (otherwise) avoid detection]), and ❷ᵥis ꜀sensitive enough (to isolate a threat [the equivalent size of a grain of sand [in a swimming pool]]). ²ₛThe U.S. Food and Drug Administration (FDA) ᵥrequires ₒthat ❶intravenous drugs and ❷any medical equipment [coming in contact with the body] must (first) pass through the crab's blood, [from Ⓐneedles to Ⓑdevices [for surgery] [including pacemakers]]. ³(As a result), ₛthousands more of us ᵥsurvive ₒsuch procedures. ⁴ₛThe method ❶ᵥis established but ❷ᵥundergoes ₒconstant improvement, (according to John Dubczak, General Manager at Charles River Laboratories, [(S)which (V)❶manufactures and (globally) ❷distributes (O)the products]). ⁵"ₛDetection ᵥis down to one part per trillion," ((he said)). ⁶"But ₛwe ᵥcan take ₒit down (to ❶a tenth of a trillion, and ❷further orders of magnitude [more sensitive])." ⁷ₛCharles River ᵥhas adapted ₒthe system into a [more resource-efficient], mobile kit [requiring as little as 5% of the blood solution]. ⁸ₛSuch systems ❶ᵥcan be applied (outside the lab) and ❷ᵥbreak ₒnew frontiers, [such as on a trip to the International Space Station].

訳 ¹カブトガニの血液に 45 分浸すだけで，他の方法では検出できない特定のバクテリア由来の内毒素を検出するには十分であり，プールの中の 1 粒の砂に相当する大きさの脅威を分離するのに十分な感度なのである。²米国食品医薬品局（FDA）は，身体と接触する，静注薬物や，注射針からペースメーカーも含めた外科手術用の機器に至るまでのいかなる医療機器も，まずカブトガニの血液を通さなければならないと要求している。³その結果として，そのような医療上の処置によって死なずに済んだ人の数は何千人も増えている。⁴この手法は確立されているものの，常に改善がなされているのだと，この製品を製造し，世界中に流通させているチャールズ・リバー・ラボラトリーズ社の総支配人のジョン・ダブザックは言う。⁵「検出精度は 1 兆分の 1 にまでになっているのですが，⁶さらにその 10 分の 1 にまで持っていくことは可能で，さらに数桁感度を高めることができるのです」と彼は言う。⁷チャールズ・リバー社はシステムを改良して，血液剤を 5 パーセントしか必要としない，より資源効率の良い携帯キットを完成させている。⁸そのようなシステムは研究室の外で応用され，国際宇宙ステーションへの旅のような新領域を切り開き得る。

語句 ¹exposure to *A*「A にさらされること」 *A* is enough to *do*「A は…するのに十分だ」 reveal「（隠れていたもの）を見えるようにする」 endotoxins「内毒素」 otherwise「さもなければ；他の方法で」 avoid「〜を避ける」 detection「検出」 sensitive「感度のよい」 isolate「（ウイルスなど）を分離する」 equivalent「〜に相当する」 grain「（砂・塩などの）粒」／²administration「行政府，(A-) 政府機関」 intravenous「静脈注射の」 in contact with *A*「A と接触して」 pass through *A*「A を通す」 needle「針」 device「装置，用具」 surgery「外科，(外科) 手術」 pacemaker「ペースメーカー（電気刺激により心臓を拍動させる機器。体内に埋め込む）」／³survive「〜を生き延びる」／⁴establish「（理論）を確立する」 undergo「（変化）を経る」 constant「絶え間ない」 manufacture「〜を（大量に）製造する」 distribute「（商品）を頒布する」／⁵be down to *A*「A まで下がる」 per *A*「A につき」 trillion「1 兆」／⁶take *A* down to *B*「A を B のレベルにまでもっていく（下げる）」 a tenth of *A*「A の 10 分の 1」 further「その上の」 order of magnitude「桁」／⁷adapt「〜を適合［適応］させる」 resource-efficient「資源を効果的に使う (-efficient は複合語で「〜を効率よく使う」の意味)」 mobile「携帯できる」 kit「道具一式」 solution「溶液，水薬」／⁸apply「〜を応用する」 break「〜を破る，突破する」 frontier「新しい領域，最先端」

---

4 ¹ " _SThe test _Vwas used (to _(V)determine _(O)if some bacteria were present on various space station surfaces)," ((said Norman Wainwright, the facility's director of Research and Development)). ² (Further), _Sthe system _Vcould "help perform _Obiological studies [necessary for an [extended] human presence in space], [from **Ⓐ-1**crew health and **Ⓐ-2**spacecraft environmental 共通 studies to **Ⓑ**the search for life [elsewhere in the solar system]]." ³ _SThe blood _Vis finding _Oother uses (on Earth) (too). ⁴ _SJapanese scientists _Vhave devised _Oa test [for fungal infections] [with it], and _Sfurther research _Vis developing _Oanti-cancer treatment (through the same principle of **❶**isolating and **❷**trapping threats). ⁵ (As _(S)**❶**the applications and **❷**their value _(V)multiplies), _Sefforts _Vhave increased [to **Ⓑ**develop alternative

tests, (rather than ❹rely on harvesting the crabs)]. [6] ₛOne approach ᵥuses ₀an electronic chip [₍ₛ₎that ₍ᵥ₎provides ₍ₒ₎an alert (when in contact with contaminants)].
= instead of doing
(V) (O)
(it[=the electronic chip] is)

[7] ₛAnother system [using liquid crystals] ᵥcould offer ₀similar detection ability (at lower cost). [8]"ₛThe report ᵥclaims to exceed ₀the sensitivity [for finding poisons], so ₛfalse positives ᵥare not ᴄa serious problem," ((says Dr. Peter B. Armstrong, a professor of molecular and cellular biology at the University of California)). [9]"But ₛnothing ᵥhas gone to the level of FDA approval [to show it is (yet) a practical alternative]. [10](₍ᵥ₎Knowing ₍ₒ₎❶the cost and ❷difficulty of obtaining FDA tests), it may be some time (before any ₍ₛ₎alternative ₍ᵥ₎is out there on the market)." [11]ₛThe urgency ᵥmay increase (with reports of horseshoe crab numbers declining, (for a variety of reasons), (with the world's largest population in Delaware Bay (reportedly) reduced by between ❹75% and ❺90% (in the last 15 years))).
(S)
(V) (S)
(V)

[12](Although there are welfare procedures (in harvesting the blood)), ₛbetween 10–30% of donor crabs ᵥdie (in the process). [13]ₛOne recent study ᵥshowed ₀that survivors are (also)❶harmed (after release) and (often)❷incapable of breeding, ((further) threatening the population). [14]"ₛItᵥ's ᴄdifficult (because ₍ₛ₎the blood ₍ᵥ₎is ₍ᴄ₎crucial (for human health issues) but ₍ₛ₎the biomedical industry ₍ᵥ₎needs to keep ₍ₒ₎the population ₍ᴄ₎steady)," ((says Christopher Chabot, a biology professor [at Plymouth State], [who led the study])).
(S) (V) (C)
= which further threatens

[15]"ₛWe ᵥsuggest ❶₀decreasing the time [they are out of water], and ❷₀maintaining a constant temperature (for transportation) ... there is a [lesser] mortality rate (if ₍ₛ₎you ₍ᵥ₎keep ₍ₒ₎them ₍ᴄ₎cool)." [16](Ultimately), ₛhe ᵥbelieves an alternative is necessary (to reduce the strain on the population), (through both ❹conservation programs and ❺the development of an artificial substitute). [17](Without it), ₛmedicine ᵥfaces ₀a return [to the dark ages].
(V) (O)
(O) (V) (O)
(C) O(that) (S) (V) (C)

4

訳 [1]「一部のバクテリアが宇宙ステーションの様々な表面に存在するかどうかを明らかにするためにこの検査が用いられたのです」と施設の研究開発部長であるノーマン・ウエインライトは述

べた。²さらに，このシステムは「搭乗員の健康や宇宙船の環境をめぐる研究から太陽系の別の場所での生命体の探索に至るまでの，宇宙における長期にわたる人間の滞在のために必要な生物学的研究を行う助け」ともなり得るであろうとのことである。³カブトガニの血液は地球上でもほかの用途を見つけつつある。⁴日本の科学者たちはこの血液を用いた真菌感染症のための検査を考案した。そしてさらなる研究によって，脅威を検出し，閉じ込めるという同じ原理を用いることにより，抗ガン治療が開発されつつある。⁵カブトガニの血液の用途とその価値が増すにつれ，カブトガニを捕獲することに頼るのではなく，それに代わる検査を開発しようとする努力が増すことになった。⁶1つの試みは汚染物質に接すると警告を発する電子チップを用いたものである。⁷液晶を使ったもう1つのシステムは，より低コストで，同様の検出能力を提供できるだろう。⁸「報告は，カブトガニを用いた毒素検出の感度を上回っていると主張しており，したがって偽陽性というのは深刻な問題ではありません」と，カリフォルニア大学で分子細胞生物学の教授を務めるピーター・B・アームストロング博士は述べている。⁹「しかし，実用可能な代替手段であるというFDAの認可を得るレベルにまで至っているものはありません。¹⁰FDAの認可を得るための様々なテストにかかる費用や，テストの困難さを考えると，どの代替手段にせよ市場に出るにはまだいくらか時間を要するかもしれません」¹¹様々な理由からカブトガニの個体数が減少しており，世界で最も個体数の多かったデラウェア湾で個体数が過去15年間で75～90パーセント減少したと報告されているという報道を踏まえると，事態の緊急度は増しているのかもしれない。¹²血液を採取する際にカブトガニに害が及ばないような手法は取られてはいるものの，献血をするカブトガニの10～30パーセントがその過程で死に至る。¹³最近のある研究が示したところによると，生き残ったカブトガニにも，放流された後で害が及んでおり，しばしば繁殖が不可能となり，それがさらに個体数を脅かしているという。¹⁴「事態が困難なのは，カブトガニの血液は人間の健康問題のために極めて重要なものではあるものの，生医学産業はカブトガニの個体数を一定に保つ必要があるからです」とプリマス州立大学の生物学の教授で，この研究を主導しているクリストファー・シャボーは述べている。¹⁵「私たちはカブトガニが海水の外に出ている時間を減らし，輸送中は一定の温度を維持するようにと提言しています。低温を保っておけば死亡率は減少しますから」¹⁶最終的には，カブトガニの個体数にかかる負荷を減らすために代替案が必要なのであり，それは保護プログラムと人工の代替物の開発の両方による，と彼は信じている。¹⁷それなくしては，医療は暗黒時代への回帰に直面することになる。

語句 ¹determine「～を明らかにする，究明する」 be present「いる，存在する」 surface「表面」／²biological「生物学的な」 extended「長期にわたる」 crew「（集合的に）乗組員（全員）」 spacecraft「宇宙船」 life「（集合的に）生き物」 elsewhere「どこか他のところで」 solar system「(the ～) 太陽系」／⁴devise「～を考案する」 fungal「菌の」 fungal infection「真菌感染症」 anti-cancer「抗ガンの」 principle「原理」／⁵application「（ある目的への）利用」 multiply「増える」 alternative「代替の，別の；代替物」 rely on *A*「*A*に頼る」 harvest「（動物）を捕獲する」／⁶electronic chip「電子チップ」 contaminant「汚染物質」／⁷liquid crystal「液晶」／⁸claim to *do*「…すると主張する」 exceed「～を超える，上回る」 sensitivity「感度」 false positive「（医学）偽陽性」 cellular「細胞の」／⁹practical「実用的な」／¹⁰out there on the market「市場に出回って」／¹¹urgency「緊急度」 reduce *A* by *B*「*A*を*B*だけ減らす」／¹²welfare「福祉，保護」 procedure「処置」／¹³release「解放」 (be) incapable of *doing*「…できない」 breeding「繁殖」／¹⁴crucial for *A*「*A*にとって非常に重要な」 biomedical「生医学の」／¹⁵transportation「輸送」 mortality rate「死亡率」／¹⁶ultimately「最終的には」 strain on *A*「*A*への負担」 conservation「保護」 artificial「人工の」 substitute「代替物」／¹⁷dark age「暗黒時代」

64

5 解答・解説

問1 　解答　④

得点 ＿＿＿／3点

🔍 **考え方** 1つ前の文は An evolutionary biologist or psychologist might say that we are *always* self-interested, and that our effort to help others is simply our attempt to feel good about ourselves.「進化生物学者や心理学者なら，私たちは『常に』自己本位なのであり，他人を助けようとする私たちの努力は単に，自分がいい気分を味わおうとする企て（くわだ）に過ぎないのだと言うかもしれない」と，**「人助けをする人の心理」**についての学者の分析が紹介されています。

それに続く問いの1文は however を含むので，**その解釈に対する逆接の内容の文がくるはず**です。**（ア）**とその直後の our motivations を除くと，however, a remarkable number of us help out our colleagues, family, friends, and even strangers「だが，私たちの実に多くが，同僚，家族，友人，さらには赤の他人にも救いの手を差し伸べるのだ」という文意です。選択肢を見るとわかるとおり，**（ア）**には群前置詞が入るので，目的語に当たる our motivations と合わせて考えます。その上でここで言う **motivations「動機」とは「人助けをする動機」を意味する**ので，「**（人助けをする動機はいろいろあるかもしれないが，）ともかく人は人助けをしようとする**」というつながりだとわかります。

選択肢の訳
①「（私たちの動機）ゆえに」
②「（私たちの動機）にもかかわらず」
③「（私たちの動機）の代わりに」
④「（私たちの動機）はどうあれ」

▶ ②と④で迷ったかもしれません。

in spite of his age は though he is old とほぼ等しく「彼は高齢だが」と〈逆接〉の意味であり，これに対して regardless of his age は whether he is young or old とほぼ等しく「彼の年齢に**関係なく**［年を取っていようと若かろうと］」の意味です。紛らわしいですが両者の意味は異なります。in spite of を用いると「動機にもかかわらず」となり，これでは意味不明ですから，in spite of ではなく **regardless of を選んで「動機はどうあれ（ともかく）」**という意味にします。

> 自分は他者を救う救世主であり，救う側の自分がすべての答えを持っており，何をすべきかわかっていて，困っている人はひたすら救世主が来るのを待っているのだという，他人を救おうとする人が陥ることのある一方的な思い込み。

🔍 **考え方** 下線部 (a) の直後に This is just what it sounds like という記述があります。**it sounds like A「それは A のように聞こえる」**という表現の A に当たる部分が関係代名詞になっており「聞こえるとおりのものである」がこの部分の直訳です。「これはまさに聞こえるとおりのものである」とは直前の下線部 (a)「救世主コンプレックス」という言葉どおりの意味だ，と言っているわけで，筆者はその直後の**ダッシュ（―）の後に具体的に改めてわかりやすい説明**をしてくれています。解答はここを中心にまとめます。

　ポイントは大きく２つです。以下に該当箇所と訳を挙げます。

① （第２段落第３文）― an attitude or stance toward the world where you believe you are the expert who can suddenly appear to save others

　「自分は突然現れて他人を救うことのできる専門家であると信じる，世の中に対する態度や姿勢のこと」

② （第２段落第４文）an uneven approach to helping, in which the helper believes he or she has all of the answers, knows just what to do, and that the person or group in need has been waiting for a savior to come along

　「自分がすべての答えを持っていて，まさに何をやるべきかを心得ており，困っている個人や集団は救世主が現れるのを待っているのだ，と助ける側の人間が信じる，一方的な人助けの姿勢」

　前提として大切なのは❶❷のいずれかに，「**人助けをする［人を助ける立場の］人間が陥る，（一方的な）思い込み**」という記述が必要だという点です。いきなり「自分は救世主である」と言いだす人は普通の神経ではありませんよね。この「救世主コンプレックス」が人を助ける立場・職業の人に特有の真理であると示すことは必須です。この記述がないものは以下の❶と❷の合計点からの減点となります。

解説と採点基準

❶ 自分は他人を助ける専門家だ(救世主だ)と信じ込む態度　　　_____ /区分点**4点**

🖊 「自分は人助けの専門家だと思い込む」「自分は救世主であると思い込む」という記述のないものは，この部分の得点はありません。

❷（助ける側の人が）自分がすべての答えを持っていると信じる(, 一方的な救済のやり方)。

（助ける側の人が）自分は何をすべきかを心得ていると信じる(, 救済のやり方)。

（助ける側の人が）困っている人は救世主が現れるのを待っていると信じる(, 救済のやり方)。

_____／区分点**6**点（各2点）

3つの項目にそれぞれ2点ずつを配点します。

「人助けをする立場の人間が陥る」という記述がないものは2点減。「思い込み［考え方，態度，姿勢］」という文言のないものは1点減。

解答
作成の
ヒント **04** 内容説明問題の採点基準の例

5

　以下は私が作成する模試で採用している採点基準に準じるものです。実際の大学の採点基準はこのとおりとは限りませんが，参考にしてください。

内容に関する減点

　本文中のどこにも書かれていない内容や，本文の記述と矛盾する内容が書かれている場合，1か所につき2点減点とします。

誤字脱字に関する減点

　「鑑賞」→「干渉」など，内容が食い違ってしまう誤字については1か所につき1点減点とします。

字数，体裁に関する減点

　字数指定を守っていない場合には，10文字の過不足ごとに1点減点とします。

　　　例 1〜10字の過不足→1点減点

　　　例 11〜20字の過不足→2点減点

　最後のマス目に文字と句点「。」を一緒に書いている場合も字数超過として減点の対象とします（1字超過として1点減点）。文末の句点「。」がない場合も1点減点となります。冒頭のマス目を空白にしているなど，空白のマス目があるものは減点しません。

問3 解答 **④**　　　　　　　　　得点 _____／3点

Q考え方 （**イ**）を含んだ1文の中心は we should not let the real pitfalls of the savior complex extinguish one of the most humane instincts there is ― the instinct to（**イ**）「救世主コンプレックスという現実の落とし穴のせいで，あら

ゆる本能の中でも最も思いやりのあるものの一つ，――（イ）する本能を，失う
ようなことがあってはならない」という内容です（ちなみに let O do で「O が
…するのを許す」ですから「救世主コンプレックスという現実の落とし穴が，あ
らゆる本能の中でも最も思いやりのあるものの一つ，――（イ）する本能を，失
わせるようなことを許すべきではない」が直訳です）。

　ダッシュ（―）の後には，多くの場合**その直前の記述を言い換えた**表現が続き
ます。直前の one of the most humane instincts there is の there is は，**that
there is と同じく「存在する」**の意味で，one of the most humane instincts を
先行詞としており，one of the most humane「最も思いやりのあるものの一つ」
を強調する働きをしています（ここでは「あらゆる本能の中で最も思いやりのあ
るものの一つ」と訳しています）。ダッシュに続く the instinct to（イ）「（イ）
する本能」は，これを言い換えたものとなります。

<u>選択肢の訳</u>
①「『救世主』になる」　②「いい気持ちになる」　③「何かを得る」　④「手を貸す」
▶ ①と④で迷ったかもしれませんが，「失ってはならない」ものとして挙げられ
ているものなので，①は不自然です。また，救世主コンプレックスに陥るのはあ
くまで個人的気質の生む「結果」に過ぎず，「本能」ではありません。

問4　解答例　構文解説▶p.76　　　　　　　　得点 ＿＿＿＿ ／19点

これはつまりは，「どのように」手助けするかが「実際に」手助けするのと
全く同じくらいに重要なのであり，それゆえ「どのようにお手伝いすればい
いですか」と問いかけることから始めることが不可欠なのだ，ということだ。
この問いかけから始めれば，あなたは謙虚に指示を仰いでいることになる。
助けられる側の人たちこそが自らの人生のことを一番わかっているのだとあ
なたは認識していることになり，あなたが何らかの助けを与えつつも，その
人たちに自己に対する責任を保つ機会を与えていることになるのだ。

解説と採点基準

❶All of which is to say that ❹*how* you help matters just as much as ❺that you
do help
これはつまりは，「どのように」手助けするかが「実際に」手助けするのと全く同じくらいに重要なのだ
ということだ
　　　　　　　　　　　　　　　　　　　　　　＿＿＿＿ ／区分点**4**点

68

第1文の All of which is to say that ... は，本来であれば直前の文に続いて，...,all of which is to say that ... となるべきところを，**長くなるので2文に分けた形**です（重要構文 04 p.71）。_SAll of which _Vis _Cto say that ... という構造です。which の先行詞は前文の内容（ここでは第3段落第2文）で，**And all of this** ... と同じ意味になり，「**そして今述べたことのすべては…ということだ**」が直訳です。

that 節内は *A* matters (just) as much as *B* という構造です。*A* には *how* you help「『どのように』手助け［人助け］するか」が，*B* には that you *do* help「『実際に』手助け［人助け］をすること」がそれぞれ該当します。how がイタリック（斜字体）になっているのは**「やり方が大事」ということを強調している**ためです。matter は「大切である」の意味の動詞です。much は〈程度〉を示す副詞で matter を修飾し，as ... as の同等比較構文で用いられているので，「**A は B と同じほどに大切［重要］だ**」という意味になります。just は直後の as を修飾して「全く同じほど」の意味になります。また do が斜字体になっているのは「実際にすることが大事」ということを強調しているためです。

> all of which is to say that ... 「**つまりは，…**」「**こうしたことの一切［このすべて］は…ということだ**」の訳出がうまくいっていないものは2点減。*A* matters as much as *B* の構造・意味の取れていないものは2点減。*how* you help と that you *do* help の誤訳は1点減（斜字体の扱いは不問とします）。

---

❷, which is why it is essential to begin by asking, "How can I help?"
それゆえ「どのようにお手伝いすればいいですか」と問いかけることから始めることが不可欠なのだ

_____／区分点**4点**

---

which is why ... で用いられている which も，そこまでの内容を先行詞とする関係代名詞（重要構文 04 p.71）であり，**and this is why** ...「**そしてそれゆえ［だからこそ］**」という意味になります。why 以下は _Sit _Vis _Cessential to *do* ...「**…することは不可欠だ**」の意味の形式主語構文です。**begin by *doing*** は「**…することから［で；により］始める**」の意味です。"How can I help?"「どのように手伝えばよいですか」は直接話法ですが，asking の目的語となっていますね。第1文の趣旨は「助ければいいというものではなく，**助け方が問題である**」と言っているわけです。

> ❶→❷の順に訳出するもののみ認めます。そうでないものは❷の得点はありません。which is why の誤訳は2点減。it が to begin ... を受ける形式主語であることが取れていないものは2点減。essential の誤訳は1点減。begin by *doing* の誤訳は2点減。How can I help? の誤訳は1点減。

5

❸If you start with this question, you are asking, with humility, for direction.
この問いかけから始めれば，あなたは謙虚に指示を仰いでいることになる。

_____/区分点**5**点

　全体は If (S) (V), SV.「(S) (V) すれば SV する」の構造ですね。start with *A* は「A から［A で；A によって］始める」の意味です。start [begin] with *A* と前述の start [begin] by *doing* を混同しないように覚えておきましょう。

　you are asking ... と進行形になっているのは，「(～すれば) …している**こと になる**」という意味を出すためです。ask for direction は通例「道を聞く」の意味で使われますが，ここでは「**指示を求める**」の意味です。with humility は「謙虚に」の意味です。

🖉　If (S) (V), SV. の構造が取れていない答案はこのブロックの得点なしです。start with *A* と ask for direction の誤訳は 2 点減。you are asking, の進行形の処理が不適切なものは 1 点減。with humility の誤訳は 1 点減。

❹You are recognizing that others are experts in their own lives,
助けられる側の人たちこそが自らの人生のことを一番わかっているのだとあなたは認識していることになる

_____/区分点**2**点

　この文も**❸**の If 節を受けており，同じように**進行形**が用いられています。that 節は recognizing の目的語で，that 節内は ₛothers ᵥare ₒexperts ... という構造ですね。experts in their own lives は「自分自身の人生の専門家」が直訳です。大切なのは their own で，単に「人生の専門家」とだけ書くと誤訳となります。「**自分の人生のことは自分が一番わかっている**」という意識を述べたものです。

🖉　You are recognizing ...「…していることになる」の進行形の処理が不適切なものは 1 点減。ᵥrecognize ₒthat ... の構造が取れていないものは 2 点減。experts in their own lives の誤訳は 2 点減。「**自分自身の**」という訳出は必須です。

❺and you are affording them the opportunity to remain in charge,
そして，その人たちに自己に対する責任を保つ機会を与えていることになる

_____/区分点**2**点

　ここでも進行形が用いられていますね。afford $O_1 O_2$ は「O_1 に O_2 を与える」の意味です。the opportunity to *do* は「…する機会」，remain in charge は「(自分のことに) 責任を持ち続ける」の意味です。

進行形の訳出のないものは1点減。_vafford _{O₁}them _{O₂}the opportunity ...「彼らに機会を与える」の誤訳は2点減。the opportunity to *do*, remain in charge の誤訳は各1点減。

❻even if you are providing some help
あなたが何らかの助けを与えつつも

_____／区分点**2**点

　直前にコンマがあることからもわかりますが，この副詞節は直前の remain in charge ではなく，**❺**の you are affording ... を修飾しています。some は「何らかの；いくらかの」の意味です。

even ifの修飾先を誤ったものは2点減。even if自体の誤訳は1点減。some の未訳・誤訳は1点減。

問5　**解答**　構文解説▶p.77　　　　　　得点 _____／**3**点（正解のみ）

(... to) make it easier for her to live there with (a walker, ...)
「彼女が（歩行器）を使ってそこで生活することをより容易にする（ために）」

🔍**考え方** 下線部 (c) の直前の to は，語群の中に it と her 以外に名詞らしいものがないことから意味的にここでは前置詞ではなく〈目的〉あるいは〈結果〉の意味の副詞用法の不定詞の to だと予測が立ちます。あとは make が **make OC** の形で用いられ，**O** のポジションには**形式目的語の it** がきて，これを後から **to live there で受けている**形であろうと見当がつきます。**C** のポジションには形容詞の easier がくるのが妥当ですね。あとは for と with という2つの前置詞が残りました。「前置詞の後ろには名詞」ですから，まず for の後ろに her を置きます。「不定詞の意味上の主語を明示する際には for *A* を不定詞の前に置くのが原則」でしたね。そして with の後ろに a walker「歩行器」が続くと考えます。なお，全訳ではこの部分を〈結果〉の意味で訳出しています。

重要構文 **04** 関係代名詞の用法

制限用法と非制限用法の違い

　第6段落第1文 ... with a walker, which she would need after her first stroke では a walker を先行詞とする関係代名詞 which の前にコンマ（,）が打たれていますね。このようにコンマを伴った関係詞の用法を〈非制限用法〉と言います。コンマのないのが〈制限用法〉ですね。〈制限用法〉は，a walker「歩行器」の

中でも「**彼女が必要とするであろう歩行器**」と「**そうでない歩行器**」を区別する働きをします。これに対してコンマを伴った〈非制限用法〉は**単に先行詞を説明するだけ**の用法なのです。

例） He has <u>sons</u> who are studying medicine. 〈制限用法〉
「彼には医学を学んでいる(複数の) 息子がいる」

この場合，「彼には他に，医学を学んでいない息子がいる」と想像がつきます。

例） He has <u>sons</u>, who are studying medicine. 〈非制限用法〉
「彼には息子が(複数)いて医学を学んでいる」

この場合，コンマ以降は彼のすべての息子たちについての説明であり，ここから「息子たちはすべて医学生」ということになります。

第6段落第1文では「最初の脳卒中になった後，彼女は歩行器を必要とする」ということが述べられています。〈非制限用法〉の場合，**コンマの部分に** and を置き，**関係代名詞のところに先行詞を代入**し，and she would need a walker after her first stroke として読めばすんなり読めることが多いです。本問では次の文も非制限用法の文です。

It is <u>an uneven approach to helping</u>, in which the helper believes he or she has all of the answers, knows just what to do, and that the person or group in need has been waiting for a savior to come along.　　　　　(第2段落第4文)

〈前置詞＋関係代名詞〉の構造を取っていますが，これは an uneven approach to helping を先行詞として，それを説明する〈非制限用法〉の関係代名詞節です。**and in this (approach)** と言い換えて読むといいでしょう。

非制限用法が用いられる場合と関係代名詞節の読み方

先行詞が固有名詞の場合，基本的に〈非制限用法〉が使われます。

例） John, who works for that company, seems to quit soon.
「ジョンはその会社で働いているが，もうじきやめるらしい」

前文の内容の一部，および前文全体の内容を受ける場合の読み方

Although admirable, <u>there is a risk in helping others</u>, which is related to the possibility that helping can actually be selfish.　　　　　(第2段落第1文)

この which は there is a risk in helping others を先行詞としています。このように**前文の内容の一部，および前文全体の内容を受ける場合にはもっぱら〈非制限用法〉の** which が用いられます（as が用いられる場合もたまにありますが，**that は制限用法でしか用いられることがありません**し，そもそも that には文の

内容を先行詞とする用法がありません）。このような場合，同じく**コンマの部分に and を置き，which の場所には this を代入して読む**とすんなり読めることが多いです。

関係代名詞節が独立した文になることもある

All of which is to say that *how* you help matters just as much as that you *do* help, which is why it is essential to begin by asking, "How can I help?"

（第4段落第1文）

　冒頭の which は1つ前の第3段落最終文の**内容を丸ごと受けて**います。そのまま関係代名詞節を続けると長くなるので2文に分けた形です（ここでは段落も分けていますね）。また，このように名詞（ここでは all）まで抱き込んでいる形を取る場合は基本的に〈非制限用法〉が用いられます。And all of this is to say ... と読めばいいわけですね。同様に which is why ... も直前の *how* 以降の下線部の内容を先行詞としている〈非制限用法〉の関係代名詞ですので，and this is why ... と読めばいいわけです。

5

問6　解答例　構文解説▶p.78　　　　　得点 ＿＿＿／**12**点

彼女は次に，隣人たちがしばしば会話をしに立ち寄ってくれることを詳しく話し，隣人たちが援助を申し出る際に「どのように」手助けしたらよいのか常に聞いてくれることを，感謝の気持ちを込めて強調した。どのように手助けすればよいかを聞くことにより，隣人たちは彼女が自身の自立と尊厳を保つことを可能にしてくれている，と彼女は説明した。

解説と採点基準

❶She then recounted how her neighbors often came by to talk and emphasized with gratitude that, when they offered to help, they always asked *how* they could help.

彼女は次に，隣人たちがしばしば会話をしに立ち寄ってくれることを詳しく話し，隣人たちが援助を申し出る際に「どのように」手助けしたらよいのか常に聞いてくれることを，感謝の気持ちを込めて強調した。

＿＿＿／区分点**6**点

ₛShe ... ❶ᵥrecounted ... and ❷ᵥemphasized ... が基本構造です。how her neighbors often came by to talk は recounted の，that, ..., they always asked *how* they could help は emphasized のそれぞれ目的語です。

73

then は「次に」, recount は「〜を詳しく述べる」, come by は「立ち寄る」の意味です。to talk は〈目的〉あるいは〈結果〉の意味の副詞用法の不定詞です。with gratitude は「感謝の気持ちを込めて」の意味です。

when they offered to help はその後に続く always asked ... を修飾し, offered to help は「援助を申し出た」の意味です。*how* they could help は直前の asked の目的語です。「(自分たちは)『どのように』手助けしたらよいのか」については, 問4の下線部にも類似した表現がありましたね。

🖊 recounted ... and emphasized ... の並列が取れていないものは3点減です。when 節の修飾関係が取れてないものは2点減。*how* they could help が asked の目的語と取れていないものは2点減で, 誤訳した場合も2点減 (斜字体の扱いについては不問とします)。その他, 語句の誤訳は各1点減です。

---

❷ By asking her how they could help, she explained, they were allowing her to retain her independence and dignity.
どのように手助けすればよいかを聞くことにより, 隣人たちは彼女が自身の自立と尊厳を保つことを可能にしてくれている, と彼女は説明した。

_____ /区分点**6**点

挿入されている she explained の扱いがポイントです。よく見られる **, I believe,** や **, it seems,** などと同じで, 本来は She explained that by asking ... という形です。ですから, By asking her how they could help, は, **they were allowing 以下を修飾**しているわけです。asking は her(**O₁**) how they could help(**O₂**) と2つの目的語を従えています。後半の主節では allow **O** to *do*「**O** が…することを可能にする」が進行形で使われています。retain は her independence and dignity を目的語としており, her は independence と dignity 両方にかかっています。independence は「自立」, dignity は「尊厳」の意味ですね。

🖊 By asking her how they could help, she explained, they were ...をShe explained that by asking her how they could help, they were ... と同じ内容として訳出できていないものは2点減とします。ask **O₁O₂** の構造が取れていないものは2点減。how they could help の誤訳は1点減。allow **O** to *do*「**O** が…することを可能にする」の誤訳は2点減。independence と dignity の並列が取れていないものは2点減。その他の誤訳は各1点減です。

構文解説・全訳・語句
英文と著者の講義の音声がついています。

10〜11

---

1 ¹(Luckily) (for all of us), ₛmany people ᵥare interested in helping others; ₛsome ᵥdevote ₒ❶their careers and ❶lives to ❸it. ²ₛNot everyone ᵥis (so) ᵤinclined, (of course), and ₛmost people ᵥare ᵤself-interested ((at least) some of the time). ³ₛAn ❶evolutionary biologist or ❷psychologist ᵥmight say ❶ₒthat we are (*always*) self-interested, and ❷ₒthat our effort [to help others] is (simply) our attempt [to feel good about ourselves]. ⁴(Regardless of our motivations), (however), ₛa remarkable number of us ᵥhelp out ₒour ❶colleagues, ❷family, ❸friends, and (even) ❹strangers.

> **訳** ¹私たちみんなにとって幸運なことに，多くの人が他人を手助けすることに関心がある。仕事も人生も人助けに捧げる人もいる。²もちろん誰もがそういう性向を持ち合わせるわけではないし，大部分の人間は少なくとも時々は自己本位になる。³進化生物学者や心理学者なら，私たちは「常に」自己本位なのであり，他人を助けようとする私たちの努力は単に，自分がいい気分を味わおうとする企てに過ぎないのだと言うかもしれない。⁴だが，動機はどうあれ，私たちの実に多くが，同僚，家族，友人，さらには赤の他人にも救いの手を差し伸べるのだ。

> **語句** ¹devote *A* to *B*「A を B に捧げる」/²be inclined「(ある) 性向を持つ」 self-interested「自分本位の」 some of the time「時には」/³evolutionary biologist「進化生物学者」 psychologist「心理学者」 attempt to *do*「…しようとする試み」/⁴regardless of *A*「A にかかわらず」 motivation「動機」 remarkable「注目に値する，著しい」 help out *A*「A (困っている人) を助ける」 colleague「同僚」 stranger「知らない人」

---

2 ¹(Although admirable), there ᵥis ₛa risk (in helping others), [₍ₛ₎which ₍ᵥ₎is related to the possibility that helping can (actually) be selfish]. ²ₛThat risk ᵥlies in falling prey to what some call "the savior complex." ³ₛThis ᵥis (just) ᵤwhat it sounds like — ᵤan ❶attitude or ❷stance [toward the world] [where ₍ₛ₎you ₍ᵥ₎believe you are the expert [who can (suddenly) appear (to save others)]]. ⁴ₛIt ᵥis ᵤan [uneven] approach [to helping], [in which ₍ₛ₎the helper ₍ᵥ₎believes he or she has all of the answers, knows (just) what to do, and ❷₍ₒ₎that the person or group [in need] has been waiting (for a savior) to come along].

75

訳 ¹他人を手助けすることは，称賛に値するものの，リスクを伴うものであり，それは，手助けするということが実際に利己的な行為になりかねないという可能性と関わっている。²そのリスクは，一部の人が言う「救世主コンプレックス」の餌食になってしまうことにある。³これはまさにその言葉の響きどおりの意味であり，つまり自分のことを突然現れて他人を救うことのできる専門家であると信じる，世の中に対する態度や姿勢のことである。⁴それは，自分がすべての答えを持っていて，まさに何をやるべきかを心得ており，困っている個人や集団は救世主が現れるのを待っているのだ，と助ける側の人間が信じる，一方的な人助けの姿勢である。

語句 ¹admirable「称賛に値する；素晴らしい」 be related to A「Aに関係のある」 selfish「自分本位の」／²lie in A「Aにある」 fall prey to A「Aの餌食になる」 savior「救助者，救済者」 complex「コンプレックス（無意識に抑圧された感情・観念）；固定観念」／³stance toward A「Aに対する立場」／⁴uneven「（試合などが）一方的な；不均衡な」 in need「困った状態にある」

3 ¹(While this is a [genuine] problem), ₛwe ᵥshould not let ₒthe real pitfalls [of the savior complex] _do_ extinguish ₍ₒ₎ one of the [(most) humane] instincts [there is] — ₍ₒ'₎the instinct [to lend a hand]. ²ₛThe trick ᵥis ꜀to help others (without ❶believing yourself to be, ((or ❷acting like you are)), their savior).
(V) (O) (to do) (V) ((S)) ((V)) ((C))

訳 ¹これは正真正銘の問題ではあるが，救世主コンプレックスという現実の落とし穴のせいで，あらゆる本能の中でも最も思いやりのあるものの一つ，つまり，救いの手を差し出そうとする本能を，失うようなことがあってはならない。²要は，自分自身が救世主であると信じ込んだり，またそうであるかのように振る舞ったりせずに，他人を手助けすればよいのである。

語句 ¹genuine「本物の」 pitfall「落とし穴，陥りやすい間違い」 extinguish「～を失わせる；（火など）を消す」 humane「思いやりのある」 instinct「本能」 lend a hand「手を貸す」／²trick「（物事の）うまいやり方，秘訣」

4 ¹ₛAll of which ᵥis ꜀to say that ❹_how_ you help matters (just) as much as ❺that
[=And all of this] (V) (O) ((S)) ((V)) ((S))
you _do_ help, which is why it is essential to begin by asking, "How can I help?"
[(matters)] [=and this is] [形式主語] (V) (O)
²(If ₍ₛ₎you ₍ᵥ₎start with this question), ₛyou ᵥare asking, (with humility), for direction. ³ₛYou ᵥare recognizing ₒthat others are experts in their own lives, and
(S) (V) (C)
ₛyou ᵥare affording ₒ₁them ₒ₂the opportunity [to remain in charge], (even if ₍ₛ₎you ᵥare providing ₍ₒ₎some help).

訳 ¹これはつまりは，「どのように」手助けするかが「実際に」手助けするのと全く同じくらいに重要なのであり，それゆえ「どのようにお手伝いすればいいですか」と問いかけることから始めることが不可欠なのだ。²この問いかけから始めれば，あなたは謙虚に指示を仰いでいることに

なる。³助けられる側の人たちこそが自らの人生のことを一番わかっているのだとあなたは認識していることになり，あなたが何らかの助けを与えつつも，その人たちに自己に対する責任を保つ機会を与えていることになるのだ。

語句 ¹matter「重要である」 essential「必要不可欠な」／²ask for A「Aを求める」 humility「謙虚さ」 direction「指示」／³recognize that SV「…だと認識する」 afford AB「AにBを与える」 in charge「責任を負って」

---

5 ¹ₛI (recently) ᵥheard ₒa great story (on *The Moth*), [₍S₎which ₍V₎underscored ₍O₎the importance of asking *how* you can help]. ²ₛ*The Moth* ᵥis ₍C₎a ❶radio program and ❷podcast [₍S₎that ₍V₎features ₍O₎true stories, [told (live) by people [from around the world]]]. ³ₛThe stories ᵥare ₍C₎fascinating, ₍V₎including ₍O₎a recent one [from a woman [in her eighties], [₍₍S₎₎who ₍₍V₎₎explained ₍₍O₎₎how she valued her independence]]). ⁴ₛShe ᵥloved ₒthe fact ❶that she had (always) taken care of herself and ❷that she could (still) do so (into her eighth decade). ⁵And (then) ₛshe ᵥhad ₒa stroke.

((V)) ((O)) / (((S))) (((V))) / (((O))) / 同格のthat (S) (V) / 同格のthat (S) (V)

訳 ¹先ごろ私は『The Moth』で素晴らしい話を聞いたが，その話は「どのように」手助けできるかを問いかけることの大切さを強調していた。²『The Moth』は，世界中の人が生（なま）で語る実話を大きく取り上げるラジオ番組であり，ポッドキャストである。³話はどれも魅力的だが，その中に最近放送されたある80代の女性のものがある。彼女はいかに自分の自立を大切に思うかを説明していた。⁴彼女は自分のことは常に自分でやってきたこと，70代になってもまだ自立ができていることを好ましく思っていた。⁵その後，彼女は脳卒中で倒れたのだ。

語句 ¹underscore「～を強調する(= underline)」／²feature「～を呼び物にする」／³fascinating「魅力的な」 value「～を尊重する，重んじる」／⁴into one's eighth decade「70代になって」／⁵stroke「脳卒中，発作」

---

6 ¹(While ₍S₎she ₍V₎was (in the hospital)), ₛher neighbors [in her New York City apartment building] ᵥmade ₒsome minor renovations (to her apartment) (to ₍V₎make ₍O₎it ₍C₎easier (for her) to live there (with a walker, [₍₍O₎₎which ₍₍S₎₎she ₍₍V₎₎would need (after her first stroke)])). ²(To begin with), ₛshe ᵥwas taken aback, (as ₍S₎she ₍V₎was ❶₍C₎cordial but not ❷₍C₎good friends [with her neighbors]). ³But ₛtheir gesture of goodwill ᵥinspired ₒher to *do* to recognize ₍O₎that some

形式目的語 / 意味上の主語

dependence on others could (actually) enrich her life, ((especially) if she returned
　　((S))　　　　　(V)　　　　　　　(O)　　　　　　(((S)))　(((V)))
the favor). ⁴(So) ₛshe ᵥhung ₒa sign (on her apartment door) [₍ᵥ₎welcoming ₍ₒ₎her
(((O)))
neighbors ₍to do₎to come in for a chat]. ⁵ₛShe (then) ❶ᵥrecounted ₒhow her neighbors
　　　　　　　　　　　　　　　　　　　　　　　　　　　　　　　　　　　(S)
(often) came by (to talk) and ❷ᵥemphasized (with gratitude) ₒthat, (when they
　　　　(V)　　　　　　　　　　　　　　　　　　　　　　　　　　　　((S))
offered to help), they (always) asked *how* they could help. ⁶(By ₍ᵥ₎asking ₍ₒ₁₎her
((V))　　　　　　　(S)　　　　(V)　　(O)　((S))　((V))
₍ₒ₂₎how they could help), ((she explained)), ₛthey ᵥwere allowing ₒher ₜₒ do to
　　((S))　((V))　　　　　┌──────────┐
　　　　　　　　　　　　　│挿入された主節│
retain ₍ₒ₎her ❶independence and ❷dignity.

訳 ¹彼女が入院している間に，彼女が住むニューヨーク市のアパートの隣人たちは，彼女の住居にいくつかの小規模な改修を施し，彼女が最初の脳卒中で倒れた後に必要となるであろう歩行器を使ってそこで生活しやすくした。²最初，彼女はびっくりした。というのも彼女は友好的だが，隣人たちと特に親しい仲ではなかったからである。³しかし隣人たちの善意の意思表示に触発されて，彼女は，他人にある程度頼ることで，特に自分がその好意に応えるならば，実際に自分の人生を豊かなものにすることができると悟ったのだ。⁴そこで彼女は，自室のドアに，隣人がおしゃべりに来るのを歓迎する札を下げたのだった。⁵彼女は次に，隣人たちがしばしば会話をしに立ち寄ってくれることを詳しく話し，隣人たちが援助を申し出る際に，「どのように」手助けしたらよいのか常に聞いてくれることを，感謝の気持ちを込めて強調した。⁶どのように手助けすればよいかを聞くことにより，隣人たちは彼女が自身の自立と尊厳を保つことを可能にしてくれている，と彼女は説明した。

語句 ¹renovation「改修」 walker「歩行器」／²to begin with「まず第一に，最初は」 be taken aback「不意を打たれる」 cordial「友好的な」／³inspire *A* to *do*「Aを触発して…させる」 dependence on *A*「Aに頼ること」 enrich「〜を豊かにする」 favor「好意」／⁴hang「〜を掛ける (hang-hung-hung)」 welcome O to *do*「Oが…するのを歓迎する」（ここでは invite O to *do* とほぼ同義）chat「おしゃべり」／⁵recount「〜を詳しく述べる」 emphasize that **SV**「…ということを強調する」gratitude「感謝 (の念)」／⁶retain「〜を保つ」 dignity「尊厳」

要約は1つにまとめることではない

「要約」というと，ついつい「要するに」と1つにまとめようとしてしまいがちですが，要約問題で課される英文に触れるべきポイントは必ず複数あります。**ポイントを見定めて簡潔にまとめていく作業が「要約」**なのです。一見矛盾しますが，要約問題に「要するに」は禁句なのです。**段落ごとに，要約文に入れるべきポイントを発見する**ように読んでいきます。

英文のポイントは機械的に見つけられない

大切なのは**段落の冒頭の記述を機械的に書き出さない**，ということです。段落内では大体次のような順序で論が進行します。

- ☑ 前段，あるいは問題提起，あるいは抽象度の高い記述で，そのまま日本語にしても何を言っているのかわかりづらい部分。英文は段落内では基本的に「抽象→具体」に記述が展開していくので，その段落で筆者の言おうとすることがわかりやすく示されている箇所まで読み進めてください。
- ☑ 筆者の言おうとすることがわかりやすく示されている部分。
- ☑ 筆者の言おうとすることが別の表現で言い換えられたり，または具体例が示されている部分。

青の下線部の記述をそのまま日本語にするとくどくなります。**そこを手掛かりに青い太字部分のアイデアをつかむ**というのが基本的な手順です。なお，主節に絡んでいる細かい従属節などは基本的に要約文には入れません。

実際の試験では，これらのポイントをすべて書き出してまとめる時間的な余裕は到底ありません。読みながら，上記の3段階を意識し，**最重要（ここを書く）な部分をマーキングする**ことが必要となります。

要約の指定字数には意味がある

上で述べたように，要約を作る際に，本文で触れるべきポイントは「複数」あります。**それぞれのポイントに最低割くべき字数×ポイントの数⇒トータルの字数**となり，この原則に従って出題者たちが要約例を作成し，それらの最大公約数的なところで最終的に要約字数が決定すると考えてください。ですから問題ごとに要約字数が違うのは当たり前です。「どんな英文でもとりあえず100字で要約する」といった学習法は勧められません。

要約文の作成の手順

1. 要約文に入れるべきポイント（複数ある）を見つける
2. それぞれのポイントを最低限の字数で日本語にする
3. 指定字数に満たない→ポイントが不足
   指定字数を超過→大幅に超過ならポイントごと見直し

本書の字数に関わる採点基準について

・字数指定を守っていない場合，10文字の過不足ごとに1点減点とします。
・最後のマス目に文字と句点「。」を一緒に書いている場合も字数超過として減点の対象とします（1字超過として1点減点）。
・文末の句点「。」がない場合も1点減点です。

(A) 解答例   得点 _____ /10点

うわさは大衆への同調と集団内の確信の強化で広まる。誤ったうわさを防ぐには公正な情報と修正が必要だが，人は情報を中立的に処理せず，感情が邪魔するのでそれは難しい。   （80字）

🔍 考え方 まず，本文を段落に沿って見ていきましょう。

第1段落

> ¹Rumours spread by two different but overlapping processes: popular confirmation and in-group momentum. ²The first occurs because each of us tends to rely on what others think and do. ³Once a certain number of people appear to believe a rumour, others will believe it too, unless they have good reason to think it is false. ⁴Most rumours involve topics on which people lack direct or personal knowledge, and so most of us often simply trust the crowd. ⁵As more people accept the crowd view, the crowd grows larger, creating a real risk that large groups of people will believe rumours even though they are completely false.

　第1文「うわさは，異なるが重複する2つのプロセスによって広まる。それは大衆への同調と集団内での確信の強化である」の「2つのプロセス」は，いきなり言われても実体がわかりませんし，その2つのプロセスを言い換えた popular confirmation and in-group momentum も見慣れない言葉です。「うわさは？？

と？？とによって広まる」の，？？はこの後で示されるでしょうから，それを待って2つの？？を埋めましょう。第2文のThe first occurs ... は popular confirmation についてのことだとはわかりますが，「私たち一人一人が他人が考えることや行うことに左右されがちであるために起こる」と言われても具体的なイメージはなかなか湧きません。

　ところが第3文で「いったん一定数の人があるうわさを信じているように思えてしまうと，他の者もそのうわさを信じるようになる」という記述が続き，これはずいぶん具体的です。どうやらこれが **popular confirmation の説明** ですね。さらに具体的な展開が段落末の most of us 以降にあります。「私たちのほとんどは，しばしば単純に集団を信用してしまうのである。集団の見解を受け入れる人の数が増えるにつれ，その集団は大きくなり，たとえそれが全くの誤りであっても，大きな集団の人々がうわさを信じるようになるという現実的なリスクを生み出してしまう」。これを全部書く字数の余裕は到底ありませんが，**青い太字の部分の補助説明** になっていることはわかっていただけるでしょう。

第2段落

---

　[1]In-group momentum refers to the fact that when like-minded people get together, they often end up believing a more extreme version of what they thought before. [2]Suppose that members of a certain group are inclined to accept a rumour about, say, the evil intentions of a certain nation. [3]In all likelihood, they will become more committed to that rumour after they have spoken to each other. [4]Indeed, they may move from being tentative believers to being absolutely certain, even though their only new evidence is what other members of the group believe. [5]Consider the role of the internet here: when people see many tweets or posts from like-minded people, they are strongly inclined to accept a rumour as true.

　第1文は第1段落に出てきた2つのプロセスのうちの2つ目，in-group momentum について述べられていますから，解答にとり入れるべき重要な箇所です。「集団内の確信の強化とは，似通った考えの人が集まると，彼らはしばしば，以前自分たちが抱いていた考えをさらに極端にしたものを信じてしまう，という事実を指す」の意味で，in-group momentum という言葉になじみがなくてもこの語の指している内容は十分に伝わります。like-minded people も，第2文の members of a certain group から見当がつくと思います。第2文ではさらに，第1文をフォローする具体例が続きます。「仮に，ある集団のメンバーが，例え

ばある国の邪悪な意図に関するうわさを受け入れる傾向があるとしよう。互いに話した後，彼らはまず確実にそのうわさをより信じ込むようになる。実際，一時的にそのうわさを信じていただけの状態から，絶対的な確信を持つ状態へと移行するかもしれない」

　ここまでで「一定数の人があるうわさを信じているように思えてしまうと，他の者もそのうわさを信じるようになる」（第1段落）ということと，「似通った考えの人が集まると，彼らはしばしば，以前自分たちが抱いていた考えをさらに極端にしたものを信じてしまうことによって広まる」（第2段落）という流れは取れました。字数整理は後で行います。

第3段落

> [1]What can be done to reduce the risk that these two processes will lead us to accept false rumours? [2]The most obvious answer, and the standard one, involves the system of free expression: people should be exposed to balanced information and to corrections from those who know the truth. [3]Freedom usually works, but in some contexts it is an incomplete remedy. [4]People do not process information in a neutral way, and emotions often get in the way of truth. [5]People take in new information in a very uneven way, and those who have accepted false rumours do not easily give up their beliefs, especially when there are strong emotional commitments involved. [6]It can be extremely hard to change what people think, even by presenting them with facts.

　第3段落は**問いかけ**「これらの2つのプロセスによって私たちが誤ったうわさを信じてしまうようになるリスクを減らすためには，何ができるだろうか」から始まっています。この問いかけの直後に第2文で「最も明確な答えであり，標準的な答えは，物事を自由に表現できる仕組みを伴う」と筆者は**答えを提示**しています。問いかけ→答え，という流れは冗長なので，「この2つのプロセスによって誤ったうわさを信じてしまうようなリスクを避けるためには物事を自由に表現できる仕組みが必要だ」とまとめます。しかしながら，the system of free expression「自由な表現の仕組み［システム］」のイメージが今ひとつ湧きません。そこでコロン以降の「人々は公正な情報と，真実を知る人からの修正に触れるべきである」という記述でこの部分を置き換えます。

　第3文の Freedom usually works「自由はたいていは機能する」の **Freedom は the system of free expression のことを指す**ことはわかりますね。この「自由な表現の仕組み」はたいていうまくいく，というわけです。ところが，**その直**

82

後に逆接の but がありますね。英文において**接続詞の but や副詞の however な**どは，**筆者の最も重視する主張がその後に述べられることを示すことが多いので**す。ですからこの後の記述を，気合を入れて読み取っていきましょう。

in some contexts it is an incomplete remedy「状況によっては，対策としては不完全なことがある」は the system of free expression がうまくいかない場合があることを示していますが，具体性に乏しいので次の文を見ます。第 4 文**「人々は中立的に情報を処理するわけではないし，しばしば感情が真実を知る邪魔をする」**が，**第 3 段落のメインのアイデア**です。さらに第 5 文に具体的な記述**「人々は極めて偏った方法で新しい情報を取り込み，誤ったうわさを受け入れた者は，特にそこに強い感情的な傾倒が伴っている場合，簡単には自分たちの信じていることを放棄しない」**が続きます。

したがって第 3 段落の流れとしては，

前半：人々は公正な情報と，真実を知る人からの修正に触れるべきだ。

後半：だが，人々は中立的に情報を処理するわけではないし，しばしば感情が真実を知る邪魔をするので，人は簡単には自分たちの信じていることを変えられない。

となります。特に後半の記述に，かなりの採点ポイントが置かれるであろうことは間違いありません。

最後にここまでを整理すると

第 1・2 段落 うわさは大衆への同調と集団内での確信の強化によって広まる。

第 3 段落 誤ったうわさを信じないために公正な情報と，真実を知る人による修正が必要だが，人は情報を中立的に処理せず，感情が邪魔するので簡単に考えが変わらない。

これで 102 字です。ここから 22 字カットするのは並大抵ではないですが，以下のように細かいところを割愛して解答例になります。

解説と採点基準

❶うわさは大衆への同調と集団内の確信の強化により広まる。 ＿＿＿／区分点**4**点

東京大学は各設問の配点が少ないので，ここでは 10 点満点で基準を示します。

うわさの広まる原因について，「大衆［大勢］への同調［承認，追認］」という記述に 2 点を配点。「集団［仲間］内での確信の強化」という記述に 2 点を配点。

❷誤ったうわさを防ぐには公正な情報と修正が必要だが，人は情報を中立的に処理せず，感情が邪魔するのでそれは難しい。 ＿＿＿／区分点**6**点

ア「公正な情報が必要」 イ「修正が必要」 ウ「人は情報を中立的に処理しない」
エ「感情が邪魔してしまう」に各1点を配点します。オ（それゆえ）「誤信を防ぐ
ことは難しい」に2点を配点します。

　この区分❷は単に上記5つの項目を並べるだけでは解答になりません。まずアイと
ウエが逆接の関係にあることが示されていないといけません。そうでなければ2点減と
します。またウとエの結果としてオという結論に至るという因果関係が示されていない
解答も2点減とします。また，オだけを後半の解答とした場合，前半に対してあまりに
唐突な結論となるのでオだけ書いていても得点を与えません。最低でもウとエ→オとい
う流れは必須です。

　なお，必要な項目を書いているものの語句的な誤りがあるものはその都度1点減点で
す。

(B) 　解答例 　　　　　　　　　　　　　　　　得点 _____ /10点

高齢者にやさしい社会は全世代を包含するとされているが，現実には高齢者
のみに焦点が当てられている。皆が住みやすい町にするには複数の年齢層か
らのデータ収集が必要だ。　　　　　　　　　　　　　　　　（80字）

　考え方　まず，本文を段落に沿って見ていきましょう。

第1段落

---

　¹The age-friendly community movement has emerged as a powerful response
to the rapidly growing aging population. ²Although definitions of "age-friendly
community" vary, reflecting multiple approaches and methods, many models
highlight the importance of strengthening social ties and promote a vision
that takes into account all ages. ³For example, Kofi Annan, who served as the
seventh Secretary-General of the United Nations, declared in the opening
speech at the UN International Conference on Aging in 1999, "A Society for All
Ages embraces every generation. ⁴It is not fragmented, with youths, adults, and
older persons going their separate ways. ⁵Rather, it is age-inclusive, with
different generations recognizing and acting upon their common interests."

　第1文「高齢者にやさしい町づくり運動は，急速な人口の高齢化への強力な反
応として現れた」は，そもそも「以下の英文は，高齢者にやさしい（age-friendly）
町づくりを促進するための世界的な取り組みについて論じたものである」という
問題文の内容を示す指示文と大きく離れてはいないので，この部分は書く必要は

ありません。その後の第2文主節の「多くのモデルは，社会的な絆を強化することの重要性を強調し，全年齢層を考慮した構想を推進している」は，**この取り組みを特徴づけるもの**であり，書き出す必要があります。さらに後方で，国連の第7代事務総長アナンの言葉として「全年齢層のための社会はすべての世代を包含します。そうした社会は，細分化され，若者，成人，高齢者が別々の道を歩むようなことはありません。むしろ全世代を包含し，違う世代の人々が共通の利害を認識し，共通の利害に基づいて活動するのです」という発言が紹介されています。

第2段落

> [1]The World Health Organization and other international organizations further articulate this premise by defining aging as a lifelong process: "We are all aging at any moment in our life and we should all have the opportunity to do so in a healthy and active way. [2]To safeguard the highest possible quality of life in older age, WHO endorses the approach of investing in factors which influence health throughout the life course."

第1文「世界保健機関（WHO）や他の国際機関は，年を取ることを生涯にわたるプロセスだと定義することにより，この前提をさらにはっきりと述べる」は，抽象度が高くて今ひとつ言っていることがよくわかりません。それに続く記述で趣旨をつかみましょう。コロンの後の「私たちは皆，人生のいつどの瞬間でも年を取っているのであり，私たち皆が健康で活動的に年を取る機会を持つべきなのです」は，第1段落で述べられた**「全世代を包含すること」の意義**を述べたものですね。確かに子どもも青年も同じスピードで年を取る，つまりある意味で「高齢化」するのですから。

第3段落

> [1]In practice, however , the age-friendly community movement has focused primarily upon the needs and interests of older adults and their caregivers and service providers. [2]In doing so, it has failed to gather enough data from youth and families about what produces good living conditions in a city or about opportunities for and barriers against working together with older adults.

問題（A）の but と同様に，逆接の however が出てきましたね。この however はしばしば挿入で用いられ，**however を含む文が，前の文，あるいは前の段落と逆接関係**になることを示します。ですから，この部分は要約に必須の要素です。

「しかし現実には，高齢者にやさしい町づくり運動は，主に高齢者やその介護者，サービス提供者のニーズや利害に焦点を当ててきた。そうする中で，町で良好な生活条件を生み出すのは何なのか，あるいは高齢者と共に働く機会，またはそれに対する障壁となっているものについて，若者や家族から十分なデータが得られてこなかった」と述べられています。整理すると，第1文では「高齢者と高齢者に関わる人にもっぱら焦点が当てられてきた」，第2文では「高齢者以外の若者や家族の生活条件や高齢者との共生について十分な調査がされていない」と問題提起がされています。

第4段落

> ¹What accounts for this gap between vision and practice? ²One answer may lie in the common assumption of the age-friendly community movement that what is good for older adults is good for everyone. ³In other words, if the age-friendly movement succeeds in making communities suitable for older adults, those communities will then be suitable for all generations. ⁴ While there are many shared interests among different generations, recent studies in the United States and Europe indicate that young adults and older adults differ in their voting patterns and attitudes more than at any time since the 1970s. ⁵These studies suggest that in order to fully understand what constitutes a city that is friendly to people at different stages of the aging process, it is critical to gather data from multiple generations about what makes a city good for both growing up and growing older.

第1文「構想と実際の間のこのようなギャップは何によるものなのであろうか」から，この段落では**「高齢者にやさしい町づくり」の理念と，実際が異なる理由**について考察が述べられています。ここは問題提起の部分なので要約に含む必要はありません。第2文に「1つの答えは，高齢者によいことは皆にもよいことだという，高齢者にやさしい町（づくり）運動に共通する想定にあるのかもしれない」と**仮説が提示**されています。なるほどこれは一理ありそうですね。ここを書き出します。さらに同じことが第3文で「別の言い方をするなら，高齢者にやさしい町づくり運動が，社会を高齢者に適したものにすることに成功すれば，それらの社会は全世代にとってふさわしいものとなるというのだ」とありますが，これは筆者の考えではなく，第2文で述べられた「共通する想定」を持っている人たちの考えを具体的に述べたものです。

ところが，この仮説は以下の記述で**否定**されてしまいます。第4文でまず「異

なる世代間で共有される利害も多いのだが，」と，〈対比・逆接〉を表す while に
よって譲歩節が展開された後，「米国やヨーロッパでの最近の調査では，若年成
人と高齢者とでは，投票パターンや考え方において，1970 年以降のどの時期よ
りも大きな違いが見られることが示されている」という記述が続きます。この結
果を踏まえると，**「高齢者にやさしい→全世代にやさしい」という仮説は必ずし
も成り立たなく**なります。もしそうだとすると，その仮説の下に，第 3 段落に述
べられたように「高齢者に焦点を当てた政策」を進めることは正しくないことに
なります。

　ではどうすればいいのか。筆者は答えをその後に用意しています。第 5 文に「こ
れらの調査が示唆するのは，異なる加齢プロセスの段階にいる人々にとってやさ
しい町を構成するものとは何なのかを十分に理解するためには，成長の途上にあ
る人と高齢化していく人の両方にとって町をよいものにするのは何なのかについ
て，複数の年齢層からデータを収集することが決定的に重要だということである」
とあります。なるほど，第 2 段落で述べられたように「成長」も一種の「高齢化
だ」とみなすのではなく，**「成長」と「老い」を分けて双方にとって町を良好に
する**ことが望ましく，そのため複数の年齢層からのデータ収集が不可欠だ，とい
うわけですね。

　さて，ここまでの要点を書き出すと以下のようになります。

> 第 1 段落　高齢者にやさしい社会は全世代を包含するものとされている。
>
> 第 2 段落　それは生涯の全年代にわたって人は年を取るものであると考える
> からだ。
>
> 第 3 段落　しかし現実には，（全世代を包含するべきものであるのに）高齢者
> やその介護者，サービス提供者のニーズや利害に焦点が当てられて
> いる。
>
> 第 4 段落前半　高齢者にのみ焦点が当たっているのは，高齢者によいことは
> どの世代にもよいことだという考え方があるからだ。
>
> 第 4 段落中間　だが，調査をすると若年層と高齢者とでは行動や考え方は異
> なる。
>
> 第 4 段落後半　だから，「成長」と「老い」を別個に考え，双方にとって町が
> 住みやすくなるように複数の年齢層からのデータ収集が不可欠だ。

　さて，ここからが悩ましい点です。これが 110 字くらいの字数の要約でしたら，
これらのポイントを一通り入れられるのですが，東京大学は最大 80 字しか許し
ていません。そこでいくつか要素を切っていきます。

　まず第 2 段落は，第 1 段落で示された「理念」についてその根拠を述べていま
すが，原因や根拠を述べた文は，**事実提示を優先した場合カットしてもよいと考**

えます。さらに，第4段落の前半と中間の記述は，第3段落で述べられている内容についての「原因の推論」であること，そしてこの推論を否定するための調査結果の提示部分であることからこれもカットしてよいと判断します。

　そこでまとめると，

> 高齢者にやさしい社会は全世代を包含するものとされているが，現実には高齢者のみに焦点が当てられている。若年層と高齢者双方にとって町が住みやすくなるように複数の年齢層からのデータ収集が必要だ。　　　　　　（94字）

　ここからさらに，〈目的〉の部分「若年層と高齢者双方にとって町が住みやすくなるように」を中心にカットしていくと解答例のようになります。

解説と採点基準

❶高齢者にやさしい社会は全世代を包含するとされている　　　　／区分点2点

🖊 「高齢者にやさしい町づくりは全世代を考慮するとされている」といった解答も可とします。

❷が，現実には高齢者のみに焦点が当てられている　　　　／区分点3点

🖊 「が，現実には高齢者が優先されている」も可とします。

❸皆が住みやすい町にするには複数の年齢層からのデータ収集が必要だ　　　　／区分点5点

🖊 「皆が住みやすい町にするには」に2点の配点。「複数の年齢層からのデータ収集が必要だ」に3点の配点。

　なお，❶〜❸について必要な項目を書いているものの語句的な誤りがあるものはその都度1点減点します。

構文解説・全訳・語句
英文と著者の講義の音声がついています。

(A)

1 ¹ₛRumours ᵥspread by two [❶different but ❷overlapping] processes: ❶popular confirmation and ❷in-group momentum. ²ₛThe first ᵥoccurs (because ₍S₎each of us
【=popular confirmation】

₍V₎tends to rely on what others ❶think and ❷do). ³(Once ₍S₎a certain number of
((O)) ((S)) ((V))

people ₍V₎appear to believe ₍O₎a rumour), ₛothers ᵥwill believe ₒit too, (unless

₍S₎they ₍V₎have ₍O₎good reason [to think it is false]). ⁴ₛMost rumours ᵥinvolve

ₒtopics [on which ₍S₎people ₍V₎lack ₍O₎[❶direct or ❷personal] knowledge], and (so)

ₛmost of us (often) (simply) ᵥtrust ₒthe crowd. ⁵(As ₍S₎more people ₍V₎accept

₍O₎the crowd view), ₛthe crowd ᵥgrows ꜀larger, ₍ᵥ₎creating ₍O₎a real risk that
【同格のthat】

large groups [of people] will believe rumours (even though they are (completely)
((S)) ((V)) ((O)) (((S))) (((V)))
false)).
(((C)))

訳 ¹うわさは，異なるが重複する2つのプロセスによって広まる。それは大衆への同調と集団内での確信の強化である。²1つ目のプロセスは，私たち一人一人が他人が考えることや行うことに左右されがちであるために起こる。³いったん一定数の人があるうわさを信じているように思えてしまうと，他の者も，それが間違いであると思う十分な根拠がない限り，そのうわさを信じるようになる。⁴ほとんどのうわさは，人々に直接的な知識や個人的な知識がない話題に関するものであり，そのため私たちのほとんどは，しばしば単純に集団を信用してしまうのである。⁵集団の見解を受け入れる人の数が増えるにつれ，その集団は大きくなり，たとえそれが全くの誤りであっても，大きな集団の人々がうわさを信じるようになるという現実的なリスクを生み出してしまう。

語句 ¹rumour (㊌ rumor)「うわさ」 spread「広まる」 overlap「部分的に重なり合う」 process「過程；～を処理する」 confirmation「承認，追認」 in-group momentum「集団内の勢い」／²rely on A「Aを頼りにする」／³a certain number of A「ある一定の数のA」 appear to do「…するように見える」 have good reason to do「…する十分な理由がある」 false「間違った，真実でない」／⁴involve「～を含む」 lack「～を欠いている」 simply「単に」 trust「～を信じる」 crowd「群衆」／⁵even though SV「たとえ…でも，…であるけれど」

2 ¹ₛIn-group momentum ᵥrefers to the fact that (when like-minded people
【同格のthat】 ((S))

get together), they (often) end up believing a more extreme version of what they
((V)) (S) (V) (O) ((V)) ((O))

thought before. ²ᵥSuppose ₒthat members of a certain group are inclined to accept
(S) (V)

89

a rumour [about, ((say)), the evil intentions of a certain nation]. ^{3} (In all likelihood),
_(O)　　　　　　 = for example
$_S$they $_V$will become $_C$(more) committed to that rumour (after they have spoken to

each other). ^{4} (Indeed), $_S$they $_V$may move from $^\textcircled{A}$ being tentative believers to

$^\textcircled{B}$ being (absolutely) certain, (even though $_{(S)}$ their only new evidence $_{(V)}$ is $_{(C)}$ what
　　　　　　　　　　　　　　　　　　　　　　　　　　　　　　　　　((O))
other members of the group believe). ^{5} $_V$Consider $_O$the role of the internet here:
　　　　　　　((S))　　　　　　((V))
(when $_{(S)}$ people $_{(V)}$ see $_{(O)}$ many $^\textcircled{1}$tweets or $^\textcircled{2}$posts [from like-minded people]),

$_S$they $_V$are (strongly) inclined to accept $^\textcircled{A}$a rumour as $^\textcircled{B}$true.

訳 ^{1}集団内の確信の強化とは，似通った考えの人が集まると，彼らはしばしば，以前自分たちが
抱いていた考えをさらに極端にしたものを信じてしまう，という事実を指す。^{2}仮に，ある集団の
メンバーが，例えばある国の邪悪な意図に関するうわさを受け入れる傾向があるとしよう。^{3}互い
に話した後，彼らはまず確実にそのうわさをより信じ込むようになる。^{4}実際，唯一の新たな証拠が，
集団内の他のメンバーが信じている事柄であるにもかかわらず，一時的にそのうわさを信じてい
ただけの状態から，絶対的な確信した状態へと移行するかもしれない。^{5}ここでインターネットの
役割を考えてみよう。人々は，似通った考えを持つ人々による多くのツイートや投稿を見ると，う
わさを事実として受け止める傾向が非常に高くなるのだ。

語句 ^{1}refer to A「Aを指す」 like-minded「同じような考えを持った」 end up *doing*「結局は…になる」
extreme「極端な」／^{2}suppose that SV「(通例文頭で) …と仮定しよう」 be inclined to *do*「…す
る傾向がある」 say「(挿入句として用いて) 例えば」 evil「邪悪な」 intention「考え；ねらい」／
^{3}in all likelihood「まず確実に，十中八九」 be committed to A「Aに傾倒する，Aに肩入れする」
／^{4}indeed「本当に，間違いなく」 move from A to B「AからBへと移行する」 tentative「一時
的な，暫定的な」 absolutely「完全に」 certain「確信して」 evidence「証拠」／^{5}role of A「A
の役割」 tweet「(旧ツイッターでの) ツイート，つぶやき」 post「投稿 (したメッセージ)」
accept A as B「AをBとして受け止める」

[3] ^{1} $_S$What $_V$can be done (to $_{(V)}$ reduce $_{(O)}$the risk that these two processes will
　　　　　　　　　　　　　　　　　　　　同格のthat ((S))　　　　　　((V))
lead us to accept false rumours)? ^{2} $_S$The most obvious answer, and $_{S'}$the standard
((O)) to *do*
one, $_V$involves $_O$the system of free expression: $_S$people $_V$should be exposed $^\textcircled{1}$to
answer
balanced information and $^\textcircled{2}$to corrections from those [who know the truth].

^{3} $_S$Freedom (usually) $_V$works, but (in some contexts) $_S$it $_V$is $_C$an incomplete remedy.
　　　　　　　　　　　　　　　　　　　　　　　 freedom
^{4} $_S$People $_V$do not process $_O$information (in a neutral way), and $_S$emotions (often)

$_V$get in the way of truth. ^{5} $_S$People $_V$take in $_O$new information (in a very uneven

way), and $_S$those [who have accepted false rumours] $_V$do not (easily) give up $_O$their beliefs, ((especially) when there $_{(V)}$ are $_{(S)}$ strong emotional commitments [involved]). ^{6} $_S$It $_V$can be (extremely) $_C$hard to change what people think, ((even) by presenting **Ⓐ**them with **Ⓑ**facts).

形式主語 (under It)
(V) (under change) (O) (under what people think)

訳 ¹これらの2つのプロセスによって私たちが誤ったうわさを信じてしまうようになるリスクを減らすためには，何ができるだろうか。²最も明確な答えであり，標準的な答えは，物事を自由に表現できる仕組みを伴う。人々は公正な情報と，真実を知る人からの修正に触れるべきである。³自由はたいていは機能するが，状況によっては，対策としては不完全なことがある。⁴人々は中立的に情報を処理するわけではないし，しばしば感情が真実を知る邪魔をする。⁵人々は極めて偏った方法で新しい情報を取り込み，誤ったうわさを受け入れた者は，特にそこに強い感情的な傾倒が伴っている場合，簡単には自分たちの信じていることを放棄しない。⁶たとえ事実を提示しても，人々の考えを変えるのは極めて困難なものとなりかねない。

語句 ¹reduce「～を減らす」 lead A to do「Aを導いて…させる」／²obvious「明らかな」 standard「標準的な」 involve「～を（必然的に）伴う，必要とする」 expression「表現」 be exposed to A「Aに触れる，Aにさらされる」 balanced「公正な；バランスの取れた」 correction「訂正，修正」／³work「機能する」 in some contexts「ある状況では」 incomplete「不完全な」 remedy「改善策，治療法」／⁴neutral「中立の，公平な」 get in the way of A「Aの邪魔になる」／⁵take in A「Aを取り込む」 uneven「不均衡な」 give up A「Aを捨てる」 commitment「傾倒，献身」／⁶present A with B「AにBを提示する」

(B)

1 ^{1} $_S$The age-friendly community movement $_V$has emerged (as a powerful response to the [(rapidly) growing] aging population). ^{2}(Although $_{(S)}$definitions of "age-friendly community" $_{(V)}$vary, $_{((V))}$reflecting $_{((O))}$multiple **❶**approaches and **❷**methods)), $_S$many models **❶**$_V$highlight $_O$the importance [of strengthening social ties] and **❷**$_V$promote $_O$a vision [$_{(S)}$that $_{(V)}$takes into account all ages]. ^{3}(For example), $_S$Kofi Annan, [$_{(S)}$who $_{(V)}$served as the seventh Secretary-General of the United Nations], $_V$declared (in the opening speech at the UN International Conference on Aging in 1999), "$_S$A Society [for All Ages] $_V$embraces $_O$every generation. ^{4}It $_S$$_V$is not fragmented, (with $_{(S)}$**❶**youths, **❷**adults, and **❸**older persons $_{(V)}$going their separate ways).

withを伴った付帯状況の分詞構文

^{5}(Rather), $_S$it $_V$is $_C$age-inclusive, (with $_{(S)}$different generations

withを伴った付帯状況の分詞構文

$_{(V)}$**❶**recognizing and **❷**acting upon $_{(O)}$their common interests)."

共通の(O)

6

91

2 ¹ₛ**❶The World Health Organization and ❷other international organizations** (further) ᵥarticulate ₒthis premise (by defining ❹aging as ❺a lifelong process): "ₛWe ᵥare all aging (at any moment in our life) and ₛwe ᵥshould all have ₒthe opportunity [to do so (in a [healthy and active] way)]. ²(To ₍ᵥ₎safeguard ₍ₒ₎the highest possible quality of life [in older age]), ₛWHO ᵥendorses ₒthe approach [of investing in factors [which influence health (throughout the life course)]]."

= to age

= supports

(V) (O) ((S)) ((V)) ((O))

3 ¹(In practice), (however), ₛthe age-friendly community movement ᵥhas focused (primarily) upon the ❶needs and ❷interests [of ❶older adults and ❷their

caregivers and ❸service providers]. ²(In doing so), ₛit ᵥhas failed to gather ₒenough data (from youth and families) ❶[about what produces good living
<u>(S)</u>　<u>(V)</u>　<u>(O)</u>
conditions in a city] or ❷[about ❶opportunities for and ❷barriers against working together with older adults].

> **訳** ¹しかし現実には，高齢者にやさしい町づくり運動は，主に高齢者やその介護者，サービス提供者のニーズや利害に焦点を当ててきた。²そうする中で，町で良好な生活条件を生み出すのは何なのか，あるいは高齢者と共に働く機会，またはそれに対する障壁となっているものについて，若者や家族から十分なデータが得られてこなかった。

> **語句** ¹in practice「実際には」 focus upon A「A に焦点を絞る」 primarily「主に」 interest「(通例～s) 利害；利益」 caregiver「世話をする人，介護者」 service provider「サービス提供者」／²fail to do「…できない」 gather「～を集める」 living conditions「生活条件」 barrier against A「A に対する障壁」

6

4 ¹ₛWhat ᵥaccounts for this gap [between ❹vision and ❺practice]? ²ₛOne answer
　　　　　[= explains]
ᵥmay lie in the common assumption [of the age-friendly community movement] that
　　　　　　　　　　　　　　　　　　　　　　　　　　　　　[同格のthat]
what is good for older adults is good for everyone. ³(In other words), (if ₍ₛ₎the age-
(S)　　　　　　　　　　　　　(V) (C)
friendly movement ₍ᵥ₎succeeds in making communities suitable for older adults),
　　　　　　　　　　　((V))　((O))　　　　　((C))
ₛthose communities ᵥwill (then) be ꜀suitable for all generations. ⁴(While there
₍ᵥ₎are ₍ₛ₎many shared interests (among different generations)), ₛrecent studies [in
❶the United States and ❷Europe] ᵥindicate ₒthat ❶young adults and ❷older
　　　　　　　　　　　　　　　　　　　　　　　　(S)
adults differ (in their ❶voting patterns and ❷attitudes) more than at any time since
　　　(V)
the 1970s. ⁵ₛThese studies ᵥsuggest ₒthat (in order to (fully) understand what
　　　　　　　　　　　　　　　　　　　　　　((V))　　((O))
constitutes a city [that is friendly to people [at different stages of the aging
　　　　　　　　　(((V))) (((C)))
process]]), it is critical to gather data (from multiple generations) [about what
(S) (V)　꜀　　　((V))　((O))　　　　　　　　　　　　　(((S)))
makes a city good (for both ❹growing up and ❺growing older)].
(((V)))　(((O)))　(((C)))

> **訳** ¹構想と実際の間のこのようなギャップは何によるものなのであろうか。²1つの答えは，高齢者によいことは皆にもよいことだという，高齢者にやさしい町づくり運動に共通する想定にあるのかもしれない。³別の言い方をするなら，高齢者にやさしい町づくり運動が，社会を高齢者に適したものにすることに成功すれば，それらの社会は全世代にとってふさわしいものとなるというのだ。⁴異なる世代間で共有される利害も多いのだが，米国やヨーロッパでの最近の調査では，若年成人と高齢者とでは，投票パターンや考え方において，1970 年代以降のどの時期よりも大きな違

いが見られることが示されている。⁵これらの調査が示唆するのは，異なる加齢プロセスの段階にいる人々にとってやさしい町を構成するものとは何なのかを十分に理解するためには，成長の途上にある人と高齢化していく人の両方にとって町をよいものにするのは何なのかについて，複数の年齢層からデータを収集することが決定的に重要だということである。

語句 ¹account for *A*「*A*（の理由）を説明する」 gap between *A* and *B*「*A* と *B* の間の隔たり」／²lie in *A*「（抽象物が）*A* にある，見いだされる」 assumption「想定，思い込み」／³in other words「言い換えれば，つまり」 succeed in *doing*「…することに成功する」 (be) suitable for *A*「*A* に適している」／⁴share「〜を共有する」 indicate that **SV**「…ということを示す」 differ in *A*「*A* が［の点で］異なる」 voting「投票の」 attitude「考え方」／⁵fully「十分に」 constitute「〜を構成する」 critical「重大な」

重要語句 01 重要な形容詞

　本文の理解のために重要なのが literal meaning という言葉です。ここで letter「文字」から派生する重要で紛らわしい形容詞を 3 つ挙げておきます。

① literal 形「文字どおりの」

　副詞の literally「文字どおりに」はさらに高頻度で使われます。

例）I have literally nothing to do.「私は本当にすることがない」

　1 つ目の例は日本語の「文字どおりに」と同じく，**強調**として用いられています。

例）He took what I said literally.「彼は私の言うことを文字どおりに受け取った」

　2 つ目の例は，この問題における「文字どおり」の意味ですね。例えば She has a heart of steel.「彼女は鋼（はがね）の心臓をしているよ」と言われて，あなたは彼女の心臓に磁石をくっつけて確かめたりしますか？ 「本当に鉄でできてるの？」って…。こういうのを **literal interpretation「文字［字義］どおりの解釈」** というのです。そしてこの literal は本文にある **figurative** あるいは **metaphorical と対立**するものなのですね。have a heart of steel という表現から「意志の強さ」といったものを感じたあなたは「メタファー的な解釈」をしたことになるわけです。

② literate 形「読み書きができる；識字能力がある」 これもよく使われる形容詞です。反対語が illiterate「文盲の」，名詞形が literacy「読み書きの能力；識字能力」となります。literacy は，media literacy や computer literacy のように「…の活用能力」の意味で使われることもあります。

③ literary 形「文学の」 名詞形は言わずと知れた literature「文学」ですね。ちなみに **literature には「文献」** という意味のあることも知っておきましょう。

Q1 解答 **5**

得点 _____ /8 点

考え方 まず第 1 ～ 3 段落がそれぞれ何を述べているのかを見ておきましょう。

第 1 段落 まず第 1 文で Figurative languages are indispensable when we seek to communicate unpleasant sensations to ourselves and to others.「比喩的表

現は私たちが不快な感覚を自分自身や他者に伝えようとするときに不可欠なものである」と述べられています。figurative languages という言葉にはあまり馴染みがないかもしれませんが，次文で The metaphors we choose have a profound impact on the way we *feel* pain as well as upon the ways our suffering is treated.「私たちが選ぶ隠喩は私たちの苦痛の『感じ』方，および私たちの苦しみの扱われ方に深い影響を及ぼすのだ」とあるので，**figurative languages は metaphors と言い換えられている**のがわかります。ここまでで，私たちが**不快な感覚，苦痛を感じるときに figurative languages および metaphors が不可欠**なことはわかりました。では figurative languages および metaphors とはどういうものなのか。その**具体的記述が第2段落**に示されています。

第2段落 第2文で Figurative languages are rhetorical figures of speech that employ association, comparison, or resemblance「比喩表現とは，連想や喩えや類似を用いた言い回しのことであり」とわかりやすく書かれています。そしてその後 similes や metonyms が紹介され，最後に最終文で，As shorthand, the term 'metaphor' will be used to refer to all these figures of speech.「略称として，メタファー（隠喩）という用語がこれらの言い回しのすべてを指して用いられるだろう」と広義の metaphor について述べられています。

第3段落 この段落ではそうした **metaphor がどのように生じる**かについて述べられています。Abstract, metaphorical concepts emerge from bodily experiences and environmental interactions.「抽象的，メタファー的な観念は身体的経験と環境との相互作用から生じる」と第1文で筆者は述べています。第1文で述べられた**「身体的経験」を「痛み；苦痛」の観点から述べた**のが第2文で，Bodies are actively engaged in figurative processes and social interactions that constitute painful sensations.「身体は，痛みの感覚を作り上げる比喩的作用や人との交流に積極的に関わる」と述べられています。第3文では And culture collaborates in the creation of physiological bodies and metaphorical systems.「そして生理的な身体とメタファーの体系の創出には文化も協調する」と，**文化との協調**が指摘されています。

　これを踏まえて選択肢を見ていきましょう。

指示文の訳
「第1，第2，第3段落での筆者の記述に当てはまるものは以下のうちのどれか」

選択肢の訳
1.「比喩的な説明は非象徴的であり，世界中でほとんど相違がない」
▶「痛み」と「比喩」の関連について述べられた第1段落，「比喩」の種類につ

いて述べられた第2段落にはこの選択肢に該当する記述はありません。第3段落第1文に abstract, metaphorical concepts「抽象的，メタファー的な観念」という記述があります。abstract「抽象的な」とは，**何らかの symbol「象徴」に置き換えないと表現できない**ということですから，この点だけでも「非象徴的」というのは本文の記述に合致していないとわかります。また，第3段落最終文に culture collaborates「文化が協調する」と述べられています。世界には多様な文化が存在するわけですから，「世界中で相違がない」という記述と矛盾します。

2.「メタファーは事実を表す，様々に異なる方法のことであり，すべての文化に共通するものである」

▶ 第3段落の第3文に culture collaborates「文化が協調する」という記述はありますが，「すべての文化に共通する」という記述は第3段落までに見当たりません。

3.「痛みを伝えるのに用いられる言葉は表面的なものであり，どのように痛みが扱われるかということに若干関係がある」

▶ 第1段落第2文に The metaphors we choose have a profound impact on the way we *feel* pain as well as upon the ways our suffering is treated.「私たちが選ぶ隠喩は私たちの苦痛の『感じ』方，および私たちの苦しみの扱われ方に深い影響を及ぼすのだ」という記述があります。選択肢の **superficial は本文の profound と正反対の意味**ですし，扱われ方についても選択肢の modest bearing「若干の関係」と本文の内容は真っ向から対立しています。

4.「感情を伝える字義どおりの表現は，人の痛みや苦しみとの関わり方を理解する上で決定的に重要である」

▶ 第1段落第1文に Figurative languages are indispensable when we seek to communicate unpleasant sensations to ourselves and to others.「比喩的表現は私たちが不快な感覚を自分自身や他者に伝えようとするときに不可欠なものである」とあります。また第3文でも「過去の人々がどのように苦しんだかを理解しようと思えば，彼らの言葉遣いに注意を払う必要がある」という趣旨が述べられています。そして冒頭の「重要語句」の解説でも述べているように，literal「文字どおりの」という表現は **figurative と内容的に対立**するものですから，この選択肢は適切とは言えません。

5.「コミュニケーションや表現の仕方には豊かな多様性が存在し，人が自らの世界と関わり合う多くの異なった方法を反映する」

▶ 第2段落において，著者は「直喩」「隠喩」「換喩」といった多様な比喩表現の例を挙げています。そして第3段落では，抽象的，メタファー的な観念と，身体的経験，環境との相互作用について述べられ，さらに「文化との協調」という表現が出てきます。これらを言い換えたのが，Rich varieties in manners of communication and expression です。後半部分の reflect the many different ways that humans interact with their world は第3段落の第1・2文と一致しています。

・背景知識・

　比喩とは，旺文社古語辞典によれば「ある事物を表現する場合，これに類似する他の事物によって表現すること」です。直喩（simile）とは「例えば…」「…のようだ」など目印になる言葉を使って直に他のものと比較するのに対し，隠喩（metaphor）とは「例えば…」のような言葉を用いずに表します。換喩（metonym）とは，近くにあるものや関係の深い他のもので置き換えて表す修辞法です。換喩の例として本文に 'the gnawing continued'「かじられることが続いた」とあります。この「かじられること」が「激痛」を置き換えて表しています。

Q2　解答　2　　　　　　　　　　得点 ＿＿＿＿ /6点

指示文の訳

「第4段落（最初に1行目で述べられている）で論じられている『隠喩的な手掛かり』を表している適切な例を選びなさい」

選択肢の訳

1.「私は6か月で10キロ減量した」

2.「不安になると心臓のドキドキが首まで上がってくる」

3.「私の視野は年々悪化している」

4.「39度ほどの高熱があるように思う」

5.「痛くて右足首を動かすことができない」

▶ 第4段落の a physical pain — like an elephant kicking me in the ribs「象が肋骨を蹴っているような身体的な痛み」に代表されるのが，metaphorical clue「隠喩的な手掛かり」であることから，隠喩的な表現が用いられている選択肢2が正解だとわかります。あとの4つはすべて literal「文字どおりの」記述ですね。

Q3 解答例

Point 1 Though the person felt a physical pain in his gut, he said that he felt a physical pain like an elephant kicking him in the ribs, which are biologically distant from guts.

Point 2 Though the person used the expression 'a physical pain like an elephant kicking me in the ribs', he didn't know what being kicked by an elephant actually felt like.

指示文の訳

「筆者によると，第4段落(6・7行目)における下線部の発言には一般読者から見て不自然なところが2点ある。どこが不自然であるのかを，それぞれの点について自らの英語で説明しなさい」

考え方 本書で繰り返し述べていますが，英文の論理進行は「抽象→具体」ですから，ここでも下線部直後の記述に注目します。Not only ❹is the biological distance between guts and ribs fairly well determined, but readers might also ❺ask how he knows what being kicked by an elephant might 'literally' feel like.「❹お腹と肋骨が生物学的に離れているということがかなり自明であるだけではない。❺象に肋骨を蹴られるというのが『文字どおり』どんな感じであるのかを彼はどうして知っているのか，とも読んだ人は問うかもしれないのだ」という記述ですね。全体が not only *A*, but also *B* の形になっていますのでAとBについてまとめていけばいいとわかります。

7

解説と採点基準

(Point 1) ❷Though the person felt a physical pain in his gut, he said that he felt a physical pain like an elephant kicking him in the ribs, ❶which are biologically distant from guts.

_____ /区分点5点

❹前半は well determined「かなり自明だ」が難しいですが，「お腹と肋骨ではずいぶん離れている」(上記下線部❶)ということをつかめば十分です。その上で「お腹に痛みを感じているはずなのに，離れたところにある肋骨が蹴られたように痛い」(下線部❷)と指摘すればよく，解答例は上記のようになります。該当箇所を外していたら得点はありません。

英語の正確さとしては，逆接の接続詞を用いて **Though [Although] (S) (V), SV.** という構造を展開し，その節中にある ribs の説明は，〈非制限用法〉の関係代名詞節を用いるために**コンマが必要となる**，といったところが問われます(ちなみに which の前にコンマを打たない〈制限用法〉を用いると，ribs には2種類，すなわち **which 以下の説明に当てはまる ribs とそうでない ribs がある**ことを示

唆してしまいます。ここは「そもそも ribs とは」という説明の箇所であり，このような場合には〈非制限用法〉が用いられ，コンマは必須となります）。

❶に2点の配点，❷に3点の配点です。❶のみの答案には得点を与えません。関係詞を制限用法で使った場合には1点減点とします。なお，❶は関係詞を用いずに **but** ribs [they] are biologically distant from guts としても可です。

(Point 2) Though the person used the expression 'a physical pain like an elephant kicking me in the ribs', he didn't know what being kicked by an elephant actually felt like.

_____ /区分点**5**点

後半は「（象に蹴られた経験などないはずなのに，）『象に蹴られた痛み』という言い方をしている」ということを書けばよいでしょう。解答例は上記のようになります。よく「雷に打たれたような衝撃」などと言いますが，同じような比喩ですね。

書くべき内容を外した答案には得点を与えません。英語のミスに応じて1点ずつ減点。

Q4 解答 4

得点 _____ /**8**点

指示文の訳

「第6段落で筆者が伝えようとしている主要なメッセージは…ということである」

🔍 考え方 第6段落の冒頭の2文が全体の趣旨を物語っています。The 'selection of metaphors' seems to be 'based on an entirely different principle from an extension of the effects of a tool or weapon on the human body'. Instead, the metaphor is itself an analogy, based largely on visual and temporal correspondences.「『メタファーの選択』は『道具や武器が人体に及ぼす影響の延長線上にあるものとは全く異なった原則に基づいている』ようである。そうではなく，メタファーそれ自体が類似なのであり，多くは視覚的，時間的な一致に基づいたものである」。つまりは道具や武器の実際の働きではなく，**そこから連想される抽象的なイメージによってメタファーは生まれている**というのですね。そしてその例として shooting pain「電撃痛」と sawing pain「ノコギリをひくような痛み」が挙げられているわけです。shooting といっても，「**いきなり始まって唐突に終わる**」という時間的イメージや発砲の視覚的なイメージとの類似を表しているのであり，sawing といっても「**反復性があり上昇と下降が伴う**」という時間的空間的イメージを表した表現なわけですね。

選択肢の訳

1.「世界はメタファーを通してしか認識できない」

▶ 段落のテーマは「メタファーの選択の仕方」であり，このような強いメッセージはどこにも書かれていません。ですからこれは不一致。

2.「痛みのタイミングは痛みの見え方に強く影響を与えることはない」

▶ shooting pain の例などは「痛みのタイミング」を表した表現に他なりません。ですからこれも不一致。

3.「不快を感じる場所はその症状が生じる日付と同じほど重要である」

▶ このパラグラフは痛みの時間的空間的な形容の仕方については述べていますが，痛みの生じる「日」については言及していません。ですからこれも不一致。

4.「痛みの感じ方は様々な感覚と想像力を伴い得る」

▶ これが正解ですね。道具や武器からイメージされることを痛みに結びつける比喩について述べているのがこの段落ですから。

5.「様々な機器が私たちの世界に切り込んでくる様を描写することが身体への影響を理解する唯一の方法である」

▶ この選択肢にはそもそも「痛み」という言葉が出てきていません。physical impacts「身体への影響」が単なる道具の「影響」にすぎない（すなわち道具や武器の影響を直接述べないと身体的な痛みは表せない）というのは，この段落の趣旨とは適合しません。

Q5 解答例 構文解説▶p.108 　　　　　　　　得点 ＿＿＿ /10 点

> ことによると，さらに重要なことに，極端な描写を用いることは，なじみがなくわかりにくい感覚の生む本当に言葉にできない苦痛に相応する感覚を，他者の心の中に呼び覚まそうとする試みだったのかもしれない。

指示文の訳

「第7段落の下線部(5〜7行目)を和訳しなさい。引用符は無視してよい」

$_s$the use ... $_v$was $_c$an attempt ... というのがこの文の基本構造です。例によって was という動詞の主語は何か，と考えることが基本ですね。基本構造を外すと全体の得点がありません。英文の冒頭から順に見ていきましょう。

> Perhaps even more importantly, the use of immoderate descriptions was an attempt to "excite in the minds of others a proportionate feeling of the really inexpressible misery of the strange and confusing sensation.

perhaps を「おそらく」と訳出する人は多いですが，実際には **maybe**（50 パーセントくらいの確率に用いる）**より少ない可能性**に用いられるようなので，「**ことによると；ひょっとすると**」を標準訳と覚えておくといいでしょう。more importantly は「より重要なことに」の意味です。even を比較級に付けることで「さらに」の意味が加わります。

immoderate descriptions の immoderate はあまりなじみがないかもしれませんが，**moderate「穏やかな」の反対語**ですから「尋常ではない」という意味だと見当がつくでしょうし，この段落の冒頭に wild descriptions「突飛な描写」とあり，immoderate descriptions はこれを**言い換えたもの**だとわかれば「極端な」といった訳語にたどり着けるのではないかと思います。

excite の目的語が in the minds of others を飛び越して a proportionate feeling であることは読み取れましたか？ excite は他動詞ですから当然，目的語を探さないといけませんね。また，excite 自身の訳語も「興奮させる」ではダメですね。**feeling を excite するのですから「呼び覚ます」**という訳語には到達してほしいところです。mind はいつも訳語に迷う言葉ですが，ここは「心；頭」が適切です。a proportionate feeling of ... の proportionate は難しいですね。proportion「比率；釣り合い」から派生した動詞および形容詞ですが，ここは「言葉にできない苦痛に相応する」の意味で使われています。

misery は「悲惨な状態」のことですが，ここでは「苦痛」の意味で用いられています。strange「なじみがない」と confusing「わかりにくい」が並列されて sensation「感覚」を修飾していることはわかりましたね。

perhaps の未訳や誤訳は 1 点減。even more importantly「さらに重要なことに（は）」の誤訳は 1 点減。immoderate descriptions の誤訳は 1 点減。an attempt to *do*「…しようとする試み［企て］」の誤訳は 2 点減。

excite の目的語を取れていない場合 2 点減とし，excite の誤訳は 1 点減です。in the minds of others「他者の心の中に」の誤訳や未訳は 1 点減。a proportionate feeling of ... の proportionate の誤訳は 1 点減。a ... feeling of の誤訳は 1 点減。

really inexpressible「本当に言葉にできない」の誤訳は 1 点減。inexpressible は「形容しがたい」という訳語も可です。the misery of ...「…の生む苦痛」が取れていないものは 1 点減。strange と confusing の並列が取れていないものは 1 点減。その他の各単語の誤訳はそれぞれ 1 点減。

| Q6 | 解答 | **5** | 得点 _____ /8点 |

指示文の訳

「以下の選択肢のうちこの記事で述べられて『いない』ものはどれか」

選択肢の訳

1.「言葉に置き換えるということは自分の味わっている苦痛を人に伝えるために必要である」

▶ 第1段落の冒頭に Figurative languages are indispensable when we seek to communicate unpleasant sensations to ourselves and to others.「比喩的表現は私たちが不快な感覚を自分自身や他者に伝えようとするときに不可欠なものである」とあります。この文の趣旨そのものですね。**「比喩的表現」とは「言葉に置き換えること」** そのものですからこの選択肢は本文と一致します。

2.「苦痛を伴う出来事を共有する能力には制約が課せられる」

▶ 第7段落第4文に和訳問題にもなっている記述があります。苦痛を言葉にして相手に理解してもらうのが困難な場合に「極端な描写」が用いられると言っていますね。ですから「苦痛を伴う出来事を共有する能力には**制約がある**」というこの選択肢は本文と矛盾しません。

3.「痛みを表す表現には時空の両方を包含する描写を伴う」

▶ 第6段落第2文に Instead, the metaphor is itself an analogy, based largely on visual and temporal correspondences.「そうではなく，メタファーそれ自体が類似なのであり，多くは視覚的，時間的な一致に基づいたものである」という記述がありました。そのあと**道具や武器から連想される時間的・空間的なイメージが痛みの表現に反映される**例が挙がっていましたね。ですからこれは本文の趣旨と一致します。

4.「人が成長する際の様々な異なる環境が，感情を伝える方法に影響を及ぼし得る」

▶ 第3段落第3文に And culture collaborates in the creation of physiological bodies and metaphorical systems.「そして，生理的な身体とメタファーの体系の創出には文化も協調する」という記述があります。「人が成長する際の様々な異なる環境」とは「文化」に他ならないので，この選択肢は本文の趣旨に一致します。

5.「文字どおりの言葉を使うことにより，身体的な経験を主観的な感覚に適切にたとえることはたやすい」

▶ ここまでの解説の冒頭でも申し上げたとおり，literal language は metaphorical [figurative] language の対立概念なのです。したがってこれは明らかに本文の趣旨に反しています。この選択肢が「不一致」な選択肢です。

1 ¹ₛFigurative languages ᵥare cindispensable (when (S) we (V) seek to communicate (O) unpleasant sensations ❶to ourselves and ❷to others). ²ₛThe metaphors [we choose] ᵥhave ₒa [profound] impact ❶on the way [(S) we (V)*feel* (O) pain] as well as ❷upon the ways [(S) our suffering (V) is treated]. ³(If (S) we (V) are

= and

to understand (O) how people [in the past] suffered), ₛwe ᵥneed to pay ₒattention to
((S))   ((V))

the languages [(S) they (V) seized hold of (in order to ((V)) overcome ((O)) some of the

obstacles to pain-speech)].

> **訳** ¹比喩的表現は私たちが不快な感覚を自分自身や他者に伝えようとするときに不可欠なものである。²私たちが選ぶ隠喩は私たちの苦痛の「感じ」方，および私たちの苦しみの扱われ方に深い影響を及ぼすのだ。³過去の人々がどのように苦しんだのかを理解しようと思えば，私たちは，彼らが苦痛について口にする障害となる事柄のいくつかを克服するために捉えた言葉遣いに注意を払う必要がある。

> **語句** ¹figurative「比喩的な」 language「（複数形で）表現；言い回し」 indispensable (to A)「（A にとって）不可欠な」 seek to *do*「…しようと（努力）する」 sensation「感覚」／²metaphor「隠喩（ものの特徴を他のもので表現すること）」 have a ... impact on A「A に…影響を及ぼす」 profound「深い」 suffering「苦しみ」 treat「〜を扱う」／³if S be to *do*「…するつもりであれば」 pay attention to A「A に注意を払う」 seize hold of A「A をつかむ，捉える」 overcome「〜を克服する」 obstacle to A「A にとっての障害」 pain-speech「痛みを口に出して表すこと」

2 ¹ₛIt ᵥmay be cuseful to ❶begin with a very few words [about figurative

形式主語

languages [in general]] before ❷moving (on) to a [(more) detailed] analysis of the

= and move on ...

ways [(S) people-in-pain (V) employ (O) them]. ²ₛFigurative languages ᵥare crhetorical figures of speech [(S) that (V) employ (O) ❶association, ❷comparison, or ❸resemblance, (as in ❶analogies [between two things] ('(S) pain (V) gnawed at his stomach'), ❷similes ('(S) the pain (V) felt like a rat, ((V)) gnawing ((O)) his stomach)'), and ❸metonyms ('(S) the gnawing (V) continued'))]. ³(As shorthand), ₛthe term 'metaphor' ᵥwill be used (to (V) refer to all these figures of speech).

> **訳** ¹比喩的表現全般について，まずごく少数の単語から話を始め，その後で，痛みを感じている

104

人のそうした言葉の使い方をより詳細に分析していくことに話を進めるのが有益かもしれない。[2]比喩表現とは，連想や喩えや類似を用いた言い回しのことであり，例えば2つのものの間の類似（「痛みが彼のお腹をかじった」）や，直喩（「その痛みはネズミが彼のお腹をかじっているような感じだった」）や，換喩（「かじられること［激痛］が続いた」）といったものである。[3]略称として，メタファー（隠喩）という用語がこれらの言い回しのすべてを指して用いられるだろう。

語句 [1]in general「（名詞の後で）〜全般」 move on to A「A（次の話題）に移る」 detailed「詳細な」 analysis「分析」 employ「〜を使う」／[2]rhetorical「修辞的な（言葉を巧みに使って効果的に表現する）」 association「連想」 comparison「喩え，比喩」 resemblance「類似」 analogy between A「Aの間の類似（点）」 gnaw (at)「〜をかじる」 stomach「腹」 simile「直喩（「…のようだ」などを用いて直接に他のものと比較する修辞法）」 metonym「換喩（近くにあるもの，関係の深い他のもので置き換える修辞法）」／[3]shorthand「省略表現法」 refer to A「Aを指す」

3 [1]s[Abstract, metaphorical] concepts vemerge (from ❶bodily experiences and ❷environmental interactions). [2]sBodies vare (actively) engaged in ❶figurative processes and ❷social interactions [(S) that (V) constitute (O) painful sensations]. [3]And sculture vcollaborates (in the creation of ❶physiological bodies and ❷metaphorical systems).

訳 [1]抽象的，メタファー的な観念は身体的経験と環境との相互作用から生じる。[2]身体は，痛みの感覚を作り上げる比喩的作用や人との交流に積極的に関わる。[3]そして生理的な身体とメタファーの体系の創出には文化も協調する。

語句 [1]abstract「抽象的な」 emerge from A「Aから出現する」 interaction「相互作用」／[2]be engaged in A「Aに従事している」 constitute「〜を形成する」／[3]collaborate「協調する」

4 [1]sMetaphorical clues vare (often) (extremely) ccomplex (for example, (when (S)a person (V)describes (O)their pain as ❶'sharp'), do sthey vmean '❶-1narrowly confined, ❶-2of high intensity, or ❶-3of short duration'?). [2]sThey vare (also) (often) cconfusing, (especially if taken (literally)). [3](For instance), owhat does (they are) sit vmean to say that a pain 'hurts (like blue blazes)'? [4]oWhat vare swe to make of a 形式主語 (V) (O) ((S)) ((V)) = should we make man [(S)who (V)states (O)that 'I (literally) felt a physical pain (in my gut)]. [5]I mean ((S)) ((V)) ((O)) that: a physical pain — [like an elephant kicking me (in the ribs)]'? [6]Not only ❹vis (S) ❹(V) (O) sthe biological distance [between ❹guts and ❻ribs] ((fairly) well) cdetermined, but ❻sreaders vmight (also) ask ohow he knows what being kicked by an elephant (S) (V) (O) ((S))

might '(literally)' feel like.
  ((V))

> 訳 ¹メタファー的な手掛かりはしばしば極めて複雑なものである（例えば，ある人が自分の痛みを sharp「鋭い」と言い表した場合，その人は「狭く限定されている」ということを言おうとしているのか，「極度に激しい」ということを言おうとしているのか，それとも「短期間のものである」ということを言おうとしているのか）。²そうした言い回しは，特に，言葉通りの意味で解釈された場合には，しばしばわかりにくいものにもなる。³例えば，「地獄のような痛みだ」とはどういうことなのだろうか。⁴「文字どおりお腹が身体的に痛かったんだ。⁵大げさに言っているんじゃなくてね。象が肋骨を蹴っているような身体的な痛みだ」と言っている人のことをどう考えればいいのだろう。⁶お腹と肋骨が生物学的に離れているということがかなり自明であるだけではない。象に蹴られるというのが「文字どおり」どんな感じであるのかを彼はどうして知っているのか，とも読んだ人は問うかもしれないのだ。

> 語句 ¹clue「手掛かり」 complex「複雑な」 describe A as B「AをBと言い表す」 confined「限定された」 intensity「激しさ，強烈さ」(of intensity で intense の意味の形容詞句。次の of duration も同様に形容詞句になっている) duration「持続期間」／²confusing「紛らわしい」 literally「文字どおり」／³blue blazes「地獄」／⁴make A of B「B について A だと思う，理解する」 state that SV「…と言う」 gut「消化管，腹」／⁵I mean that「大げさに言っているのではない（その言葉どおりのことを言っている）」 rib「肋骨，あばら骨」／⁶biological「生物学上の」 distance「距離，隔たり」 fairly「かなり」 determined「確固とした，明白な」

5 ¹(In 1957), ₛa physician [from the National Hospital in London] ᵥobserved ₒthat "we say 'pins and needles', (knowing that the common experience [so
  (S) (V)   (O)   ((V)) ((O)) (((S)))
described] does not resemble the actual sensation [provided by [❶multiple and
  (((V)))   (((O)))
❷successive] applications of 'real' ❶pins and ❷needles]). ²ₛ[❶'Burning' and
  = use
❷'tearing'] pains ᵥare (manifestly) unlike the feeling of being ❶burnt or ❷torn".

> 訳 ¹1957 年にロンドンの国立病院のある医師が次のように述べている。「私たちは pins and needles『痺れてピリピリする』というような言い方をするが，このように形容されるよくある経験が，『本当の』ピンや針を何度も連続して用いることによってもたらされる実際の感覚と似てはいないとわかっている。²burning pain『焼けるような痛み』や tearing pain『引き裂くような痛み』は，自分が焼かれたり，引き裂かれたりする感覚とは明らかに異なる」

> 語句 ¹physician「医師，内科医」 observe that SV「（観察の結果として）…と述べる」 needle「縫い針」 provide「〜を与える」 multiple「多数の」 successive「連続する」 application of A「A を用いること」／²tear「〜を引き裂く」 manifestly「明白に」

6 ¹ₛThe 'selection of metaphors' ᵥseems to be 'based on an [(entirely) different]
principle [from an extension of the effects [of a tool or weapon] on the human body]'.
  different from A   effects on A

106

² (Instead), _Sthe metaphor _Vis itself _Can analogy, [based (largely) on [❶visual and ❷temporal] correspondences]. ³ (Thus), "if _(S)a painful experience _(V)has _(O)a temporal form of ❶starting (suddenly) and ❷ending (abruptly), (while being limited (spatially) to a small region)), _Swe _Vcall _Oit _Ca shooting pain. ⁴_SIt _Vresembles ❸_Othe 'visual form' of a shot, not ❹_Othe [painful] properties of the shot's consequences. … ⁵_SA 'sawing' pain _Vprojects _Othe temporary structure of sawing (❶rhythmic, ❷repetitive, and ❸_(V)possessing _(O)[frequent] ❶highs and ❷lows) on to the visual characterizations of a saw". ⁶_SWhat is being described _Vis _Cthe 'spatiotemporal patterns of the sensation'. ⁷_SCorrespondences [between ❹the body and ❸metaphor] _Vare _Ccentral to understanding the way [_(S)people _(V)experience _(O)their worlds, [including painful ones]].

訳 ¹「メタファーの選択」は「道具や武器が人体に及ぼす影響の延長線上にあるものとは全く異なった原則に基づいている」ようである。²そうではなく，メタファーそれ自体が類似なのであり，多くは視覚的，時間的な一致に基づいたものである。³それゆえ，「痛みを伴うある経験がいきなり始まって唐突に終わるという時間的な形をとっており，一方で空間的に狭い領域に限られている場合，私たちはそれを shooting pain『電撃痛』と呼ぶ。⁴この言い回しは発砲の『視覚的形態』に類似しているのであって，撃たれた結果の苦痛の特性に類似しているのではないのだ。……⁵sawing pain『ノコギリをひくような痛み』は，ノコギリをひく動作の一時的な構造（リズミカルで反復性があり，頻繁に上昇と下降が伴う）をノコギリの視覚的な描写に投影したものである」。⁶ここで描写されているのは「感覚の時空パターン」である。⁷身体とメタファーの一致は，痛みを伴ったものも含め，人々が世界をどう認識しているかを理解する上での根幹をなすものである。

語句 ¹be based on A「A に基づく」 entirely「全く」 principle「原則」 extension「延長」／²analogy「類似；類推」 largely「主として」 visual「視覚的な」 temporal「時間の」 correspondence「一致，相応；対応」／³form「形，形態」 abruptly「突然に」 spatially「空間的に」 call OC「O を C と呼ぶ」 shoot「銃を撃つ；（痛みが体を）走る」／⁴property「（通例～ties）特性」 consequence「結果」／⁵saw「ノコギリで切る」 project A on to[onto] B「A（考えなど）を B（他のもの）に投影する」 temporary「一時的な」 rhythmic「リズミカルな」 repetitive「繰り返しの，反復的な」 frequent「頻繁な」 characterization「特色の記述；性格描写」／⁶spatiotemporal「時空の」／⁷be central to A「A に不可欠な」

7 ¹_SWild descriptions (actually) _Vexpress _Othe pain [for the sufferer]. ²(Similar to words [such as '❶absolute, ❷infinite, and ❸eternal']), _Sthey _Vmarked ❶_Othe negation of definitive conception and ❷_Ohelplessness of thought. ³_SThey _Vreveal

= Like

$_O$the '[extreme] disabling effect' [of pain] [on the sufferer's most basic self].

[4] (Perhaps) ((even) more importantly), $_S$the use of immoderate descriptions $_V$was $_C$an attempt [to "$_{(V)}$excite (in the minds of others) $_{(O)}$a proportionate feeling [of the (really) inexpressible misery [of the [❶strange and ❷confusing] sensation]]].

[5] $_S$They $_V$are $_C$endeavors [not ❹to $_{(V)}$convey $_{(O)}$ideas, but ❺to $_{(V)}$express $_{(O)}$feelings [that are inexpressible"]].

=immoderate descriptions

訳 [1]突飛な描写は苦しんでいる人にとっての痛みを実際に表す。[2]「絶対的な，果てしない，永久に続く」といった言葉と似て，そうした言葉は明確な理解の否定と，思考の無力さを示すものであった。[3]そうした言葉は，痛みが，苦しんでいる人の最も根本的な自我に及ぼす，「極度の，何もできなくなるような効果」を示す。[4]ことによると，さらに重要なことに，極端な描写を用いることは，「なじみがなくわかりにくい感覚の生む本当に言葉にできない苦痛に相応する感覚を，他者の心の中に呼び覚まそうとする試みだったのかもしれない。[5]それらは考えを伝えようとする企てではなく，言葉で表せない感情を表現しようとする企てなのである」。

語句 [1]wild「乱暴な」 description「描写」／[2]absolute「絶対的な」 infinite「果てしない」 eternal「永続的な」 mark「〜を示す」 negation「否定（すること）」 definitive「明確な」 conception「（全体的）理解」 helplessness「無力さ」／[3]reveal「〜を明らかにする，示す」 disabling「（…を）できなくするような」／[4]immoderate「過度の，節制しない」 attempt to do「…しようとする試み」 excite A in B「B の A（感情）をかき立てる」 proportionate「相応な，比例した，釣り合った」 feeling「感覚，感触」 inexpressible「表現できない」 misery「苦痛，悲惨さ，惨めさ」／[5]endeavor「努力，試み」 convey「（考え）を伝える」

8 [1](Through language), (then), $_S$sufferers not only ❹$_V$attempted to render $_O$their own worlds $_C$less chaotic, but $_S$they also ❺$_V$sought to reach out to others (for ❶help and ❷sympathy). [2]$_S$Human experience '$_V$emerges (from our [bodily] being-in-the-world'). [3]$_S$People $_V$are born into worlds [$_{(S)}$that $_{(V)}$are not $_{(C)}$of their own making]: ❶$_S$they $_V$must navigate (within this world), and ❷$_S$they $_V$do so (by employing not only ❹the existing metaphorical tools but also ❺the ability [to (imaginatively) create other conceptual domains (from bodily experiences)]).
$\qquad$(V)$\qquad\qquad$(O)$\qquad\qquad\qquad\qquad$(O)
$\qquad\qquad\qquad\qquad\qquad$((V))$\qquad\qquad$((O))
[4]$_S$These metaphors $_V$don't (merely) ❹reflect $_O$pain but ❺$_V$are $_C$crucial in constituting it, (within interactive social contexts).

訳 [1]したがって，苦しんでいる人は，言葉によって自身の世界を無秩序なものでなくしようと試みただけでなく，他者に救いと共感を求めて働きかけようともしたのだった。[2]人間の経験は「身

体的に自分が世界の中にいるというところから生じる」。³人々は自分自身が作ったものではない世界に生まれ落ちるのであり，この世界の中でかじ取りをして進まねばならない。そして，単に今現在あるメタファー的な手段を用いるのみならず，身体的な経験から，それ以外の概念領域を，想像力豊かに作る能力も用いて進まなければならないのだ。⁴そうしたメタファーは，単に痛みを反映するだけでなく，相互作用的な社会的文脈の中で痛みを構成する上で決定的に重要なものなのである。

語句 ¹render **OC**「**O** を **C** の状態にする」 chaotic「無秩序な」 reach out to *A* for *B*「A（人）に B（援助）を求める」 sympathy「同情，哀れみ」／²experience「経験，認識」／³navigate「（困難を克服して）前進する」 imaginatively「想像力豊かに，独創的に」 conceptual「概念的な」 domain「（知識の）範囲」／⁴be crucial in *doing*「…する上で決定的に重要だ」

・補足解説・

　本文の第7・8段落で過去時制が用いられているのは，先述の具体例を念頭においた記述であるからです。

問1 　解答　 (d)　　　　　　　　　　　　　　　　　　　　　得点 _____ /6点

🔍 考え方 下線部の英文には強調構文が用いられていますね。強調構文の処理の鉄則どおりに It was と that を消去すると Two beautiful ducks in the mosaic attracted my attention. 「このモザイク画の中の2羽の美しいカモが私の注意を引いた」という英文が現れます。**その理由として最も適当なもの**を選べというわけですね。第1段落の第6・7文に The male pheasant and duck **heads** attract females, but not just **because of their color**, which contrasts well with the rest of the body, but also **because of their brightness**. These bird-heads burn with **green flames**. 「オスのキジやカモの頭部はメスを引きつけるが，それは単に，体の残りの部分と見事な対比をなす色だけが理由ではない。その頭部の輝きもまたメスを引きつけるのである。これらの鳥の頭部は，燃えるように緑色の光を放っているのだ」という記述があります。また第2段落の第9文に The ducks in the mosaic *Orfeo*, on the other hand, were vividly portrayed in the composition. 「これに対して，モザイク画の《オルフェオ》におけるカモは，その作品の中で生き生きと描かれていたのだ」という記述があります。これらから，**カモの頭部の緑の輝き**が筆者の注意を引いたことがわかります。

選択肢の訳
(a)「筆者はモザイク画の中のカモの種類がすぐにわかった」
(b)「カモの性別はすぐにははっきりとしなかった」
(c)「それらはカモというよりキジに見えた」
(d)「そのモザイク画はカモの頭部の緑色を正確に捉えていた」

▶「輝きを放つ緑色」がカギとなるので，(d) が正解です。

問2 　解答例　 　構文解説▶p.116　　　　　　　　　　　　得点 _____ /12点

モネがキジの周囲を歩くと，キジの頭部から生じる虹色がかった緑色の光の波はキジの上を流れるように移動したが，モネが様々な方向からカンバス上に描かれたキジの頭部の緑色を眺めても，その緑色はその場にとどまったままだった。

(107字)

🔍 考え方 下線部の英文の訳は「モネが様々な方向からカンバス上の緑色を眺めても，その緑色は**その場にとどまったまま**だった」となります。where it was の

where は接続詞で副詞節を導き，where SV で「S が V する場所で [に／へ]」「S が V する場合に」のいずれかの意味になります。ここでは前者の意味を表し，stayed where it was は「それが存在する場所にとどまった；その場にとどまった」の意味です。as SV はここでは「S が V する時に」の意味で，stayed を修飾しています。この記述は，この下線部の直前にある第 2 段落第 4 文，A wave of iridescence flowed over the feathers as Monet proceeded to walk「モネがさらに歩くにつれて，虹色の波はキジの羽の上を**流れるように移動した**」という記述と**対比**をなします。これは実際にモネがキジを観察した時の話ですね。「虹色がかった緑色」については，第 2 文の he saw an iridescent green flare leap around the pheasants' heads「虹色がかった緑の閃光がキジの頭部周辺に跳ね回るのが見えた」より，キジの頭部から発せられたことがわかります。flow over「流れるように移動する」は難しい表現ですが，これと対比を成すカンバス上のキジの緑色は「その場にとどまる」のですから，ある程度意味の見当はつくでしょう。この 2 文を対比させて並べれば解答となります。順序は問いません。

解説と採点基準

❶ モネがキジの周囲を歩くと，(キジの頭部から生じる) 虹色がかった緑色の光の波はキジの上を流れるように移動した　　　　／区分点**6**点

✏ 該当箇所を外したものには得点を与えません。「モネが歩くにつれて，虹色がかった緑の光の波が移動した」という内容に 4 点の配点。「キジの羽の上を」と「流れるように」に各 1 点の配点。「虹色がかった緑色」は「緑色」「虹色」も可です。「キジの頭部から生じる」はなくても減点しません。

❷ モネが様々な方向からカンバス上の緑色を眺めても，その緑色はその場にとどまったままだった　　　　／区分点**6**点

✏ 該当箇所を外したものには得点を与えません。「緑色の位置は変わらなかった」という内容に 4 点の配点。「モネが様々な方向から眺めても」と「カンバス上の」に各 1 点の配点。

　言うまでもありませんが❶と❷を**対比して述べられている**ことが必須の条件です。そうでなく単に並列としているものは 6 点減とします。

8

だが今回，顔料は緑色のガラス瓶のように，緑の光線を反射するのではなく，その進む方向を変えることなく，分子の間を真っすぐに通り抜けさせているのだ。

🔍 考え方 物に白色光が当たると白色光を構成する様々な色の多くは物に「吸収」されるか，「反射」されますが，それ以外に物体を「透過」する色があり，これも私たちの目には「色」として認識されます。ここで述べられているのはこの「透過」による色の認識の例ですね。英文の冒頭から順に見ていきましょう。

But this time the pigments do not reflect the green rays but allow them to pass directly through the molecules, unaltered in their paths, like green-bottle glass.

this time は「今回は」の意味の副詞です。「《オルフェオ》の場合には」と明示しても構いません。

the pigments do not reflect ... but allow ... というように，主語の the pigments に対する 2 つの述語動詞は **not A but B の関係**「反射**せず**，…を**可能にする**」という関係にあります。これを読み取ることがまず基本となります。S allow O to do は「S が，O が…するのを可能にする；S のおかげで O が…するのが可能となる」の意味です。allow の目的語である them は the green rays を指しています。directly はここでは「真っすぐ（に）」の意味です。

unaltered in their paths は分詞構文で，直訳すると「通り道の点で変えられずに」となりますが，つまりは「**進む方向が変えられることなく**」の意味で〈付帯状況〉を表し，**pass を修飾**しています。like green-bottle glass は「緑色のガラス瓶のように」の意味で，do not reflect the green rays but allow them to pass directly through the molecules を修飾しています。

✏️ this time 「今回は」の誤訳は 1 点減。
the pigments do not reflect ... but allow ... の構造の取れていないものは 6 点減とします。the green rays 「緑の光線」の誤訳は 1 点減。S allow O to do の誤訳は 3 点減。them の訳出ミス（「それら」は可）は 1 点減。directly の誤訳および未訳は 1 点減。

unaltered in their paths と like green-bottle glass について，誤訳，および修飾先のエラーは各 2 点減とします。

問4 解答 (a)　　得点 ＿＿＿ /6点

　下線部の意味は「その反射の本質は，緑の顔料を含んでいる石の物理的形状なのである」です。この about は〈関与〉の意味を表し，be about ... で「…に関わる；…を本質とする」の意味になります。all は強調の働きをしています（what *A* is all about「*A* の本質」は定型表現です）。これを踏まえて直訳で下線部の文意を表すと，「その反射は，一切が緑の顔料を含んでいる石の物理的形状に**関わっている**」となります。これで選択肢の判断には十分だと思います。

選択肢の訳

(a)「緑の顔料を含んでいる石の形状が原因で光が反射する」

(b)「緑色はそれらの石の中では反射されない」

(c)「緑の顔料を含んでいる石の形状が絵画にとって重要である」

(d)「緑の顔料を含んでいる石の光はすでにモザイク画にある」

▶「石の形状」「反射」の両方のキーワードのある (a) が正解ですね。

問5 解答 (a)　　得点 ＿＿＿ /6点

　下線部の訳は「（緑色の光線は，）その光線がやってきた方向に，石から出ていく」となります。この where は関係副詞で they came from there を元としており，the direction を修飾しています（ちなみに前置詞の後に，名詞ではなく副詞の there あるいは where がくるのは，there に「そこ<u>で</u>；そこ<u>へ</u>」という意味はあっても「そこ<u>から</u>」という意味はないため，例外的に〈from ＋副詞〉という組み合わせが許されているからです）。they が the green rays であることは明らかですね。

選択肢の訳

(a)「同じ方向に跳ね返る」　　　　　(b)「石の背面からより多くの光線を反射する」

(c)「直角に反射する光線を作り出す」　(d)「石を真っすぐに通り抜けることもできる」

▶「同じ方向」が決め手となり (a) が正解とわかります。

問6 解答 (d)　　得点 ＿＿＿ /6点

　下線部の訳は「同様にきらめく」です。下線部前の第4段落第8文で，筆者は it was the shape of the stone *structure* that caused the beam-type reflection

「光線型の反射をもたらしたのは石の「構造」の形状なのである」と述べています。つまりモザイク画で描かれたカモの頭部の緑色が独特の光を放つのは、**緑の顔料の生む効果ではなく，モザイク画に用いられた石の形状による**，と言っているのですね。そしてそれはダイヤモンドのブリリアントカットなどと類似した効果を生んでいるというわけです。

(a)「光線を反射して緑の効果を生みもする」

(b)「場合によっては，モザイク画を制作するために用いることができる」

(c)「エメラルドと同じ方法でより多くの緑の光を反射する」

(d)「光の反射の仕方の点で，モザイク画で使われる石と類似している」

▶ ここで肝心なのは「**緑色の顔料**」と「**石の形状の生む光沢**」とを分けて考える必要があるということで，だからこそ，あえて「緑の顔料がなくても，シャンデリアやカットグラスのような『クリスタルのように輝く』食器は，同様にきらめく」という言い方をしているのです。ですから「緑」という要素の入っていない選択肢で「**同様の；類似した**」という文言の入った (d) を選ぶことになります。

・背景知識・

図は第4段落第2〜5文で述べられている内容を表したものです。

²The reflection is all about the physical shape of the green-pigmented stones. ³They <u>are faceted like diamonds.</u> ⁴So as the green rays strike the angled rear edge of the stone, rather than exiting the stone they <u>reflect from it at (for instance) right angles, as if the rear edge was a mirror.</u> ⁵They <u>reflect back into the stone towards the other side of the diamond shape,</u> and from there they <u>reflect back out through the stone and into the atmosphere.</u> 「²その反射の本質は，<u>緑の顔料を含んでいる石の物理的形状なのである</u> ³石はダイヤモンドのように多面体にカットされているのだ。⁴それゆえに石の傾斜した背面の端に緑の光線が当たると，<u>光線は石から出ていくのではなく，まるでその背面の端が鏡であるかのように，（例えば）直角に反射するのである。</u>⁵光線は<u>再び石内部でダイヤモンド形状の別の面へと反射し，</u>そこからまた，<u>反射して石を通過し，空中へと出る」</u>

図1　ダイヤモンドのブリリアントカット　　　　図2　ダイヤモンド内部の光の反射

側面　　　　上面　　　　下面

構文解説・全訳・語句
英文と著者の講義の音声がついています。

17〜18

_SThe following passage _Vis adapted (from a popular science book [about colour in nature]).

> **訳** 以下の文は自然界における色についての一般向けの科学書から編集したものである。

[語句] adapt A from B「B から A を脚色する，翻案する」

1 ¹_S*Orfeo*, a mosaic [of 1618] [by Marchello Provenzalle], _Vdepicts _OOrpheus [with ❶a violin and ❷various animals [at his feet]]. ²It was _Stwo beautiful ducks [in the mosaic] that _Vattracted _Omy attention. ³_STheir green heads _Vindicated _Otheir gender — _Sthey _Vwere _Cmales. ⁴_SFemales _Vhave _O[brown] ❶bodies and ❷heads. ⁵_SThis _Vis _Ca sexual trait [found (also) in pheasants] — _Sthe pheasants [with green heads] [in the painting [that Monet made in 1879]], _Vwere (also) _Cmales. ⁶_SThe [male] ❶pheasant and ❷duck heads _Vattract _Ofemales, but not just ❹because of their color, [_(S)which _(V)contrasts (well) with the rest of the body], but also ❸because of their brightness. ⁷_SThese bird-heads _Vburn (with green flames).

> **訳** ¹マルチェッロ・プロヴェンツアッレによって 1618 年に制作されたモザイク画《オルフェオ》は，ヴァイオリンを持ち，その足元には様々な動物のいるオルフェウスを描いている。²私の注意を引いたのは，このモザイク画の中の 2 羽の美しいカモだった。³その緑の頭部は 2 羽の性別を表していた。2 羽はオスだったのだ。⁴メスは体も頭部も茶色である。⁵これはキジにも見られる性的特徴である。モネが 1879 年に描いた絵画の，頭部が緑色のキジもまたオスだった。⁶オスのキジやカモの頭部はメスを引きつけるが，それは単に，体の残りの部分と見事な対比をなす色だけが理由ではない。その頭部の輝きもまたメスを引きつけるのである。⁷これらの鳥の頭部は，燃えるように緑色の光を放っているのだ。

[語句] ¹mosaic「モザイク画 (色のついた石やタイルなどの組み合わせによる作品)」 depict「〜を描く」／²duck「カモ，アヒル」／³indicate「〜のしるしである，〜を示す」 gender「性」 male「オス (の)」／⁴female「メス (の)」／⁵trait「特徴」 pheasant「キジ；ヤマドリ」／⁶contrast with A「A と対比を成す」 brightness「輝き」／⁷burn「燃える；光る，輝く」 flame「炎；炎のような輝き」(burn with flames「炎を上げて燃える」は定型表現)

2 ¹_SMonet, (though), _Vfailed to capture _Othe dynamism of this green. ²(As _(S)he

$_{(V)}$ paced around his subject matter), $_S$he $_V$saw $_O$an iridescent green flare $_{do}$leap (around the pheasants' heads). ³(First) ❶$_S$the crown $_V$lit up, (then) ❷$_S$the throat. ⁴$_S$A wave of iridescence $_V$flowed (over the feathers) (as $_{(S)}$Monet $_{(V)}$proceeded to walk), but $_S$this $_V$was not reproduced (on his canvas). ⁵$_S$The green [on the canvas] $_V$stayed (where it was) (as $_{(S)}$Monet $_{(V)}$viewed $_{(O)}$it (from different directions)). ⁶$_S$Monet $_V$gave $_{O_1}$us $_{O_2}$a hint of something [extraordinary] (by painting the head black (with a single green streak)).
$\quad$(V)$\quad$(O)
$\quad$(C)
⁷$_S$The streak of green ❶$_V$did contrast (well)
$\quad$強調の助動詞
(against the black) and (so) ❷$_V$drew $_O$the eye (more than any other colors [in the picture]). ⁸But $_S$the brightness effect — that [dazzling], [metallic] sheen [we see (from the ❶compact discs or ❷holograms [on credit cards])] — $_V$was $_C$absent.
⁹$_S$The ducks [in the mosaic *Orfeo*], (on the other hand), $_V$were (vividly) portrayed (in the composition).

> 訳 ¹だが,モネはこの緑色の力強さをうまく表現することができなかった。²題材のキジの周りを歩き回っていたモネの目には,虹色がかった緑の閃光がキジの頭部周辺に跳ね回るのが見えたのだ。³最初はとさかが,次に喉の部分が光を発した。⁴モネがさらに歩くにつれて,虹色の波はキジの羽の上を流れるように移動した。しかし,これはモネのカンバス上では再現されなかった。⁵モネが様々な方向からカンバス上の緑色を眺めても,その緑色はその場にとどまったままだった。⁶黒く塗られた頭部に1本の緑の筋を入れて描くことで,モネは私たちに特別な何物かをほのめかした。⁷緑の筋は確かに黒く塗られた頭と好対照をなし,それゆえにその絵の中の他のどの色よりも目を引いた。⁸だが,輝き効果,すなわち私たちがCDやクレジットカードのホログラムで目にするような,あの目がくらむような金属的な輝きはそこにはなかった。⁹これに対して,モザイク画の《オルフェオ》におけるカモは,その作品の中で生き生きと描かれていた。

語句 ¹capture「(捉えにくいもの)を永続的な形に変える,表現する,絵画・彫刻などに記録する」 dynamism「力強さ;活力」/²pace around *A*「Aの周りを歩き回る」 subject matter「(芸術作品の)題材」 iridescent「虹色がかった,玉虫色の,見る角度によって色が変化する」 flare「閃光」 leap「跳ね上がる」/³crown「とさか」 light up「光を発する,輝く (light-lit-lit)」 throat「喉」/⁴iridescence「虹色,玉虫色」 flow「流れる」 feather「羽,羽毛」 proceed to *do*「続けて…する」 reproduce「～を再現する」/⁶extraordinary「特別な」 paint OC「OをCに塗る,OをCの色で描く」 streak「細長い線,筋」/⁷draw「～を引きつける」/⁸dazzling「目もくらむほどの,まばゆい」 metallic「金属的な」 sheen「輝き」 hologram「ホログラム」/⁹vividly「生き生きと」 portray「～を描く」 composition「(芸術)作品,構図」

3 ¹$_S$Most stones [in the mosaic] $_V$achieve $_O$their color (through pigment effects).
²$_S$Electrons $_V$jump (between the orbitals of the minerals' molecules) (when struck
$\quad$(they are)

by white light), ($\overset{\textbf{1}}{}_{(V)}$ <u>absorbing</u> $_{(O)}$ <u>some wavelengths</u> and $\overset{\textbf{2}}{}_{(V)}$ <u>rejecting</u> $_{(O)}$ <u>others</u> (into all directions) (in the process)). ^{3} $_S$<u>The green stones</u> [selected (to occupy the ducks' heads)] (also) $_V$<u>contain</u> $_O$<u>pigments</u> — <u>green pigments</u> — [$_{(S)}$ <u>which</u> $_{(V)}$ <u>absorb</u> $_{(O)}$ <u>the rays of all the other colors</u> [in white light]]. ^{4}But (this time) $_S$<u>the pigments</u> $_V$<u>do not</u> $\overset{\textbf{A}}{}$<u>reflect</u> $_O$<u>the green rays</u> but $\overset{\textbf{B}}{}_V$<u>allow</u> $_O$<u>them</u> $_{to\ do}$<u>to pass</u> (directly) (through the molecules), (unaltered (in their paths)), (like green-bottle glass).

訳 ^{1}モザイク画に使われている大部分の石は顔料の生む効果によってその色を得ている。^{2}白色光が当たると，鉱物の分子軌道間を電子が跳び，その過程で一部の波長を吸収し，他の波長を全方位にはじき返すのだ。^{3}カモの頭の部分を埋めるように選ばれた緑の石もまた顔料——緑の顔料——を含んでおり，この顔料が白色光に含まれる他のすべての色の光線を吸収してしまう。^{4}だが今回，顔料は緑色のガラス瓶のように，緑の光線を反射するのではなく，その進む方向を変えることなく，分子の間を真っすぐに通り抜けさせているのだ。

語句 ^{1}achieve「〜を得る」 pigment「顔料」／^{2}electron「電子」 orbital「軌道」 mineral「鉱物，鉱石」 molecule「分子」 be struck by A「Aに打たれる」 white light「白色光（すべての可視光（＝虹に含まれる色）を同じ強さで含んだ光。昼間の太陽光は白色光と考えてよい）」 absorb「〜を吸収する」 wavelength「（音波・電波などの）波長」／^{3}ray「光線」／^{4}reflect「〜を反射する」 pass through A「Aを通り抜ける」 unaltered「変えられていない（alter「（部分的に）〜を変える」）」

8

<u>**4**</u> ^{1} $_S$<u>The green color</u> [seen from *Orfeo*], (nonetheless), $_V$*is*, reflected from the stones. ^{2} $_S$<u>The reflection</u> $_V$is (all) about the physical shape [of the [green-pigmented] stones]. ^{3} $_S$<u>They</u> $_V$<u>are faceted</u> (like diamonds). ^{4}So (as $_{(S)}$ <u>the green rays</u> $_{(V)}$ <u>strike</u> $_{(O)}$<u>the [angled] rear edge of the stone</u>), (rather than $\overset{\textbf{A}}{}$<u>exiting the stone</u>) $\overset{\textbf{B}}{}$ $_S$<u>they</u> $_V$<u>reflect</u> from it (at (for instance) right angles), (as if $_{(S)}$ <u>the rear edge</u> $_{(V)}$<u>was</u> $_{(C)}$<u>a mirror</u>). ^{5} $_S$<u>They</u> $_V$<u>reflect</u> (back) (into the stone) (towards the other side of the diamond shape), and (from there) $_S$<u>they</u> $_V$<u>reflect</u> (back) (out) ($\overset{\textbf{1}}{}$through the stone and $\overset{\textbf{2}}{}$into the atmosphere). ^{6} $_S$<u>The green rays</u> $_V$<u>exit</u> $_O$<u>the stone</u> (in the direction [from where they came] — in a single direction), (forming a beam). ^{7} $_S$'Beam' $_V$is $_C$<u>the [all-important] character of this visual effect</u>, (in contrast with the [splayed-out] reflection [from ordinary pigments]). ^{8}(Accordingly), $_S$<u>Provenzalle</u> $_V$<u>was able to capture</u> $_O$<u>the "life"</u> (in the color of the duck's heads) — $_S$<u>he</u> $_V$<u>possessed</u> $_O$<u>['(structurally) colored'] stones</u> ((although $_{((S))}$ <u>pigments</u> $_{((V))}$ <u>did play</u> $_{((O))}$ a

強調の助動詞

117

filtering role), it was ~(S)~ the shape of the stone *structure* that ~(V)~ caused ~(O)~ the beam-type reflection). ⁹(Without the green pigment), ~S~❶chandeliers and ❷cut-glass 'crystal' tableware ~V~possess ~O~a similar sparkle. ¹⁰~S~This ~V~is ~C~the optical effect [to be explored in this chapter]. ¹¹~S~Alfred, Lord Tennyson, ~V~made ~O~a useful comparison (between ❹a [(structurally) colored] emerald and ❻pigmented grass, [~(S)~which ~(V)~reflect ~(O)~the same rays]). ¹²'~S~A livelier emerald ~V~twinkles (in the grass),' ((he remarked)).

訳 ¹にもかかわらず,《オルフェオ》に見られる緑色は, 実際に石から反射されたものである。²その反射の本質は, 緑の顔料を含んでいる石の物理的形状なのである。³石はダイヤモンドのように多面体にカットされているのだ。⁴それゆえに石の傾斜した背面の端に緑の光線が当たると, 光線は石から出ていくのではなく, まるでその背面の端が鏡であるかのように,(例えば)直角に反射するのである。⁵光線は再び石内部でダイヤモンド形状の別の面へと反射し, そこからまた, 反射して石を通過し, 空中へと出る。⁶緑色の光線は, その光線がやってきた方向に, 単一の方向に光線の束を形成して, 石から出ていく。⁷通常の顔料から発せられる, 放射状の反射とは対照的に,「光の束」であることがこの視覚効果の最も重要な特徴である。⁸これにより, プロヴェンツアッレはカモの頭部の色の中に「生命」を宿すことができたのだ。彼は「構造的に発色する」石を持っていたのだ(実際には顔料は特定の波長の光を透過させる役割を果たしたが, 光線型の反射をもたらしたのは石の「構造」の形状なのである)。⁹緑の顔料がなくても, シャンデリアやカットグラスのような「クリスタルのように輝く」食器は, 同様にきらめくのだ。¹⁰これが本章において探究することになる光学的効果なのである。¹¹アルフレッド・テニスン卿は, 同じ光線を反射する, 構造的に発色をするエメラルドと, 緑の色素を含んでいる草との有益な比較をした。¹²「より生き生きとしたエメラルドが草の中できらめく」と彼は述べたのだ。

語句 ¹nonetheless「それにもかかわらず, それでもなお」 be reflected from *A*「*A*から反射される」/ ²be all about *A*「*A*の本質である」 physical「物理的な」 pigment「～に顔料を塗る, 着色する」/ ³facet「～に切子面を刻む, ～の表面を多面状に削る」/ ⁴angled「(ある)角度のついた」 edge「端」 right angle「直角」/ ⁵atmosphere「空中」/ ⁶form「～を形成する」 beam「(一条の)光, 光線(rayと異なり, 束になった光線)」/ ⁷in contrast with *A*「*A*と対照をなして」 splayed-out「スプレー状に広がった」/ ⁸accordingly「それゆえに」 possess「～を所有している」 structurally「構造的に」 play a ... role「…な役割を果たす」 filter「～の一部を選択して通す；～をろ過する」/ ⁹cut-glass「カットグラスの(切子グラスの)」 crystal「水晶(の)(本文では「クリスタルのように輝く」という意味で用いられている)」 tableware「(集合的に)食卓用の食器」 sparkle「きらめき」/ ¹⁰optical「光学的な」 explore「～を探究する」/ ¹¹make a comparison between *A* and *B*「*A*と*B*を比較する」/ ¹²lively「元気な, 生き生きとした」 twinkle「光る, きらめく」

・背景知識・

pigment「顔料」とは, 土や木や貝殻を燃やし, その灰を水や動物の油と混ぜ合わせて作ったもので, 粒子が大きく溶けにくく, 定着のための薬剤を必要としますが, 耐久性, 耐光性に優れていることから, 印刷用インクに多く用いられています。また本文で論じられている《オルフェオ》はイタリア, ローマのボルゲーゼ美術館(Galleria Borghese)に収蔵されています。

問1 解答例 構文解説▶p.128 　　　　　　　　得点 ＿＿＿＿ /6点

1. 双方ともに線形のデジタル記号から成っているということ。

2. 双方ともに，少なくとも部分的にはランダムな変異により生み出された配列の選択的な生存により進化するということ。

3. 双方ともが，少数の個別の要素から実質的に無限の多様性を生み出すことのできる組み合わせ体系であるということ。

考え方 第1段落第1文に There is an almost perfect parallel between the evolution of DNA sequences and the evolution of written and spoken language.「DNA配列の進化と，書き言葉および話し言葉の進化との間にはほぼ完璧な類似がある」とあります。問1の問題はこれを受けたものですね。英文の流れは「抽象→具体」ですから，この**直後の第2〜4文の記述が「具体的な類似点」**と考えられます。Both が3つ見られますが，そのいずれもが DNA sequences「DNA配列」と written and spoken language「書き言葉および話し言葉」を指しています。

解説と採点基準

❶ **双方ともに線形のデジタル記号から成っている** 　　　　＿＿＿＿/区分点**2**点

第2文の内容です。ちなみに，consist of A は「A から成り立つ」，linear は「線形の」の意味ですね。

❷ **双方ともに，少なくとも部分的にはランダムな変異により生み出された配列の選択的な生存により進化する** 　　　　　　＿＿＿＿/区分点**2**点

該当箇所は特定できても，第3文は構造的にも内容的にも少し難しい記述です。selective survival of sequences「配列の選択的な生存」とは**配列の一部のみが（すなわち「選ばれて」）残る**ことを言います。generated 以下は sequences を修飾しています。generate は produce とほぼ同じ意味ですから，generated by random variation は「ランダムな変異により生み出された」という意味になります。つまりは，遺伝子や言語の配列は，生み出されるかどうかがランダムな変異によって決まるのだということですね。ただし at least partly とありますから，(at least は partly を修飾しています)「少なくとも部分的にはランダムな」のであって，全くのランダムではないのでしょうけれど。

　第4文の内容です。combinatorial systems「組み合わせ体系」は今ひとつピンときませんが，後の記述を見ると少しイメージができます。capable 以下は combinatorial systems を修飾しています（which are capable of ... と同じに読んで構いません）。of 以下は動名詞句となっており，(V)generating ... (O)diversity from 〜「〜から多様性を生み出す」が基本の構造です。effectively は infinite を，infinite は diversity を修飾しています。**effectively** が「効果的に」ではなく「**実質的に**」の意味であることにも注意しましょう。generating 以下の内容をまとめると「少数の個別の要素から実質的に無限の多様性を生み出す」となります。組み合わせの多様さが無限大と言っているわけですね。**イメージがはっきりしないうちに字面だけで訳すと思わぬ誤訳をしてしまう**かもしれませんから注意しましょう。

　✎　上記の3か所を和訳すれば解答となります。該当箇所を外したものは得点がありません。内容を阻害する誤訳がある場合にはその都度1点減とします。「類似点」を述べよという問いですので，「**…ということ**」「**…という点**」というまとめ方が望ましいです。

問2　解答　構文解説▶p.129　　　　　得点 _____／3点（正解のみ）

what little I had learned
「私の学習したわずかながらの知識」

🔍考え方 次の例文を見たことがありますか？

例　He gave me what little money he had.
little はひとまず置いておくと，what は whatever と同じく複合関係形容詞で what money he had は all the money that he had とほぼ同じ意味で「彼の持っていたお金すべて」ということです。little は形容詞で「わずかながらの」の意味です。「彼は持っていたわずかながらのすべてのお金を私にくれた」という意味になります。この表現では，文脈から自明である場合には名詞（この例文では money）が省略されることがあり，この問いの解答はその一例です。little の後ろには knowledge などを補って考えるといいと思います。

問3 解答例 構文解説▶p.129   得点 ＿＿＿/4点

言語を実際に使うことなく文法の法則だけを学んでも，新しい言語を習得する助けにはならないから。

Q考え方 下線部は Top-down language teaching just does not work well「トップダウンで語学を教えるやり方は全くうまくいかないのだ」という内容です。その直前に，ギリシャ語とラテン語を大先生方から文法ガチガチに時間をかけて習ってもまるでうまくいかずに忘れてしまったという筆者の体験談が述べられていますね。その**体験を基に筆者の得た結論**がこれです。それに続いてダッシュ（―）で導かれた it's like learning to ride a bicycle in theory, without ever getting on one が**その根拠**にあたる部分です。これは語学の勉強を自転車の練習に例えたものですね。it は top-down language teaching を指しており, in theory は「理論的に」，**without ever** *doing* は**「一度も…することなく」**の意味です。この ever は never の意味で使われているのですが，without に not の意味が含まれているので ever の形になっています。getting on one の one は a bicycle の代用表現です。というわけで，この文全体は「それは一度も自転車にまたがることなく，理論的に自転車に乗る練習をするようなものである」という意味になります。

　この例えをそのまま解答にして「…自転車の練習をするようなものだから」としても「トップダウンで語学を教えるやり方はうまくいかない」に対する直接の理由とはなり得ないので，以下のように置き換えて考えます。

「一度も自転車にまたがることなく，理論的に自転車に乗る練習をする」→
「一度も**実践的に言葉を使う**ことなく，理論的に**言葉の学習**をする」

さらに「理論的に」の部分を，筆者がギリシャ語とラテン語を教わったやり方を踏まえて「文法の法則だけを教わる」と**具体的表現**に改め，そのやり方では自転車に乗れるようにならない」→「そのやり方では言葉は身につかない」とまとめて解答とします。

　　該当箇所を外したものは得点がありません。自転車の例えをそのまま訳出したものは1点のみを与えます。「言語を実際に使うことなく文法の法則だけを学んでも」という記述に2点を配点，また「新しい言語は身につかない」という記述に2点を配点します。ただしこの2つのポイントは**どちらか一方だけでは文として成立しない**ので，結局この2点が揃っていないと得点にはなりません。

問4　解答例　構文解説▶p.130

最新のスラングの形態にあっても，言語は古代ローマ時代と全く同様に規則に基づき，全く同様に洗練されているのだ。だが，その規則は昔も今も，上からではなく下から書かれるものである。

解説と採点基準

❶Language is just as rule-based in its newest slang forms, and just as sophisticated as it ever was in ancient Rome.

最新のスラングの形態にあっても，言語は古代ローマ時代と全く同様に規則に基づき，全く同様に洗練されているのだ。 _____ /区分点6点

_SLanguage _Vis ❶_Cjust **as** rule-based ..., and ❷_Cjust **as** sophisticated **as** it ever was は同等比較です（重要構文 05 参照）。as ... as ever の形で「以前と変わらず」です。

基本構造，特に C❶ と C❷ の並列が取れていないものは3点減とします。同等比較が取れていないものは3点減。rule-based「規則に基づく」の誤訳，in its newest slang forms「最新のスラングの形態で（も）」，sophisticated「洗練されている」，ancient Rome「古代ローマ」の誤訳はそれぞれ1点減。ever の不自然な訳は1点減。

❷But the rules, now as then, are written ❸from below, not ❹from above.

だが，その規則は昔も今も，上からではなく下から書かれるものである。 _____ /区分点3点

B, not A という構造は not *A* but *B* の順序を入れ替えた表現で，**意味はほぼ同じ**です。ちなみに **from above** は，下線部 (b) に述べられている **top-down** を言い換えた表現です。**top-down** の反対が **bottom-up** で，from below はこれに対応します。要するに言語の規則の変化は誰かが決めて上から強いるものではなく，**使い手が言語を使ううちに自然に変えていく**ものであるということです。

_Sthe rules, ..., _Vare written の構造が取れていないものはこのブロックの得点がありません。now as then「昔も今も」「昔と同じく今も」の誤訳は2点減。are written from below, not from above「上からではなく，下から書かれる」の誤訳は2点減。

05 比較構文1　比較構文の基本

以下の2文の意味を考えてみましょう。

(例) **1.** I like him more than her.

(例) **2.** I like him more than she (does).

herとsheだけが違っていますが，これによって2つの文の意味は大きく変わります。

理解のポイントは，**thanは接続詞である**という認識です。接続詞というのは「**1つの文の中で複数のSVを連結するのに用いられる言葉**」のことですね。ですから**thanの後ろには本来SVがある**はずです。ところが実際の比較の文ではTomとかtodayとか1単語しかこないことが珍しくないですね。これは，**thanの前にきている語句との共通部分は原則省略する**，という約束があるからです。この原則に従って上の例のthan以下を復元してみましょう。

(例) **1.** thanの後にはherがきていますね。herと同じ働きをしているものをthanの前に探すと，同じ目的語のhimが見つかります。himはI likeに続いていますから，thanの後ろにもI likeを補います。つまりは**I like him.とI like her.とが比較されている**わけですね。「私は彼女（が好きである）よりも**彼の方が好き**」という意味になりますね。まあ，このケースはここまで解説しなくとも理解できるでしょうけれど。

(例) **2.** thanの後にはshe (does)がきています。sheと同じ働きをしているものをthanの前に探すとI (like)が見つかります。ですから省略されているのは目的語のhimだとわかります。she (does)のdoesはlikesの代用表現ですね。したがって**I like him.とShe likes him.とが比較されている**わけで，「彼女（が彼のことを好きである）よりも**私の方が彼を好き**」ということになりますね。

以下の用例はどうでしょうか。

(例) He is much healthier than he used to be.

thanの前には $_S$He $_V$is $_C$much healthier という構造があるので，thanの後にはCにあたるhealthyを想定することができます。**He is healthy.とHe used to be healthy.とが比較されている**わけで，「彼はかつて（健康だった）よりも今の方がはるかに健康だ」という意味になるわけです（ちなみにこのused toは「今はそうではないが，かつては」の意味ですね）。

同様のことがas ... asを用いる同等比較構文にも言えます。

例 He isn't so [as] healthy as he used to be.

　2つ目の as は接続詞です（ちなみに1つ目の as は「同じほど」の意味の副詞です。否定文でよく用いられる so は「それほど」の意味で，これも副詞です）。前半には _SHe _Visn't _Cso [as] healthy という構造があるので後半にも healthy を補うと，He isn't so healthy.「彼は今それほど健康ではない」と He used to be healthy.「彼はかつて健康だった」とが比較されていることがわかります。

　ここで大切なのは，**比較構文では than 以下，as 以下を基準とし，それより上か下か，あるいはそれと同等かを述べる**ということです。not so [as] ... as の場合，常に「**as 以下ほどではない**」の意味になるので，「彼はかつて（健康であった）ほど今は健康ではない」という訳に行きつきます。

　このように比較構文は，英文解釈においては**（主に than 以下，as 以下の）省略を読み取る**ことがカギとなります。本書でも比較構文は多く出てきますが，できる限り省略を補って解説しています。多くの実例に当たって，比較表現の処理を身につけてほしいと思います。

問5　解答例　構文解説▶p.131　　　得点 _____ /9点（(d-1) 3点，(d-2) 6点）

(d-1)　単語は使用頻度が高くなると短くなる傾向があるということ。
(d-2)　一般的な単語はとてもゆっくりとしか変化しないが，めったに使わない単語はその意味やつづりを素早く変えるということ。

🔍 考え方 下線の引かれている this が直前あるいは直後の内容を指すのかについて，ここではそれぞれ**直前の記述**を受けていますね。直後のダッシュ（—）以下はそれぞれ This is good と this makes sense の根拠を述べています。

解説と採点基準

(d-1) 単語は使用頻度が高くなると短くなる傾向があるということ。　　　_____ /区分点**3点**

　直前の記述は以下のとおりです。For instance, ①frequently used words tend to be short, and ②words get shorter if they are more frequently used: ③we abbreviate terms if we have to speak them often.「例えば，使用頻度の高い単語は短くなる傾向があり，単語はより頻繁に使われるとさらに短くなっていく。用語を頻繁に使わねばならない場合，私たちはその用語を短縮するのだ」

全部で文は3つありますが，ほぼ**言っていることは同じ**です。3つすべて書き連ねても構いませんが「単語は使用頻度が高くなると短くなる傾向があるということ」とまとめましょう。指示内容の説明ですから「…ということ」とまとめたいですね。

(d-2) ❶一般的な単語はとてもゆっくりとしか変化しないが，❷めったに使わない単語はその意味やつづりを素早く変えるということ。 _____ /区分点**6点**

直前の記述は以下の通りです。Similarly, common words change only very slowly, whereas rare words can change their meaning and their spelling quite fast.「同様に，❶一般的な単語はとてもゆっくりとしか変化することがないのに対して，❷めったに使わない単語はその意味やつづりを実に素早く変えてしまうことがある」

まとめますと「一般的な単語はとてもゆっくりとしか変化しないが，めったに使わない単語はその意味やつづりを素早く変えるということ」となります。

 ❶の記述に2点を配点しますが，項目❷が書かれていない場合には得点を与えません。❷の記述に4点を配点します。

問6 解答例 得点 _____ /**8点**

赤道に近くなると種(しゅ)の数は増大するがその生息域は狭くなり，極点に近くなると種の数は減少するがその生息域は広くなるということ。

🔍**考え方** 下線部の a sort of iron rule of ecology は「生態学の鉄則の一種」の意味です。**直後にコロン（：）があり**，**コロンは直前の語句を説明する働きがある**ため，コロン以下の that 節に具体的な記述があるとわかり，ここをまとめればよいということになります。

解説と採点基準

❶赤道に近くなると種の数は増大するがその生息域は狭くなる _____ /区分点**4点**

前半は there will be more species, but with smaller ranges, near the equator, という記述ですね。there will be more species near the equator「**赤道に近くなると種の数は増大する**」が基本情報です。問題は but with smaller ranges ですね。but と with の間には **there will be more species が省略**されており，「**ただし，より狭い生息域を伴うが**」とただし書きが添えられている形です。

125

9

「赤道に近くなると種の数は増大する」と「生息域は狭くなる」に各2点を配点します。

❷極点に近くなると種の数は減少するがその生息域は広くなる _____／区分点**4**点

　後半は and fewer species, but with larger ranges, near the poles です。まず there will be を補って，<u>there will be</u> fewer species near the poles **「極点に近くなると種の数は減少する」** が基本情報です。そして前半と同様に but 以下は**「ただし，より広い生息域を伴うが」** とただし書きが添えられている形になります。

「極点に近くなると種の数は減少する」と「生息域は広くなる」に各2点を配点します。

問7 解答例 構文解説▶p.133 　　　得点 _____／**11**点

ニューギニアでは文字どおり数千の言語があり，その中にはほんの少数の谷でしか話されておらず，隣の谷で話されている言語とは英語とフランス語くらいに異なっているものがある。

解説と採点基準

❶In New Guinea there are literally thousands of languages,
ニューギニアでは文字どおり数千の言語があり， _____／区分点**2**点

　there be 構文が取れなかったものは得点なしですが，この点は問題ないでしょう。

literally「文字どおり」の未訳，誤訳は1点減とします。

❷some of which are spoken in just a few valleys and are as different from the languages of the next valley as English is from French
その中にはほんの少数の谷でしか話されておらず，隣の谷で話されている言語とは英語とフランス語くらいに異なっているものがある _____／区分点**9**点

　(S) some of which (V) are spoken ... がこの関係代名詞節の基本構造となります。これは名詞を抱き込んだ形の〈非制限用法〉の関係詞節ですが，**and some of them ...** とすると問題なく読めます。「そのうちの一部［いくつか］は…」のように訳出しましょう。また，**as** different from the languages of the next valley

as English is from French では，English is の後に **different が省略**されており，some of which are <u>different from the languages of the next valley</u> の different と English is <u>different from French</u> の **different の度合いが同じ**だと言っているのですね。同等比較構文においては**2つ目の as の後の形容詞や副詞が比較対象**ですから，「**英語とフランス語との違いと同じくらい**」に隣の谷の言語と異なる，というわけです。

some of which の訳出が不適切なものは2点減とします。関係代名詞節中の動詞の並列が取れていない場合は3点減とします。just a few「ほんの少数の…しか」の誤訳は1点減。同等比較の構造が取れていないものは3点減。

9

The evolution of language

1 ¹There ᵥis ₛan [(almost) perfect] parallel (between ④the evolution of DNA sequences and ⑤the evolution of [①written and ②spoken] language). ²ₛBoth ᵥconsist of linear digital codes. ³ₛBoth ᵥevolve by selective survival of sequences [generated by [((at least) partly) random] variation]. ⁴ₛBoth ᵥare ₍combinatorial systems [capable of generating [(effectively) infinite] diversity (from a small number of discrete elements)]. ⁵ₛLanguages ①ᵥmutate, ②diversify, ③evolve (by descent [with modification]) and ④ᵥmerge in a ballet of [unplanned] beauty. ⁶(Yet) ₛthe end result ᵥis ₍①structure, and ②rules [of ①grammar and ②syntax] [as ①rigid and ②formal] as you could want]. ⁷'①ₛThe formation [①of different languages, and ②of distinct species], and ②ₛthe proofs that both have been developed (through a gradual process), ᵥare (curiously) ₍parallel,' ((wrote Charles Darwin in *The Descent of Man*)).

(V)
(O)
同格のthat
(S)
(V)

訳 言語の進化

¹DNA 配列の進化と，書き言葉および話し言葉の進化との間にはほぼ完璧な類似がある。²双方ともに線形のデジタル記号から成っている。³双方ともに，少なくとも部分的にはランダムな変異により生み出された配列の選択的な生存により進化する。⁴双方ともが，少数の個別の要素から実質的に無限の多様性を生み出すことのできる組み合わせ体系である。⁵言語は（部分的な）変化を伴う継承によって，変異し，多様化し，進化を遂げるし，バレエのように思いもかけず美しく混じり合う。⁶にもかかわらず，最終的な結果は構造であり，こちらが望む限りに厳格かつ秩序だった文法規則であり，シンタクス（統語法）である。⁷「異なった諸言語の形成と異なった種の形成，そして双方とも漸進的なプロセスを経て進化してきたという証明は，不思議なほどに類似している」とチャールズ・ダーウィンは『人間の由来』の中で記している。

語句 ¹parallel「類似（した）」 evolution「進化」 sequence「一続き，配列」／²consist of *A*「*A* から成る，成り立っている」 linear「線状の」 code「暗号，記号」／³evolve「進化する」 selective「選択的な」 generate「〜を生み出す」 random「ランダムな，行き当たりばったりの」 variation「変異」／⁴combinatorial「組み合わせの」 (be) capable of *doing*「…が可能である」 effectively「実質的に」 infinite「無限の」 diversity「多様性」 discrete「個別の」 element「要素」／⁵mutate「変化する，（突然）変異する」 diversify「多様化する」 descent「継承，血統，系統」 modification「（部分的な）修正［変更］」 merge「融合する；混ざり合う」／⁶syntax「統語法（文中の語順や配列を扱う言語学の一部門）」 rigid「厳格な」 formal「整然とした；組織だった」／

128

[7]formation「形成」 distinct「（種類の）明らかに異なる」 species「種」 gradual「漸進的な」
curiously「奇妙なほどに」

2 [1]_SThis _Vmakes _Oit _Cpossible to think of ❶language as ❸a [❶designed and
形式目的語 (V)
❷rule-based] thing. [2]And (for generations), _Sthis _Vwas _Cthe way [foreign languages
were taught]. [3](At school) _SI _Vlearned _OLatin and Greek (as if _(S)they _(V)were
_(C)❶cricket or ❷chess): _(S)you _(V)can do ❶_(O)this, but not ❷_(O)that, (to verbs,
nouns and plurals). [4]❶_SA bishop _Vcan move (diagonally), ❷_Sa batsman _Vcan run
_Oa leg bye, and ❸_Sa verb _Vcan take _Othe accusative. [5](Eight years of this [rule-
based] stuff, [taught by some of the finest teachers [in the land] (for longer hours
each week than any other topic)]), and _SI _Vwas _Cfar from fluent — (indeed), _SI
(quickly) _Vforgot _Owhat [little] I had learned (_接once _(S)I _(V)was allowed to abandon
(O) (S) (V)
Latin and Greek). [6]_STop-down language teaching (just) _Vdoes not work well —
_Sit_V's like learning to ride a bicycle (in theory), (without ever getting on one).
a bicycle
[7](Yet) _Sa child [of two] _Vlearns _OEnglish, [_(S)which _(V)has (just) as _(O)many
❶rules and ❷regulations as Latin, (indeed) (rather) ❸_(O)more], (without (ever)
being taught). [8]_SAn adolescent _Vpicks up ❶_Oa foreign language, ❷conventions and
❸all, (by immersion). [9]_SHaving a training [in grammar] _Vdoes not (I reckon) help
(to)
_(do)prepare _(O)you for learning a new language much, (if at all). [10]_SIt_V's been staring
((V)) ((O)) = It has
_Ous (in the face) (for years): _Sthe only way [to learn a language] _Vis _Cbottom-up.

9

訳 [1]このことにより，言語は設計され，規則に基づいたものであると考えることが可能となるの
であり，[2]幾世代にもわたってこれが外国語を教わる方法であった。[3]学校で私はラテン語とギリ
シャ語を，あたかもクリケットやチェスを習うかのように，動詞や，名詞や，複数形の語に対して
これはやってよいがあれはやってはいけないということを学んだ。[4]ビショップは斜めに動かすこ
とができ，ボールが体に当たれば打者は得点でき，ある動詞は直接目的語をとることができるの
だと教わったのだ。[5]8年にわたってこの規則に基づいた代物を，国で最高峰の教師のうちの幾人
から，それも他のどんな項目よりも毎週長い時間教わったわけだが，にもかかわらず，私は決し
てよどみなく使いこなせなかったし，それどころか，ラテン語とギリシャ語は捨ててよいとひと
び許されると，それまで学習したわずかながらの知識をたちまちすべて忘れてしまったのだった。
[6]トップダウンで語学を教えるやり方は全くうまくいかないのだ。それは一度も自転車にまたがる

ことなく，理論的に自転車に乗る練習をするようなものである。⁷にもかかわらず，2歳の子どもは，ラテン語と全く同じだけ多くの，いや実際はそれ以上の法則や規則のある英語を，一度も教わることなく身につける。⁸青年期にある人は，外国の言葉やしきたりなどの一切を，集中的教育によって身につける。⁹（私が思うに，）文法の訓練を受けることが，新しい言葉を学ぶ体制が整う一助となることはない。あったとしても大したことはない。¹⁰文法の訓練は長年にわたって目前にあったわけだが，ある言葉を学ぶ唯一の方法はボトムアップなのである。

語句 ¹make it possible to *do*「…することを可能にする」 think of *A* as *B*「AとBと見なす」 rule-based「規則に基づいた」／²for generations「何世代にもわたって」／³cricket「クリケット（11人ずつの2チームでボールとバットを使って行う競技）」 verb「動詞」 noun「名詞」 plural「複数形の名詞」／⁴bishop「ビショップ（チェスの駒）」 diagonally「対角線に，斜めに」 batsman「（クリケットの）打者」 run a leg bye「（クリケット）打者の手以外の体に球が当たったことで得点する」 accusative「対格の語，直接目的語（第4文型SVO₁O₂のO₂）」／⁵stuff「（漠然と）あれ，代物」 fine「素晴らしい」 land「国，地域」 far from *A*「Aにほど遠い」 fluent「（外国語を）流ちょうに話せる，すらすらと書ける」 what little SV「わずかながら…なもの（すべて），こと（すべて）」 abandon「～を放棄する」／⁶in theory「理論上は」／⁷regulation「規則」／⁸adolescent「思春期の人」 pick up *A*「A（語学など）を自然に身につける」 convention「慣習」 immersion「集中的教育；没入法（特に2か国語併用地域で行われる第二言語による集中的教育）」／⁹reckon「…と思う」 help *do*「…するのに役立つ」 if at all「もしそうだとしても」／¹⁰stare O in the face「Oの顔をじっと見つめる，（進行形で）すぐOの目の前にある」 bottom-up「下から上への」

3 ¹_SLanguage _Vstands as the ultimate example of a [(spontaneously) organised] phenomenon. (=exists) Ⓐ ²Not only does _Sit _Vevolve by itself, (_(S)words _(V)changing _Otheir meaning ((even) as we watch)), (despite the railings of the mavens), but _Sit _Vis Ⓑ learned, not Ⓐ taught. （否定語が文頭にきたことによる倒置）Ⓑ ³_SThe prescriptive habit _Vhas _Ous all _{doing}tut-tutting (❶ the decline of language standards, ❷ the loss of punctuation and ❸ the debasement of vocabulary), but _Sit_V's (all) _Cnonsense. ⁴_SLanguage _Vis ❶ _C(just) as rule-based (in its newest slang forms), and ❷ _C(just) as sophisticated as it (ever) was in ancient Rome. ⁵But _Sthe rules, (now as then), _Vare written Ⓑ from below, not Ⓐ from above.

訳 ¹言語は自発的に組織化された現象の究極の例として存在する。²専門家が批判をする中にあっても，私たちが見守るうちにも単語は意味を変化させ，言葉（言語）はひとりでに進化を遂げるだけではない。言葉（言語）は身につけるものであり，教わるものではないのである。³規範的な習慣のせいで，私たちは皆，言語標準の衰退，句読法の喪失，語彙力の低下に舌打ちをしてしまうが，それは全くのナンセンスである。⁴最新のスラングの形態にあっても，言語は古代ローマ時代と全く同様に規則に基づき，全く同様に洗練されているのだ。⁵だが，その規則は昔も今も，上からではなく下から書かれるものである。

語句 ¹stand「ある，存在している」 ultimate「究極の」 spontaneously「自発的に，自然発生的に」 organise「(米organize) ～を組織する」 phenomenon「現象」／²by *oneself*「独力で」 despite *A*「*A* にもかかわらず」 rail「毒づく，ののしる」 maven「(米口語)玄人(くろうと)」／³prescriptive「規範的な」 habit「習慣，癖」 tut-tut「(= tut) 舌打ちする」 standard「水準」 punctuation「句読点，句読法(ピリオドやコンマなどの使い方)」 debasement「価値や品質を低下させること」 nonsense「ばかげたもの，たわごと」／⁴slang「俗語」 sophisticated「洗練された，高い教養のある」／⁵now as then「昔と同じく今も」

4 ¹There are regularities (about language evolution) [that make [perfect] sense but have never been agreed by committees or recommended by experts]. ²(For instance), [(frequently) used] words tend to be short, and words get shorter (if they are (more frequently) used): we abbreviate terms (if we have to speak them (often)). ³This is good — it means less waste of breath, time and paper. ⁴And it is an [(entirely) natural, spontaneous] phenomenon [that we remain (largely) unaware of]. ⁵(Similarly), common words change ((only) (very) slowly), (whereas rare words can change their meaning and their spelling ((quite) fast)). ⁶(Again), this makes sense — re-engineering the word 'the' (so it means something different) would be a terrific problem for the world's English-speakers, (whereas changing the word 'prevaricate' (it used to mean 'lie', it (now) seems (mostly) to mean 'procrastinate') is no big deal, and has happened (quite quickly)). ⁷Nobody thought up this rule; it is the product of evolution.

訳 ¹言語の進化には規則性があり，それらは完全に筋の通ったものであるが，ただの一度も委員会によって同意されたことはないし，専門家によって推奨されたこともない。²例えば，使用頻度の高い単語は短くなる傾向があり，単語はより頻繁に使われるとさらに短くなっていく。用語を頻繁に使わねばならない場合，私たちはその用語を短縮するのだ。³これはよいことである。息や時間や紙を使うのを節約することを意味するからである。⁴そしてこれは，私たちが大概は気づかないままである，全くもって自然で，自発的に起こる現象なのである。⁵同様に，一般的な単語はとてもゆっくりとしか変化することがないのに対して，めったに使わない単語はその意味やつづりを実に素早く変えてしまうことがある。⁶これもまた筋が通っている。the という単語を別の何らかの意味になるように設計し直そうとすれば，世界中の英語話者にとってとんでもない問題となるであろうが，prevaricate という語（かつては「うそをつく」という意味で用いられ，今はたいてい

9

は「先送りする」の意味で用いられているようだ）を変えることは大して問題にはならないし，実際とても素早く行われた。⁷この原則は誰が考え出したものでもない。これは進化の産物なのである。

---

5 | ¹ₛLanguages ᵥshow ₒother features of evolutionary systems. ²(For instance), (as ₍ₛ₎Mark Pagel ₍ᵥ₎has pointed out), ₛbiological species of animals and plants ᵥare ❶꜀more diverse in the tropics, ❷꜀less so (near the poles). ³(Indeed), ₛmany circumpolar species ᵥtend to have ₒhuge ranges, (₍ᵥ₎covering ₍ₒ₎the whole of an ecosystem [in the Arctic or Antarctic]), (whereas ₍ₛ₎tropical rainforest species ₍ᵥ₎might be found in (just) one small area — ❶a valley or ❷a mountain range or ❸an island).

以降は具体例

⁴ₛThe rainforest of New Guinea ᵥis ꜀a menagerie [of millions of different species] [with small ranges], (while ₍ₛ₎the tundra of Alaska ₍ᵥ₎is ₍꜀₎home [to a handful of species] [with vast ranges]). ⁵ₛThis ᵥis ꜀true of ❶plants, ❷insects, ❸birds, ❹mammals, ❺fungi. ⁶ₛItᵥ's ꜀a sort of iron rule of ecology: that there

以降は具体的説明

₍ᵥ₎will be ❶₍ₛ₎more species, but with smaller ranges, (near the equator), and ❷₍ₛ₎fewer species, but with larger ranges, (near the poles).

(there will be)

訳　¹言語は他にも進化するシステムの特徴を示す。²例えば，マーク・パーゲルも指摘してきたことだが，動植物といった生物学的種は熱帯地方においてはより多様性があり，極点近くでは多様性が乏しい。³実際，極付近に生息する多くの種は，広大な生息域を持ち，北極，および南極の生態系のすべてに生息域が及んでいるのに対して，熱帯雨林に生息する種は，谷や山岳地帯や島といった，たった1か所の狭い領域の中でしか見られない場合がある。⁴ニューギニアの熱帯雨林は狭い生息域しか持たない何百万もの多様な種の宝庫となっているのに対し，アラスカのツンドラは広大な生息域を持った一握りの種のすみかとなっている。⁵これは植物にも昆虫にも鳥にも哺乳動物にも菌類にも当てはまる。⁶これは生態学の鉄則の一種である。すなわち，赤道に近くなると種の数は増大するがその生息域は狭くなり，極点に近くなると種の数は減少するがその生息域は広くなるのだ。

tropic「(the ~s) 熱帯地方」　pole「(地球の) 極, 極地」／³circumpolar「極地付近の」　range「範囲」　cover「~ (の範囲) に広がる」　ecosystem「生態系」　the Arctic「北極 (地方)」　the Antarctic「南極 (地方)」／⁴menagerie「多種多様なものの集まり；宝庫」　tundra「ツンドラ，凍土地帯」　home to A「A の生息地」　a handful of A「一握りの (量) の A」　vast「広大な」／⁵be true of A「A についても当てはまる」　mammal「哺乳動物」　fungi「(fungus の複数形) 菌類」／⁶a sort of A「一種の A」　ecology「生態学；生態系」　equator「赤道」

---

6 ¹And here ᵥis ₛthe fascinating parallel. ²ₛIt ᵥis (also) ꜀true of languages. ³ₛThe native tongues [spoken in Alaska] ᵥcan be counted (on one hand). ⁴(In New Guinea) there ᵥare (literally) ₛthousands of languages, [₍ₛ₎some of which ❶ ₍ᵥ₎are
  = and some of them
spoken (in (just) a few valleys) and ❷ ₍ᵥ₎are as ꜀different from the languages of the next valley as English is from French]. ⁵(Even) ₛthis language density ᵥis
  (different)
exceeded (on the volcanic island of Gaua, [part of Vanuatu], [₍ₛ₎which ₍ᵥ₎has ₍ₒ₎five different native languages (in a population of (just) over 2,000), (despite being a
  = although it is
mere thirteen miles in diameter)]. ⁶(In [forested, mountainous] tropical regions), ₛhuman language diversity ᵥis ꜀extreme.

> 訳　¹そしてここにも興味深い類似が見られる。²これは言語にも当てはまるのだ。³アラスカで話されている現地語は片手で数えられるほど少ない。⁴ニューギニアでは文字どおり数千の言語があり，その中にはほんの少数の谷でしか話されておらず，隣の谷で話されている言語とは英語とフランス語くらいに異なっているものがある。⁵この言語密度ですら，バヌアツの一部である火山島，ガウア島にはかなわない。ここには，直径 13 マイルしかない土地であるにもかかわらず，2000人をわずかに上回る人口において，5 つの異なった現地語があるのだ。⁶森に覆われた熱帯の山岳地帯においては，人間の言語の多様性は極めて高いのだ。

9

語句　¹fascinating「非常に興味深い」／³native tongue「現地語」／⁴literally「文字どおり」／⁵density「密度 (の高さ)」　exceed「(数量) を上回る」　diameter「直径」／⁶forested「樹林に覆われた」　extreme「極度の，非常な」

問1　解答　**（イ）**　　　　　　　　　　得点 ＿＿＿＿ /4点

 考え方 ここでは *A* is no more ~ than *B* という構文が用いられています。まず、この構文についての全般的な解説をしておきます。

重要構文 **06** 比較構文2　*A* is no more ~ than *B*

（例）A whale is **no more** a fish **than** a horse is.
「馬が魚でないのと同じくクジラも魚ではない［クジラが魚でないのは馬が魚でないのと同じだ］」

　見たところ no more という表現以外に〈否定〉をにおわせる記述はどこにもないのに、なぜ than の前後はいずれも否定的に訳されているのでしょう？

　「比較構文1」(p.123)で解説しましたとおり、比較構文で用いられる **than は〈接続詞〉**であり、本来その後には **SV などの要素がそろった完全な文**が続きます。than 以下の記述が不完全な文の場合、**than 以前の記述と重複している表現が省略**されていると考えられます。この例文の than の前には ₅A whale ᵥis ₆a fish という SVC があることから、than に続く ₅a horse ᵥis の後ろには、**C** に当たる a fish が省略されているとわかります。要するに、この例文では than を中心に A whale is a fish. と A horse is a fish. という 2 文が比較されているわけです。

　次に、**〈no ＋比較級〉は than 以前と than 以降とが差がない［等しい］**ことを表す、という約束事があります（例えば I am no taller than Tom (is). は「私はトムと同じ背丈でしかない」の意味です）。ですから、直訳した文意は「クジラが魚であるということは、馬が魚であることと差がない」となります。ここで大切なのは、この構文においては **than の後には肯定文が続き、その内容は一目見てわかる「虚偽」である**ということです（馬はもちろん魚ではありませんね）。その虚偽と差がない［等しい］ということから、「クジラが魚である」ということも「虚偽」だというわけです。**両方とも虚偽の内容なので、訳すときには両方を否定的に訳して「馬が魚でないのと同じくクジラも魚でない」**としているわけです。もう 1 つ例を挙げてみます。意味を考えてみてください。

（例）I am **no more** a fool **than** you are.

　than の後の省略されている部分を補うと you are a fool となりますね。You are a fool. と言われてムッとしない人はいませんよね。その時点で You are a fool. は「虚偽」の内容と認識され，それと同様ということで I am a fool. も「虚偽」の内容となります。よって例文の訳は「あなたが愚か者でないのと同様に私も愚か者ではない（私が愚か者ではないのはあなたが愚か者でないのと同じだ）」となるわけです。

　なお，類似表現に **A is no less ～ than B** があります。この場合，**A も B も両方肯定**となり，**than** の後には逆に誰が見ても明らかな「**真理**」がきます。

(例) My daughter is **no less** talkative **than** my wife is.
　　「私の娘は妻に負けず劣らずおしゃべりだ」

　さて，下線部 (a) を含む第1段落第3文後半の the locals who tend to it would **no more** joke about their humble opening in the earth **than** they would a hole in the head, or the heart の than の後に何が省略されているかを，than の前の記述と重ね合わせて考えてみると，they (= the locals) would joke about a hole in the head, or the heart「地元の人々は，頭や心臓にあいた穴のことをジョークにするだろう」という1文が復元できます。「than の後には肯定文が続き，なおかつその内容は誰が見てもわかる虚偽の内容である」が *A* is no more ～ than *B* 構文の原則でしたね。確かに，頭や心臓に穴があいたら冗談を言っている場合ではありません。ですからこれは「虚偽」の内容です。そして，「〈**no ＋比較級**〉は than 以前と than 以下とが差がない[等しい]ことを表す」という原則から，the locals ... the earth「その穴の管理をする地元の人々は，地面にあいた自分たちのささやかな穴のことをジョークにするだろう」というのも「虚偽」の内容ということになります。そこで両方とも否定的に訳して，全体で，「頭や心臓にあいた穴のことをジョークにはしないであろうことと同様に，地面にあいた自分たちのささやかな穴のことをジョークにはしないであろう」というのがこの文の意味となるわけです。

10

選択肢と訳

(ア) joke about their humble opening in the earth, although they would never joke about a hole in the head, or the heart
「頭や心臓にあいた穴のことを決してジョークにはしないだろうが，地面にあいた自分たちのささやかな穴のことはジョークにするだろう」

▶ never より，although の後に続く記述は〈否定〉の内容ですが，これと逆接の関係にある although の前の記述は〈肯定〉の内容です。下線部 (a) は両方ともが否定されていなければならないので，この選択肢は不適です。

(イ) <u>never</u> joke about their humble opening in the earth, <u>just as</u> they would <u>never</u> joke about a hole in the head, or the heart

「頭や心臓にあいた穴のことを決してジョークにはしないであろうことと全く同様に，地面にあいた自分たちのささやかな穴のことを決してジョークにはしないだろう」

▶ **just as SV は「S が V するのと全く同様に」** の意味です。〈否定〉と〈否定〉が並んでいるので，これが正解です。

(ウ) <u>no longer</u> joke about their humble opening in the earth, <u>in the way</u> they would joke about a hole in the head, or the heart

「頭や心臓にあいた穴のことをジョークにするようにして，地面にあいた自分たちのささやかな穴のことをもはやジョークにはしないであろう」

▶ **S no longer V は「S はもはや…しない」，in the way SV は「S が V するようにして」** の意味です。そもそも「…するようにして」という〈様態〉の意味を *A* is no more ～ than *B* の構文では表しませんし，in the way の後が〈肯定〉，前半は〈否定〉となっていることからもこの選択肢は不適です。

(エ) <u>not so much</u> joke about their humble opening in the earth <u>as</u> they would joke about a hole in the head, or the heart

「地面にあいた自分たちのささやかな穴のことをジョークにするよりも[するのではなく]，むしろ頭や心臓にあいた穴のことをジョークにするだろう」

▶ **not so much *A* as *B* は「*A* というよりも［*A* ではなく］むしろ *B*」** という意味ですね。前半は〈否定〉，後半は〈肯定〉の内容となっていることから，この選択肢は不適です。

問2 解答例　構文解説▶p.143　　　　　　得点 ＿＿＿／**10**点

何十万もの熱心な信者たちや好奇心旺盛な人々がチマヨにある教会を毎年訪れて，小さな付属の礼拝堂に列をなし，その地面にあいた穴を取り囲む空間に群がり，膝を曲げ，両手をそのひんやりとした穴の中に入れ，すくえる限りの土を，その土を食べることが奇跡をもたらすのだと信じてすくい上げること。

🔍 **考え方** 下線部を含む文は ₛSome ᵥwould call ₒit ꜀folk religion という構造です。主語の some は some people と同義で，「一部の人々」の意味です。全体では「一部の人々は**それを民間信仰と言う**だろう」となります。it は後方の不定詞句や that 節を指す場合も多々ありますが，この文ではそうしたものはないので，前方，

すなわち直前の第2段落内の内容を指すと見当をつけます。そしてこの it は，なおかつ**「民間信仰」を示唆する内容**でなければなりません。そのことから it が指す箇所は，直前の第2段落後半で始まる第2文から最終文までの記述が該当するとわかります。

　長いので全体を3つの区分に分け，順に見ていきましょう。和訳問題ではないので，それぞれの区分の中で必ず指摘しておくべき部分を抽出します。

解説と採点基準

❶Hundreds of thousands of true believers and curious souls visit every year to line up in a small side chapel strewn with pictures of loved ones lost.

何十万もの熱心な信者たちや好奇心旺盛な人々が(チマヨにある教会を)毎年訪れて，愛する故人の写真が一面に張り付けられた小さな付属の礼拝堂に列をなすのだ　　　　　／区分点**4**点

　hundreds of thousands of は「何十万もの」の意味です。例えば tens of hundreds of で「数千の」といったように，of の前後を掛け合わせた数字によって**大まかな規模を示す**表現です。visit の後ろには this place，すなわち「チマヨにある教会」が省略されていると考えてよいでしょう。to line up は〈目的〉あるいは〈結果〉の意味の副詞用法の不定詞です。strewn with A は「A が散らばっている」が基本の意味ですが，本書では実際の教会の画像を見た上で「一面に張り付けられた」としてあります。loved ones lost は「愛する故人」の意味です。あくまで**説明問題なので，細かな修飾語はカットする**観点から strewn 以下は解答には含めないでおきます。

　〈S〉Hundreds of ... souls 〈V〉visit の構造が取れていないものはこの区分の得点はありません。visit の目的語は「この場所」ではなく，「チマヨにある教会」と明示しておいた方がよいです。明示していないものや「この場所」とのみしたものは1点減。to line up の不定詞の用法（〈目的〉あるいは〈結果〉）を正しく捉えていないものは2点減。語句の誤訳はその都度1点減です。

　なお，strewn with pictures of loved ones lost については未訳でも減点しません。またこの部分についての誤訳は1点減とします。

❷They crowd into a closet-sized space around the hole, bend at the knees, dip their hands into the cool of the gap below, and pull up big handfuls of dirt.

彼らはその穴を取り囲むクローゼットほどの大きさの空間に群がり，膝を曲げ，両手をその下にあるひんやりした穴の中に入れ，すくえる限りの土をすくい上げるのだ　　　　　／区分点**4**点

　この1文は 〈S〉They ❶〈V〉crowd ..., ❷〈V〉bend ..., ❸〈V〉dip..., and ❹〈V〉pull up ... と**4つ**

の**動詞句が並列**されています。crowd into a ... space は「…な空間に群れる」,
bend at the knees は「膝を曲げる」, dip their hands into ... は「両手を…の中
に入れる」, pull up は「〜をすくい上げる」の意味です。closet-sized「クローゼッ
トほどの大きさの」はあくまで修飾語なので, 解答に含めなくても構いません。

4つの動詞句の並列が取れていないものはこの区分は得点なしとします。語句の
誤訳はその都度1点減です。なお, closet-sized「クローゼットほどの大きさの」
は未訳で構いませんが, 明らかな誤訳があった場合には1点減とします。dirt は「土」
「砂」のどちらも可です。

❸ Visitors to Chimayo believe that eating the dirt brings miracles.
チマヨを訪れる人々は, その土を食べることが奇跡をもたらすのだと信じている。

＿＿＿／区分点**2**点

_sVisitors to Chimayo _vbelieve _othat ... がこの文の基本構造です。そして that
節内は _(S)eating the dirt _(V)brings _(O)miracles という動名詞を主語とした構造
になっています。

believe that 以下の内容「その土を食べることが奇跡をもたらすと信じて」という
記述のないものは2点減。なお, あくまで **it の指示内容を説明する設問ですから,**
「…（する）こと」という結び方をする必要があります。そうなっていない答案は区分
の合計点から最後に2点減とします。

問3 解答例 構文解説▶p.144 得点 ＿＿＿／**24**点

その教会は地面にあいた穴を覆う形で建てられたが, その穴の歴史には, そ
れを囲む建物と関係のあるところもあれば, 無関係なところもある。この象
徴的な話を拡大すると, アメリカの歴史における宗教について考えてみる際
に, これまで私たちは穴の上に立つ教会にのみ焦点を当て, 穴そのものにも,
その穴の中の土を自分たちの血や骨の一部とすべく列をなす人々にも, 焦点
を当てないことがあまりにも多かった。

解説と採点基準

❶ The church was built over a hole in the ground
その教会は地面にあいた穴を覆う形で建てられた

＿＿＿／区分点**3**点

built **over** は, 地面に穴があいているのを**覆う**形で教会が建造されていること
がわかるように「穴の上に」「穴を覆うように」「穴をまたいで」と訳します。

the church の the は「その」と訳出しなくても減点しません。built over の誤訳は 2点減。in the ground が a hole を修飾していると取れていないものは1点減。

❷ that has history both connected to and independent of the structure around it
その穴の歴史には，それを囲む建物と関係のあるところもあれば，無関係なところもある

_____ ／区分点**7**点

　このブロックがその前の a hole in the ground「地面にあいた穴」を先行詞とする関係代名詞節であると取れていることが大前提となります。訳出の順序は解答例のように英語の語順どおりに訳し下ろしてもよいですし，このブロックから先に訳出して「それを囲む建物と関係のあるところもあれば，無関係なところもある歴史を持った，地面にあいた穴…」としても構いません。both 以下は history を後ろから修飾している形容詞句で，both **Ⓐ** connected to and **Ⓑ** independent of「AでもありBでもある」の形で，connected to と independent of それぞれが the structure に並列されて接続しています。the structure が単なる「構造」の意味ではなく，「（教会の）建物」のことを指すと読み取ることも必要です（これは結構盲点！）。around it の it は the hole を指しており，around it は the structure を修飾しています。

 that が関係代名詞だとわかっていない場合は4点減。both 以下が history を修飾していることが取れていないものは2点減。both については，並列が取れていれば「両方とも」という訳はなくても構いません。connected to と independent of が the structure に並列して接続していることが取れていなければ2点減。the structure の誤訳は2点減（「構造物」は OK ですが「構造」は不可です）。around it が the structure を修飾していることおよび it = the hole と取れていないものは各1点減。

10

❸ To extend the symbolic story:
この象徴的な話を拡大すると，

_____ ／区分点**2**点

　To extend the symbolic story は**コロン（:）以下全文を支配**しており，基本的には**「…を拡大すると」という訳のみが許容**されます。これは To tell the truth「本当のことを言うと」と同じ用法の不定詞句です。

 不定詞句「…すると」の誤訳はこのブロックの得点なし。extend O「O を拡大する；広げる」の誤訳は1点減（「O を伸ばす；O を延長する」は不可）。

❹ In thinking about religion in American history,
アメリカの歴史における宗教について考えてみる際に，

_____ ／区分点**2**点

In thinking about ... は「…について考える際に；…について考える上で」と訳出します。in *doing* で「…する際に；…する上で」の意味になります。

> in *doing* の誤訳はこのブロックの得点なしとします。in American history が religion を修飾していると取れていないものは 1 点減。

❺we have too often focused only on ❸the church standing above the hole and not on ❹⁻¹the hole itself, nor on ❹⁻²the people lining up to make the soil within a part of their blood, their bones

これまで私たちは穴の上に立つ教会にのみ焦点を当て，穴そのものにも，その穴の中の土を自分たちの血や骨の一部とすべく列をなす人々にも，焦点を当てないことがあまりにも多かった

＿＿＿＿／区分点10点

focus only on *B* and not on *A* は「B にのみ焦点を当て，A には焦点を当てない」という意味です。これは not on *A* but on *B* を変形したものです（これはかなりしばしば用いられます）。**not *A* の前に and がつくと，not *A* がさらに強調される**ことになり，「**B であって A ではない**」の意味になります。

（例）What matters is what you say, and **not** how you say it.
「大切なのは何を言うかなのであり，それをどう言うかではない」

続く not on *A⁻¹*, nor on *A⁻²*「*A⁻¹* にも *A⁻²* にも（焦点を当ててこなかった）」について，「X でも Y でもない」という表現は not *X* or *Y* が標準ですが，このように **not *X* nor *Y*** という形もあります（ちなみに **not *X* and *Y*** だと「**X かつ Y というわけではない**」という〈部分否定〉となります）。

> too often の未訳・誤訳は 1 点減。focus on *A*「A に焦点を当てる；注目する」の誤訳は 2 点減。(focus) only on *B* and not on *A*「もっぱら B で，A でない［A でなく，もっぱら B］」という構造の取れていないものは 3 点減。standing above the hole が the church を修飾していると取れていないものは 3 点減。the hole itself「穴そのもの；穴それ自体」の誤訳は 1 点減。

not on *A⁻¹*, nor on *A⁻²* の構造が取れていないもの，lining up 以下が the people を修飾していることが取れていないものは各 2 点減（ただし，line up「列をなす；並んでいる；並んで待つ」の誤訳は 1 点減とします）。ᵥmake ₒthe soil ᴄa part of ...「その土を…の一部とする」の構造が取れていないもの，within が within the hole の意味で，the soil を修飾していることが取れていないものは各 2 点減。

問4 解答例   得点 _____ /12点

(the middle)　コロンブスの新大陸発見は，スペインのカトリック教徒の君主の命令と出資によるものであり，カトリック色の強いものであったという，学校で主に教わる歴史のこと。　　　　　　　　　　　　　　　　（76字）

(the margins)　当時国外追放されつつあった少数派のユダヤ教徒やイスラム教徒がコロンブスの航海に参加したおかげで新大陸発見は成し遂げられたという，あまり知られない歴史のこと。　　　　　　　　　　（78字）

🔍 **考え方** 下線部 (d) の直前の 1 文に注目！　前半では The United States is a land shaped and informed by internal religious diversity — some of it obvious, some of it hidden —「アメリカ合衆国というのは，明白なものもあれば，隠れているものもある，国内の宗教的多様さによって形成され，特徴づけられてきた国である」と述べられています。キーワードは **religious diversity**「**宗教的多様さ**」ですね。後半では，and yet the history we have all been taught has mostly failed to convey this「にもかかわらず，私たちが皆教わってきた歴史は，たいていはこのことを伝えないできた」とあります。つまりは**多様性が伝えられていない**，偏った歴史教育がされていることになります。そこで middle と margin です。middle は「中央；中心」の意味ですが，歴史で言うと**「本流」**ということ，margin は「余白；周辺」の意味ですから，歴史で言うと**「傍流」**といった扱いになります。これを踏まえて次の第 4 段落を読んでみましょう。問 4 の指示文に**「新大陸発見の事例を用いて」**とありますから，この歴史的出来事の**「本流」**と**「傍流」**がどの部分に当たるのかを見ていきます。そして，字数の範囲内でそれぞれをまとめます。

10

解説と採点基準

❶ the middle について　　　　　　　　　　　　　 _____ /区分点6点

　第 4 段落第 2 文に，「私たちが学校で教わった，スペインのカトリックを信仰する君主であるフェルナンドとイサベラの命令と出資のもと，コロンブスが航海に出た」という記述があります。さらに第 3 文に，「コロンブスの船団で最大の船にはキリスト教の救世主の母の名がつけられていた」（船の名は「サンタ・マリア」号）とも述べられています。これが the middle「本流」の歴史です。

　「カトリック（キリスト）教徒によって新大陸発見が成し遂げられたというキリスト教世界の視点から見た［キリスト教世界で一般的な］歴史」という趣旨が書かれていることが必須となります。そして上で述べたように middle は「本流」

141

の意味ですから「**学校で主に教わる**」の文言を加えればさらによくなります。なお，第2・3文の構文解説はp.145を参照してください。

✎ 「カトリック（キリスト）教徒によって新大陸発見が成し遂げられたという（キリスト教世界の視点から見た［キリスト教世界で一般的な]）歴史」という内容に4点を配点します。「学校で主に教わる」という内容に2点を配点します。

---

❷the margins について ＿＿＿＿／区分点**6点**

第5段落では第1文の Less well known are ...「それと比べて知られていないのが…」という書き出しで，**学校ではあまり教わらない史実**が述べられており，特に段落後半（第5文の and yet 以降）「それにもかかわらず，コロンブスが国外追放を大いに喜んだまさにその民族の中から選抜された男たちがいなければ，コロンブス自身の冒険は成し遂げられなかったであろう」という記述は決定的に重要です。これが the margins「傍流」の歴史に当たります。

✎ 大原則は the middle に準じます。「異教徒（ユダヤ教徒；イスラム教徒）が航海に加わらなければ新大陸発見は成し得なかった［コロンブスの航海は成功しなかった］という（キリスト教中心でない目から見た）歴史」という内容に4点を配点します。あまり知られない［学校で教わらない］という内容に2点を配点します。

構文解説・全訳・語句
英文と著者の講義の音声がついています。

21〜22

---

1 ¹(In the dry red soil of Chimayo, [New Mexico]), there _Vis _Sa hole (in the ground) [_(O)that _(S)some _(V)call _(C)holy]. ²_SThey _Vintend _Ono pun, _Ono play on words. ³_SThe hole _Vis _Ca serious matter; _Sthe locals [who tend to it] _Vwould no more joke about their humble opening [in the earth] than _(S)they _(V)would a hole [in

❶the head, or ❷the heart].

(joke about)

> **訳** ¹ニューメキシコ州チマヨの乾いた赤土の地面に，一部の人から holy「神聖な」と呼ばれている穴がある。²(hole「穴」にひっかけた) 駄洒落，つまりは言葉遊びで彼らはそう呼んでいるのではない。³その穴は厳粛なものなのであり，その穴の管理をする地元の人々は，頭や心臓にあいた穴のことをジョークにはしないであろうことと同様に，地面にあいた自分たちのささやかな穴のことをジョークにはしないであろう。

> **語句** ¹holy「神聖な」／²intend「〜を意図する」 pun「駄洒落」 play on words「言葉遊び」／³tend to A「A の世話をする」 humble「ささやかな」

---

2 ¹(Though _(S)it _(V)has _(O)a [❶long and ❷eclectic] spiritual history), _Sthe hole _Vsits (today) (in the back corner of a Roman Catholic Church, El Santuario de Chimayo, [which is among the [most frequently visited] religious pilgrimage sites in America]). ²_SHundreds of thousands of ❶true believers and ❷curious souls _Vvisit (every year) (to _(V)line up (in a small side chapel [strewn with pictures of loved ones [lost]])). ³_SThey ❶_Vcrowd into a closet-sized space [around the hole], ❷_Vbend (at the knees), ❸_Vdip _Otheir hands (into the cool of the gap [below]), and ❹_Vpull up _Obig handfuls of dirt. ⁴_SVisitors [to Chimayo] _Vbelieve _Othat eating the dirt brings (S) (V) miracles. (O)

> **訳** ¹その穴には長く多岐にわたる霊的な歴史があるのだが，今は，アメリカで最もよく人が訪れる巡礼地の一つとなっている，ローマ・カトリック教会のエル・サントゥアリオ・デ・チマヨの建物の裏の一角にある。²何十万もの熱心な信者たちや好奇心旺盛な人々が毎年訪れて，愛する故人の写真が一面に張り付けられた小さな付属の礼拝堂に列をなすのだ。³彼らはその穴を取り囲むクローゼットほどの大きさの空間に群がり，膝を曲げ，両手をその下にあるひんやりとした穴の中に入れ，すくえる限りの土をすくい上げるのだ。⁴チマヨを訪れる人々は，その土を食べることが奇跡をもたらすのだと信じている。

10

語句 ¹eclectic「多様な」 spiritual「霊的な；宗教的な」 Roman Catholic Church「ローマ・カトリック教会」 A is among the most ....「A は最も…なもののうちの一つだ」 pilgrimage「(聖地への)巡礼」／²hundreds of thousands of A「何十万もの A」 curious「好奇心の強い」 soul「人」 line up「1列に並ぶ」 strew A with B「A に B をばらまく」 lost「失われた」／³crowd into A「A に押し寄せる」 bend at the knees「膝を曲げる」 dip A into B「A を B にひたす；入れる」 gap「穴，割れ目」 pull up A「A をすくい上げる；引き上げる」 handful「ひとつかみ」 dirt「土；砂」

---

3 ¹ₛSome ᵥwould call ₒit ꜀folk religion — ꜀ꞌnot ❹the [❶real or ❷legitimate] practice of a Christian church but ❺an indigenous corruption of the sanctioned sacrament of Communion. ²ₛOthers ᵥmight suggest it is (in fact) something [more complicated]: a (distinctly) American form [of religious syncretism], a blending [of faith traditions [so complete that it is difficult to separate one from the other]].

(that) (S)(V) (C) / (C′) / (C″)

形式主語

³꜀Implicit (in each of these explanations) ᵥis ₛa [more obvious] physical truth. ⁴ₛThe church ᵥwas built (over a hole [in the ground] [₍S₎that ₍V₎has ₍O₎history [both ❹connected to and ❺independent of the structure [around it]]]). ⁵(To extend the symbolic story): (In thinking about religion [in American history]), ₛwe ᵥhave (too often) focused (only) on ❺the church [standing above the hole] and not on ❹⁻¹the hole itself, nor on ❹⁻²the people [lining up (to ₍V₎make ₍O₎the soil [within] ₍C₎a part of ❶their blood, ❷their bones)]. ⁶ₛThe United States ᵥis ꜀a land [❶shaped and ❷informed by internal religious diversity] — (some of it obvious, some of it hidden) — and yet ₛthe history [we have all been taught] ᵥhas (mostly) failed to convey ₒthis. ⁷ₛWe ᵥhave learned ₒhistory (from ❺the middle rather than ❹the margins), (though it is the latter [from which so much of our culture has been formed]).

= the hole

= religious diversity

= the margins

訳 ¹一部の人々はそれを民間信仰だと，すなわち，キリスト教会で実際に行われている慣習でも，正式な慣行でもなく，ミサで聖体を受け取る正当な行為がその土地固有の形で崩れたものだと言うだろう。²また，この慣習は実際もっと複雑なもの，つまり，アメリカ特有の宗教習合の形態であり，信仰の伝統が互いに切り離すことが困難なほど完全に混ざり合ったものである，と示唆する人もいるかもしれない。³これらの説明が含意しているのは，より明白な物質的真実である。⁴その教会は地面にあいた穴を覆う形で建てられたが，その穴の歴史には，それを囲む建物と関係のあるところもあれば，無関係なところもある。⁵この象徴的な話を拡大すると，アメリカの歴史における宗教について考えてみる際に，これまで私たちは穴の上に立つ教会にのみ焦点を当て，穴

そのものにも，その穴の中の土を自分たちの血や骨の一部とすべく列をなす人々にも，焦点を当てないことがあまりにも多かった。⁶アメリカ合衆国というのは，明白なものもあれば，隠れているものもある，国内の宗教的多様さによって形成され，特徴づけられてきた国である。にもかかわらず，私たちが皆教わってきた歴史は，たいていはこのことを伝えないできたのだ。⁷私たちは周辺部ではなく中央から歴史を学んできたのだ。とはいえ，私たちの文化のかくも多くが形成されてきたのは周辺部からであったのだ。

> [語句] ¹folk「民間（起源）の」 legitimate「正当な，正式な」 practice「慣習」 indigenous「（その土地に）固有の」 corruption of A「Aの崩れたもの；Aの（好ましくない）改変」 sanction「～を是認する」／²complicated「複雑な」 distinctly「紛れもなく」 syncretism「（宗教などの）諸派統合」 a blending of A「A（複数）が混ざり合うこと」 faith「信仰」 separate A from B「AをBから切り離す」／³implicit in A「Aに暗に示された，ほのめかされた」 physical「物質的な；実在の」／⁴(be) connected to A「Aとつながる」／⁵extend「～を拡大する」 focus on A「Aに焦点を絞る」／⁶inform「～を特徴づける，（特徴など）で満たす」 internal「内部の」 diversity「多様性」 and yet「それにもかかわらず」 convey「（情報など）を伝える」／⁷middle「（通例 the ～）中間，中央部」 margin「（しばしば～s）中心から遠く離れた所；余白」

4 ¹$_S$We $_V$need only look to the point [(often) seen as the beginning] (to know this is true). (to) (of America) ²It is the story [we memorized in school]: (*In fourteen hundred and ninety-two*), $_S$*Columbus* $_V$*sailed* $_O$*the ocean blue* ... and $_S$he $_V$did so, ((we all have been taught)), (❶on orders and ❷at the expense [of Ferdinand and Isabella, the Catholic

= sailed the ocean blue

挿入された主節

monarchs of Spain]). ³$_S$The largest of his ships $_V$was named for the mother of the Christian savior. ⁴(In his journal, [which begins in the form of a prayer, "In the Name of Our Lord Jesus Christ])," $_S$Columbus $_V$writes of standards [bearing the cross] [brought onto the lands [he was (soon) to conquer]].

10

> [訳] ¹アメリカ合衆国の始まりであるとしばしば見なされる時点に目を向けさえすれば，このことが本当であるとわかる。²それは，「1492年にコロンブスは紺碧の海を航海し…」という，私たちが学校で暗記した物語であり，スペインのカトリックを信仰する君主であるフェルナンドとイサベラの命令と出資のもと，コロンブスがそうしたのだ，と私たちは皆教わってきた。³コロンブスの船団で最大の船にはキリスト教の救世主の母の名がつけられていた。⁴「主イエス・キリストの名のもとに」という祈りの形で始まる航海日誌の中で，コロンブスは，彼がじきに征服することになる新大陸に持って行かれた，十字架を戴いた旗について書き記している。

> [語句] ¹need only *do*「…しさえすればよい」（only が否定語であるために need が助動詞的に用いられて to が省略されている）／²sail「～を航海する」 ocean blue「紺碧の海」 on orders of A「Aの命令で」 at the expense of A「Aの費用負担で」 monarch「君主」／³be named for A「米Aの名前をとって名づけられる」 savior「救済者;救世主」／⁴journal「航海日誌」 prayer [préər]「祈り」 Our Lord「キリスト，救世主」 standard「（指導者・軍隊の象徴としての）旗」 bear「～を身に

145

帯びる，（印など）を持っている」 cross「十字架」 (be) brought onto A「A の上に持って行かれた」 conquer「～を征服する」

5 ¹cLess well known vare sthe men [who sailed with Columbus] [who (v)did not call (o)this symbol (c)their own]. ²(No less than (s)America (v)would be), sEurope [at the time] vwas ca place [(endlessly) conflicting (over its multi-religious past)]. ³((v)Having shaped (o)so much of Iberian culture), spractitioners [of ❶Judaism and ❷Islam] vprovided Ⓐ oSpain's Catholics with Ⓑa daily reminder that their world was not made (by the church alone).

同格のthat (S)

⁴(Whether (s)this reminder (v)was (c)mere Ⓐembarrassment or Ⓑexistential threat), sit vwas creason [enough (to force them out)]. ⁵sColumbus vdevotes Ⓐ othe first words of his diary to Ⓑpraising Spain for evicting its religious minorities (in the same year he began his voyage), and yet shis own adventure vcould not have been accomplished (without men [drawn from the very peoples [(s)he (v)was (so) pleased to see (done)driven from their homes]]). ⁶It was precisely stheir connections [to exiled faiths] that vled oseveral of his crewmen to doto join a mission [that was less likely to end in Ⓐriches than Ⓑa watery grave].

=not so much likely to end in riches as | (it was likely to end in)

訳 ¹これと比べて知られていないのが，コロンブスとともに航海した人々で，この象徴を自らの物と呼ぶことのなかった人々である。²その後のアメリカに劣らず，当時のヨーロッパは，宗教的に多様なその過去をめぐって争いの絶えない場所であった。³イベリア半島の文化の実に多くを形成したので，ユダヤ教やイスラム教の教えを実践する人々は，スペインのカトリック教徒たちに，彼らの世界は教会のみによって作られたものではないのだということを日々思い起こさせる存在となった。⁴このような記憶を呼び起こす存在は，単なる困惑の種であろうと，現に存在する脅威であろうと，彼らを駆逐するに十分な根拠であった。⁵コロンブスは，彼が航海に出たその年に，宗教的少数派を国外追放したという理由で，スペインを讃えることに，航海日誌の巻頭の言葉をささげている。それにもかかわらず，コロンブスが国外追放を大いに喜んだまさにその民族の中から選抜された男たちがいなければ，コロンブス自身の冒険は成し遂げられなかっただろう。⁶追放された信仰とのつながりがあったからこそ，コロンブスの船の乗組員のうちの数名は，富を得るより海の藻くずと消える可能性の方が高い任務に加わることになったのだった。

語句 ¹one's own「自分自身のもの」／²at the time「当時」 conflict over A「A をめぐって対立する」 multi-「多数の～」／³Iberian「イベリア半島の」 practitioner「（原理・主義などの）実践者」 Judaism「ユダヤ教」 Islam「イスラム教」 provide A with B「A に B を提供する」 daily「日々の，日常的な」 reminder of A[that SV]「A […] を思い起こさせる存在」／⁴mere「単なる」 embarrassment「困惑；きまり悪さ」 existential「現に存在する；存在を表す」 threat「脅威」

146

reason enough to *do*「…するのに十分な理由」 force *A* out「Aを無理に追い出す」／[5]devote *A* to *B*「AをBにささげる」 praise *A* for *B*「AをBのことで称賛する」 evict「～を立ち退かせる (= force out)」 voyage「航海」 *A* cannot be accomplished without *B*「BなしではAは成し遂げられない」 (be) drawn from *A*「Aから引き抜かれる」 people「(～s) 民族」 be pleased to *do*「…するのを喜ぶ」 (be) driven from *A*「Aから追い立てられる」／[6]precisely「まさに」 connection to *A*「Aへの結合，つながり」 exiled「追放された」 lead O to *do*「Oが…するようにさせる」 crewman「乗組員」 mission「任務」 be less likely to *do*「…する可能性がより少ない」 end in *A*「Aの結果になる」 watery「水の；水中の」

・補足解説・

二重限定

　第5段落第1文では who に導かれた関係代名詞節が2つ並んでいます。これは「二重限定」と呼ばれ，2つの関係詞節が接続詞を伴わずに連続して同じ先行詞を修飾する形です。and による〈並列〉と似ていますが，最初の関係詞節の説明に当てはまるものの中から，さらに後続の関係詞節の説明に当てはまるものはこれだけだ，と絞り込んでいく働きをします。

(例) This is the only book [(that) I've found] [which explains that phenomenon].
「これは私の見つけた本のうちでその現象について説明している唯一のものだ」

　なお第5段落第1文では，CVS という倒置が起こっています。主語がかなり長いことに伴うものですが，ここで見られるように過去分詞，さらには現在分詞が補語のときにもしばしば倒置が見られます。

A is no less ～ than B

　第5段落第2文の no less than は，本問の始めの「重要構文06」にて *A* is no less ～ than *B* について解説した際に触れたとおり，「**A は B に劣らず～だ**」という意味で使われる表現です。America would be の後には，a place endlessly conflicting over its multi-religious past を補って読むことになります。ここで用いられている would は〈過去から見た未来〉の用法で，「この後のアメリカもそうなるが」という意味です。

10

11 解答・解説

問1　解答例　　得点 _____ /8点

> 彼は何もしないことの価値を主張する雑誌を作っていたのに，それに精力を注いだせいで燃え尽きてしまったということ。

考え方　下線部の burn out *doing* something は「あることに一定期間専念したあげく，燃え尽きてしまう」という意味です。run a magazine の run は「〜を運営する；経営する」の意味の他動詞で，ここは「（雑誌）を発行する」の意味です。devoted to A は「A に専念する」が基本の意味ですが，ここは「A を専門に扱う」の意味です。下線部全体としては「彼は何もしないことを専門に扱う雑誌の出版で燃え尽きてしまった」となります。

ギャヴィン・プレイター＝ピニーの発行していた *The Idler*『アイドラー（怠け者）』という雑誌は，下線部の直前に，argues against busyness and careerism and for the value of aimlessness, of letting the imagination quietly run free「多忙さと出世第一主義に異議を唱え，無目的，すなわち想像力を静かに自由に巡らせることの価値を支持する主張をする」とあり，つまりは「無為」の価値を広める趣旨で刊行されていました。しかし，直後の記述にもあるように Getting the magazine out was tiring「雑誌の出版は骨の折れる」ものなのであり，編集者であるプレイター＝ピニーは**無為を実践するには程遠い，雑誌の趣旨とは正反対の生活**を送ることになってしまいました。ここはその自らの生活ぶりを皮肉交じりにジョークにしているのです。この後に，彼がロンドンを離れてローマに滞在することになったと書かれていますが，ある意味自然な成り行きと言えるでしょう。

解説と採点基準

❶ 彼（ギャヴィン・プレイター＝ピニー）は無為[何もしないこと]の価値を主張する雑誌を作っていた

_____ /区分点**4**点

✎ 単に「雑誌を作っていた」とした答案はこのブロックの得点なしです。

❷ 雑誌作りに精力を注いだ

_____ /区分点**2**点

❸ その結果，燃え尽きた

_____ /区分点**2**点

❸は「疲れ果てた」「力を使い果たした」も可です。❶と❷以降とが逆接の関係に
なっていることを表せていない答案は全体から3点減とします。

問2 `解答例` `構文解説▶p.159`   得点 _____ /10 点

> 現代では,驚くべきものだとされている事物がインターネット上に次々に現
> れるので,それを追うあまり,人々が日常の身の回りの出来事に驚きや喜び
> を感じることがなくなっているということ。

🔍**考え方** we were entering an era ... は「私たちは…時代に差し掛かりつつあっ
た」の意味で,in which 以下は an era を先行詞とする関係代名詞節であり,節
内の we were losing a sense of wonder は「私たちは驚きを感じる能力を失っ
ていく」という意味です。このような「私たちの現状」を具体的に示す記述は,
直後の文にあります。

New, supposedly amazing things bounced around the internet so quickly
that, ..., we can now all walk around with an attitude like, "Well, I've just seen
a panda doing something unusual online — what's going to amaze me now?"
「新たな,驚異的と思われている物事がインターネット周辺であまりにも速く飛
び回るために,…,私たちは今では皆,『いやあ,パンダがちょっと考えられな
いようなことをするのをオンラインで見たばっかりなんだけど,今度はどんなも
のがびっくりさせてくれるんだろうね』といった態度で生活している」。この部
分を全部書くゆとりはありませんし,「パンダ」といった**具体例は省くのが定石**
です。

　ですからこの部分の趣旨は「**新たな,驚異的な物事がインターネット周辺に次々
に現れ,私たちはネット上でさらに新奇なものを求めている**」となります。そし
てこのような私たちの現状に対して,この段落の最後に,ローマに行って雲に引
かれるようになったプレイター=ピニーのその後の心境として "it's much better
for our souls to realize we can be amazed and delighted by what's around us."
「自分たちが身の回りのものに驚嘆し,喜ぶことができるのだと気づくことの方
が,私たちの魂にとってはるかによい」と述べられています。

　このことから,下線部の a sense of wonder「驚きを感じる能力」の対象とな
るのは「私たちの身の回りのもの」であることがわかります。ですから「**次々に
現れるネット上の情報を追うあまり,身の回りのものに驚きを感じる能力を失い
つつある**」と後半の記述をまとめます。

11

❶ 現代では，驚くべきものだとされている事物がインターネット上に次々に現れる

_____ ／区分点 **5**点

> 「現代では」の未訳は1点減。「驚くべきものが次々に現れる」という文言のない
> ものは2点減。「インターネット上に」の記述がないものは2点減。

❷ …ので，それを追うあまり，人々が日常の身の回りの出来事に驚きや喜びを感じることがなくなっ
ているということ

_____ ／区分点 **5**点

> 前半に対して「…（**❶**）**であるゆえに**」という接続になっていないものはここで
> 2点減点します。「身の回りの出来事について」に言及のないものは2点減。「驚
> きや喜びを感じられなくなっている」に言及がないものは3点減。「驚き」「喜び」のい
> ずれか一方しか書いていないものは1点減。

問3 解答 構文解説▶p.163 　　　　　　得点 _____ ／**5**点（正解のみ）

(..., ")what is it that's so pleasing about this layer of (stratocumulus?")
「この（層積雲）の層の一体何がこんなにも魅力的なのでしょう」

🔍**考え方** 整序英作文問題を解く際には，①核となる動詞を見定める，② when や
because のような接続詞があればそれ1つにつき **SV** は2組あると考える（逆に
SV が2組あれば接続詞が必要と考える），③前置詞の後には必ず名詞がくる，
この3つのポイントを踏まえて考えましょう（解答作成のヒント03 p.50）。

　まず，③**前置詞の後に名詞がくる**という原則から2つの前置詞 about と of に
対して，about layer と of stratocumulus，あるいは about stratocumulus と of
layer という2通りの組み合わせが考えられます。前者であれば，about layer of
stratocumulus「層積雲の層」という意味が成立するので，こちらを選びます。
layer に冠詞が必要なので，語群から**冠詞の代わりとなる this** を加えて about
this layer of (stratocumulus) ができあがります。また，副詞の so と形容詞の
pleasing で so pleasing の組み合わせも決まります。

　次に，語群に残った is / it / that's / what から①**核となる動詞と主語**の組み合
わせを作ります。**SV** の形である that's の他に what is あるいは it is が考えられ
ますが，文末の疑問符（？）から本文が疑問文であるのは明らかなので，what
is を選び，What is it とします。

　最後に②**SV が2組あるので接続詞を探し**ますがそれらしきものがないので，

that's の **that を関係代名詞**と考えて，What is it that's までを組み立てます。that's の is の後に補語である so pleasing をつなげ，その後に about this layer of (stratocumulus) をつなげて完成です。

　ちなみにこの文は〈疑問詞を強調した強調構文〉で，強調構文の特徴として，**it is that を消去しても文意は同じ**のはずですから，it is that を消去すると，**What is so pleasing about this layer of stratocumulus?**「**この層積雲の層の何がこんなにも魅力的なのでしょう**」という基本的な文意がわかります。

重要構文 **07** 強調構文と疑問詞の強調

(例) Tom found this letter in her room on Sunday.
「日曜日にトムはこの手紙を彼女の部屋で見つけた」

この文を基に4つの強調構文を作ることができます。

① It was Tom that [who] found this letter in her room on Sunday.
「この手紙を日曜日に彼女の部屋で見つけたのは<u>トム</u>だった」

② It was this letter that Tom found in her room on Sunday.
「トムが日曜日に彼女の部屋で見つけたのは<u>この手紙</u>だった」

③ It was in her room that Tom found this letter on Sunday.
「トムがこの手紙を日曜日に見つけたのは<u>彼女の部屋</u>だった」

④ It was on Sunday that Tom found this letter in her room.
「トムがこの手紙を彼女の部屋で見つけたのは<u>日曜日</u>のことだった」

どれも元の文の強調したい要素を It was と that [who] で挟み込んでいますね。
　さて，こうして挟み込んだ部分を疑問詞にしてみましょう。

① It was Tom → who that found this letter in her room on Sunday.
⇒ <u>Who</u> was it that found this letter in her room on Sunday?

② It was this letter → what that Tom found in her room on Sunday.
⇒ <u>What</u> was it that Tom found in her room on Sunday?

③ It was in her room → where that Tom found this letter on Sunday.
⇒ <u>Where</u> was it that Tom found this letter on Sunday?

④ It was on Sunday → when that Tom found this letter in her room.
⇒ <u>When</u> was it that Tom found this letter in her room?

挟み込んでいた要素が疑問詞となって文頭に出たため，**it was that が疑問文の語順**になって直後に続いていますね。これが疑問詞の強調です。このようにきれいに変形できるものばかりではありませんが，**疑問詞の直後に is [was] it that**

（間接疑問文の場合 it is[was] that となります）が続いていたら，まず疑問詞の「強調」だと見ていいでしょう。

問4（ア）　解答

（1）**h**　（2）**a**　（3）**e**　（4）**g**　（5）**i**　（6）**c**　得点＿＿＿／18点（各3点）

（1）I found myself missing them

　第2段落第6～8文に But outside, when Pretor-Pinney looked up, the real Roman sky was usually cloudless. He wasn't accustomed to such endless, blue emptiness. He was an Englishman; he was accustomed to clouds. 「しかし外に出てプレイター＝ピニーが空を見上げても，本物のローマの空には普通，雲がなかった。彼はそのような果てしない，青い何もない空には慣れていなかった。彼はイギリス人であり，雲に慣れていたのだ」という記述があります。また空所（1）の直前に Now, in Rome, he couldn't stop thinking about clouds. 「今ローマにいて，彼は雲について考えずにはいられなかった」とありここから，空所直後の them は clouds を指すとわかります。以上から，空所には**「～がない［いない］ことを寂しく思う」**の意味の miss が現在分詞の形で入るとわかります。なお，**find** *oneself* *doing* は**「気がついてみると…してしまっている」**という意味です。

（2）He walked around admiring them

　第3段落の冒頭に Clouds. They were a strange obsession, perhaps even a silly one, but he didn't resist it. 「雲。それは奇妙な，ことによるとばかばかしくすらあるこだわりだったが，彼はそれに<ruby>抗<rt>あらが</rt></ruby>わなかった」とあり，彼が雲に取りつかれていることがうかがえます。空所直前に，he talked about clouds constantly「プレイター＝ピニーは常に雲について語った」という記述があることからも，空所には**「～をたたえる，称賛する」**という意味の admire が現在分詞の形で入ります。なお **admiring them は walked around を修飾する〈付帯状況〉の分詞構文**です。

（3）appreciate other pockets of beauty hiding in plain sight

　空所を含む1文は ₛSlowing down to appreciate clouds ᵥenriched ₒhis life and ᵥsharpened ₒhis ability ... 「雲を鑑賞するために生活のペースを減速させた

152

ことにより彼の人生は豊かなものとなり，…する能力が研ぎ澄まされた」を基本構造としています。to appreciate other pockets of beauty ... in plain sight は his ability を修飾している形容詞用法の不定詞句，a pocket of *A* は「ひとまとまりの *A*」の意味で，ここでは other pockets of beauty で「雲以外の美」という意味になります。plain sight は「平凡な風景」の意味で，この plain がキーワードです。雲の鑑賞をきっかけに**生活を減速させたプレイター＝ピニーの人生は豊かなものとなり，その余裕によって，普通は目に留めない「平凡な**風景の中に ア(3) している雲以外の美を鑑賞する能力」が研ぎ澄まされた，と述べられているので， ア(3) には hiding「隠れている」が入るとわかります。**hiding in plain sight は other pockets of beauty を修飾している現在分詞句**です。

(4) So he set about inventing one.

第5段落で 2004 年に南西イングランドで行った講演のタイトルについて，プレイター＝ピニーが，聴衆にアピールするように The first Annual Lecture of the Cloud Appreciation Society「雲鑑賞協会第1回年次講演」と名付けたことが述べられています。この時点では「協会」には実体はなかったわけですが，第7～9文に Afterward, people came up to him and asked for more information about the Cloud Appreciation Society. They wanted to join the society. "And I had to tell them, well, I haven't really got a society,"「講演の後，人々が彼のところにやってきて，『雲鑑賞協会』についてもっと情報を欲しいと言った。『雲鑑賞協会』に入会したいと言ってきたのだ。『それで僕は「いや，実は会は立ち上げていなくて…」と言わないわけにはいかなかったんです』とプレイター＝ピニーは言った」とその後に述べられています。聴衆は「雲鑑賞協会」が実在すると思ったわけですね。

それに続くのが空所を含む So he set about ... one. という1文です。set about *doing* は start *doing* と同じ意味で「…することに取りかかる」の意味で，one が a society を指すことはここまでの流れで明白です。ですから「彼は会を ア(4) することに取りかかった」には**「設立する」の意味の単語が入る**と見当がつきます。establish があればいいのですが選択肢にはありませんので，**「考案する」の意味の invent の動名詞**が入ることになります。

(5) Within a couple of months, the society had 2,000 paying members.

第6段落第3文に He also decided to charge a membership fee and issue a certificate in the mail.「彼はまた，会費を徴収し，会員証を発行して郵送することにした」という記述があります。また，その理由については次文で書かれて

いますが，それについては空所（**イ**）の解説で考察します。いずれにせよ会費を徴収した結果，「2，3か月のうちに，協会は 2,000 人の $\boxed{ア(5)}$ 会員を抱えることになった」という流れなので，空所には「**お金を払う**」の意味の分詞形容詞，**paying** が入ることになります。

(6) The writing process was exhausting.

　空所を含む最終段落第 1 文の直後に On top of not actually having written a book before, he demanded perfection of himself, so the work went slowly.「実際に以前に本を書いたことがないというだけでなく，彼は自らに完璧さを求めたため，執筆はゆっくりと進行した」という記述が続きます。この文が**冒頭の 1 文を具体的に言い換えている**と考えられます。未経験であるのに加えて完璧主義であれば，苦労するのは目に見えています。ですから「執筆作業は $\boxed{ア(6)}$ なものだった」の空所には，「**とてもハードな；疲労困憊させる**」の意味の分詞形容詞，**exhausting** が入るとわかります。

問4（イ）　解答　d　　　　　得点 _____ / 4 点

　まず he wanted to make sure that it did not seem $\boxed{イ}$ が，第 6 段落第 4 文 He did these things (=charged a membership fee and issued a certificate) の **because 節の一部**であることに注目します。プレイター＝ピニーの挙げている理由の 1 つ目は he recognized that joining an online Cloud Appreciation Society that existed in name only might appear ridiculous「オンライン上の，名ばかりの『雲鑑賞協会』に加入するというのはばかばかしく見えるかもしれないとの思いからだった」です。つまりは「本気度」を疑われることをプレイター＝ピニーは懸念している，ということですね。それと並列される 2 つ目の理由がこの he wanted to make sure that it did not seem $\boxed{イ}$ という記述です。

　make sure that SV は「…ということを確実なものとする」の意味。it は joining 以下，つまり「会に参加すること」を指します。ですから，この部分全体の意味は「会に参加することが $\boxed{イ}$ であるように思われないことを確実なものにしたかった」となります。この流れから，空所には「**無意味な**」の意味の **pointless** が入るのが適切だとわかります。

154

選択肢の訳

a)「プレイター＝ピニーはローマに行くまで雲を魅力的だと感じることはなかった[プレイター＝ピニーは ローマに行って初めて雲を魅力的だと感じた]」

▶ 選択肢の英文は It was not until he went to Rome that Pretor-Pinney found clouds attractive. で強調構文が用いられており，Pretor-Pinney didn't find clouds attractive until he went to Rome. と文意は同じになります。

　これと第2段落第9文の He remembered, as a child, being charmed by them and deciding that people must climb long ladders to harvest cotton from them.「子どもの頃，雲に魅せられ，雲から綿を摘んでくるには人々は長 いはしごを登らなければならないのだと結論づけたことを思い出した」は一致し ません。なお，問いの指示文の「合致しない」に下線が引いてあるにもかかわら ず，「合致しているもの」を解答する人が見受けられるので，注意が必要です。

b)「プレイター＝ピニーはロンドンに戻った後，雲について多くのことを学び，それが『雲観察者のための 手引き』を書くのに役立った」

▶ 第3段落，および第8段落に関連する記述があります。

c)「プレイター＝ピニーの『雲鑑賞協会』はたちまち人々の注目を集めた」

▶ 第7段落第1文に該当する記述があります。

d)「小さな文学祭でプレイター＝ピニーが行った雲に関する講演は大いに成功を収めることとなった」

▶ 第5段落の内容に一致します。

e)「プレイター＝ピニーは雑誌『アイドラー（怠け者）』の共同編集者の時も，『雲鑑賞協会』を創設した時も 忙しかった」

▶ 2つの when の後ろにはそれぞれ he was a が省略されています。第1段落， および第7段落に該当する記述があります。

11

読解
の
ヒント **02** ｜ 文章中の発言(話法)の読み方

　英語の文章中に直接話法が用いられる場合，第5段落第3文の "Wouldn't it be funny," **he thought,** "to have a society that defends clouds against the bad reputation they get — that stands up for clouds?" のように，発言が2分割されてその間に he thought [said] (said は said S の語順もある)といった **SV** が挿入される形が一 般的です。**たいてい挿入の前にくる発言は短めで，後の発言は長めとなっており，英語は頭でっか ちを嫌う**という特徴が見られます。

なお，**前半の発言の後，いったんピリオドで文が終結する**こともあります。その場合でも，**改行せずに発言がその後に続いていれば，一連の発言である可能性が高い**です。さらに，発言と発言の間に状況説明が数行にわたって入っているにもかかわらず，実はその2つの発言の間には時間差がほとんどない，というケースも見られます。**発言だけを拾って読んでみると状況が端的につかめる**こともありますので，実行してみるといいでしょう。

　なお，英文の筆者によっては上の例の he thought のような挿入があった場合，その前後が発言であることは自明であるということから，**引用符を省略する**ことがあります（第2段落第5文前半）。これは「中間話法」あるいは「描出話法」と呼ばれ，物語文やエッセイによく見られる表現法です。このような場合，引用符がないことから，時制や人物関係を地の文に合わせることが多くなります（例えば直接話法で "I am hungry." の引用符が外れると，he was hungry となったりするのです）。ただし筆者によっては引用符がなくなってもそのまま直接話法と同じ時制と主語を用いることもあります。

1 ¹ₛGavin Pretor-Pinney ᵥdecided to take ₒa break. ²ₛIt ᵥwas ᴄthe summer of 2003, and (for the last 10 years), (in addition to his graphic-design business [in London]), ₛhe and a friend ᵥhad been running ₒa magazine [called *The Idler*]. ³ₛThis title ᵥsuggests "ₒliterature [for the lazy]." ⁴ₛIt ᵥargues ❶against busyness and careerism and ❷for the value [of aimlessness], [of letting the imagination (quietly) run free].
(V)   (O)
(do)
⁵ₛPretor-Pinney ᵥanticipated ₒall the jokes: that he'd burned

以降は具体例

out (running a magazine [devoted to doing nothing], and so on). ⁶But ₛit ᵥwas ᴄtrue. ⁷ₛGetting the magazine out ᵥwas ᴄtiring, and (after a decade), ₛit ᵥseemed
(V)   (O)

形式主語

ᴄappropriate to ❶stop (for a while) and ❷live (without a plan) — to ❶be an idler
(V)   (V)   (V') (C')
himself (in a positive sense) and ❷make space for fresh ideas. ⁸(So) ₛhe
(V')   (O')
ᵥexchanged ❷ₒhis apartment [in London] for ❸one [in Rome], [where ₍ₛ₎everything
₍ᵥ₎would be ₍ᴄ₎new and ₍ₛ₎anything ₍ᵥ₎could happen].

訳 ¹ギャヴィン・プレイター＝ピニーは休みを取ることにした。²2003 年の夏のことで，それまでの 10 年間，ロンドンでのグラフィックデザインのビジネスに加えて，彼と友人は『アイドラー（怠け者）』という名の雑誌を発行していた。³この誌名は「怠け者のための文学」を示唆するものである。⁴それは多忙さと出世第一主義に異議を唱え，無目的，すなわち想像力を静かに自由に巡らせることの価値を支持する主張をする。⁵プレイター＝ピニーはあらゆるジョークを予期していた。何もしないことを専門に扱う雑誌の出版で燃え尽きてしまう…などなど。⁶だがそのとおりだったのだ。⁷雑誌の出版は骨の折れるものであり，10 年もたつと，少しの間立ち止まって，何の計画もなしに暮らすこと，つまり自らがいい意味で怠け者になって，新鮮なアイデアが生まれるスペースを作るということが，適切であるように思われた。⁸そこで彼はロンドンのアパートを出てローマのアパートに移ったのだが，ローマでは何もかもが新しくなりそうで，どんなことでも起こりそうだった。

11

語句 ¹take a break「休みを取る」／²in addition to *A*「*A* に加えて」 graphic「図」 idler「怠け者」／³literature「文学」 the lazy「怠け者」（〈the ＋形容詞〉で名詞を表す）／⁴argue against *A*「*A* に反対の主張をする (↔ argue for *A*)」 careerism「出世第一主義」 aimlessness「目標のないこと」 free「自由に，束縛なしに」／⁵anticipate「〜を予期する，見越す」 burn out「燃え尽きる」 (be) devoted to *A*「*A* に専念する」／⁷get **O** out「**O**（書籍）を出版する」 appropriate「ふさわしい」 make space for *A*「*A* のための余地を作る」／⁸exchange *A* for *B*「*A* を *B* と替える」

2 [1] $_S$Pretor-Pinney $_V$is $_C$❶47, ❷tall and ❸warm, (with ❶a grey beard and ❷pale blue eyes). [2] $_S$His face $_V$is (often) $_C$bright, (as if $_{(S)}$he ❶$_{(V)}$'s being told a story and ❷$_{(V)}$can feel $_{(O)}$some terrific surprise $_{(doing)}$coming). [3] $_S$He ❶$_V$stayed in Rome (for seven months) and ❷$_V$loved $_O$it, (especially) all the religious art. [4] One thing [he noticed]: $_S$the paintings [he encountered] $_V$were crowded with clouds. ==was that== [5] $_S$They $_V$were everywhere, ((he told me recently)), "these soft clouds, (like the sofas of the saints)." [6] But (outside), (when $_{(S)}$Pretor-Pinney $_{(V)}$looked up), $_S$the real Roman sky $_V$was (usually) $_C$cloudless. [7] $_S$He $_V$wasn't accustomed to such [endless, blue] emptiness. [8] $_S$He $_V$was $_C$an Englishman; $_S$he $_V$was accustomed to clouds. [9] $_S$He $_V$remembered, (as a child), $_O$❶being charmed by them and ❷deciding that people

==was Rome== (annotation under "it")

must climb long ladders (to harvest cotton from them). [10] (Now), (in Rome), $_S$he $_V$couldn't stop $_O$thinking about clouds. [11] "$_S$I $_V$found $_O$myself $_{doing}$missing them," ((he told me)).

訳 [1] プレイター＝ピニーは 47 歳で，長身で心の温かい人であり，白髪まじりのあごひげを生やし，淡い青色の目をしている。[2] 生き生きとした表情のことが多く，あたかもお話をしてもらっていて，何かすごくびっくりするようなことが起こるのを感じ取れるかのようだ。[3] 彼はローマに 7 か月滞在し，ローマ，とりわけ宗教芸術のすべてが気に入った。[4] 1 つ彼が気づいたことがある。彼が出会った絵には雲があふれていたのだ。[5] 雲は至るところにあったのだ，と彼が最近話してくれた。「柔らかな雲が，聖人たちのソファみたいに」と。[6] しかし外に出てプレイター＝ピニーが空を見上げても，本物のローマの空には普通，雲がなかった。[7] 彼はそのような果てしない，青い何もない空には慣れていなかった。[8] 彼はイギリス人であり，雲に慣れていたのだ。[9] 子どもの頃，雲に魅せられ，雲から綿を摘んでくるには人々は長いはしごを登らなければならないのだと結論づけたことを思い出した。[10] 今ローマにいて，彼は雲について考えずにはいられなかった。[11]「気がついたら，雲がないことを寂しく思っていたんです」と彼は私に話した。

語句 [1] grey「(米gray) 白髪 (交じり) の」 beard「あごひげ」 pale「(色が) 淡い」／[2] bright「生き生きした」 terrific「ものすごい」／[4] notice「～に気づく」 encounter「～に出会う」 be crowded with A「A でいっぱいである」／[5] saint「聖人」／[7] be accustomed to A「A に慣れている」 emptiness「空っぽであること」／[9] ladder「はしご」 harvest「～を収穫する」 cotton「綿」／[11] miss「～がない [いない] ことを寂しく思う」

---

3 [1] Clouds. [2] $_S$They $_V$were $_C$a strange obsession, ((perhaps) $_{C'}$(even) a silly one), ==clouds== ==obsession== but $_S$he $_V$didn't resist $_O$it. [3] $_S$He $_V$went with $_O$it, ((as he (often) does)), (despite not ==obsession==

having ❶a [specific] goal or (even) ❷a [general] direction (in mind));
(V)   (O)   (O)
ₛhe ᵥlikes to see ₒwhere things go. ⁴(When ₍ₛ₎ Pretor-Pinney ᵥreturned to

London), ₛhe ᵥtalked about clouds (constantly). ⁵ₛHe ❶ᵥwalked around (admiring

them), ❷ᵥlearned ₒ❶their scientific names, [like "stratocumulus]," and ❷the

weather conditions [that shape them] and ❸ᵥargued with friends [₍ₛ₎who

₍ᵥ₎complained they were gloomy or dull]. ⁶ₛHe ᵥwas realizing, ((as he (later) put
        ⌐(that)⌐ ((S)) ((V))   ((C))

it)), ₒthat "clouds are not something [to complain about]. ⁷ₛThey ᵥare, (in fact),
                (S)   (V)   (C)

c the (most) dynamic and poetic] aspect of nature."

訳 ¹雲。²それは奇妙な, ことによるとばかばかしくすらあるこだわりだったが, 彼はそれに抗
わなかった。³よくするように, 彼はそのこだわりに身を任せた。特定の目標も, だいたいの方向
性すら頭にないにもかかわらず。彼は物事がどこに向かっていくのかを見守るのが好きなのだ。
⁴ロンドンに戻ってくると, プレイター＝ピニーは常に雲について語った。⁵雲をたたえながらあち
こち歩き回り, 「層積雲」のような雲の学名を覚え, さらに雲を形作る気象条件について学び, 雲
は憂うつだとか, つまらないと文句を言う友人たちと議論した。⁶後になって述べているように, 「雲
は文句を言う対象などではありません。⁷それどころか, 自然の最もダイナミックで詩的な一面な
のです」と認識しつつあったのだ。

語句 ²obsession「いつも頭を離れないこと」 silly「ばかげた」 resist「～に抗う」／³go with A「Aを
受け入れる；Aに従う」 specific「特定の；明確な」 general「おおよその」／⁴constantly「絶えず」
／⁵admire「～をたたえる, 称賛する」 shape「～を形作る」 argue with A「Aと論争する」
complain (that) SV「…と不平を言う」 gloomy「暗い；陰気な」 dull「つまらない, 退屈な」／
⁶put「～を表現する」 complain about A「Aについて不平を言う」／⁷aspect「側面」

---

4 ¹ₛSlowing down (to ₍ᵥ₎appreciate ₍ₒ₎clouds) ᵥenriched ₒhis life and ᵥsharpened

ₒhis ability [to ₍ᵥ₎appreciate ₍ₒ₎other pockets of beauty [hiding in plain sight]].

²(At the same time), ((Pretor-Pinney couldn't help noting)), we were entering an
                      ⌐挿入された主節⌐   (S)   (V)

era [in which we were losing a sense of wonder]. ³ₑ[❶New, (supposedly) ❷amazing]
(O)   ((S))   ((V))   ((O))

things ᵥbounced around the internet (so quickly) (that, ((as he put it)), ₍ₛ₎we ₍ᵥ₎can

now all walk around (with an attitude [like, "Well, ₍₍ₛ₎₎I ₍₍ᵥ₎₎'ve (just) seen ₍₍ₒ₎₎a

panda ₍₍doing₎₎doing something [unusual] (online) — ₍₍ₛ₎₎what ₍₍ᵥ₎₎'s going to amaze

₍₍ₒ₎₎me now?"])) ⁴ₛHis passion [for clouds] ᵥwas teaching ₒ₁him ₒ₂that "it's much
                                                                          ⌐形式主語⌐

better (for our souls) to realize we can be amazed and delighted (by what's around
         ⌐不定詞の意味上の主語⌐   ⌐(that)⌐

11

159

us)."

> **訳** ¹雲を鑑賞するために生活のペースを減速させたことにより彼の人生は豊かなものとなり，平凡な風景の中に隠れているそれ以外の美を鑑賞する能力が研ぎ澄まされた。²同時に，私たちが驚きを感じる能力を失っていく時代に差し掛かりつつあることに，プレイター＝ピニーは気づかずにはいられなかった。³新たな，驚異的と思われている物事がインターネット周辺であまりにも速く飛び回るために，彼の言葉によると，私たちは今では皆，「いやあ，パンダがちょっと考えられないようなことをするのをオンラインで見たばっかりなんだけど，今度はどんなものがびっくりさせてくれるんだろうね」といった態度で生活している。⁴雲に対する彼の情熱は彼に，「自分たちが身の回りのものに驚嘆し，喜ぶことができるのだと気づくことの方が，私たちの魂にとってはるかによい」ということを教えてくれていたのだ。

> **語句** ¹slow down「（仕事などの）ペースを落とす」 appreciate「～を鑑賞する」 enrich「～の価値を高める」 sharpen「～を鋭敏にする」 a pocket of *A*「ひとまとまりの A」 plain「平凡な；普通の」／ ²can't help *doing*「…せざるを得ない」 note「～に気づく」 era「時代」 a sense of wonder「物事に不思議［驚き］を感じる心」／ ³supposedly「一般に～と考えられている」 amazing「驚くべき」 bounce「飛び回る；はねる」 walk around「生活をする」 attitude「態度；考え方」／ ⁴passion for *A*「A への熱中」 be amazed by *A*「A に驚嘆する」 be delighted by *A*「A に喜ぶ」

5 ¹(At the end of 2004), ₛa friend ᵥinvited ₒPretor-Pinney ₜₒ dₒto give a talk [about clouds] (at a small literary festival [in South West England]). ²The previous year, there ᵥwere ₛmore speakers than people [in the audience], (so) ₛPretor-Pinney ᵥwanted ₒan [interesting] title for his talk, (to ₍ᵥ₎ draw ₍ₒ₎ a crowd). ³"Wouldn't it be funny," ((he thought)), "to have a society [that defends clouds (against the bad reputation [they get])] — [that stands up for clouds]?" ⁴(So) ₛhe ᵥcalled ₒit "꜀The First Annual Lecture of the Cloud Appreciation Society." ⁵And ₛit ᵥworked. ⁶Standing room only! ⁷(Afterward), ₛpeople ᵥcame up to him and ᵥasked for more information [about the Cloud Appreciation Society]. ⁸ₛThey ᵥwanted to join ₒthe society. ⁹"And ₛI ᵥhad to tell ₒthem, (well), I haven't really got a society," ((Pretor-Pinney said)). ¹⁰(So) ₛhe ᵥset about inventing one.

> **訳** ¹2004 年の年末のこと，１人の友人が，プレイター＝ピニーに，南西イングランドで行われる小さな文学祭で，雲についての講演をしてほしいと依頼してきた。²その前年には聴衆よりも講演者の数の方が上回っていた。そこでプレイター＝ピニーは，自分の講演に面白いタイトルをつけて，大勢の聴衆を集めたいと思った。³「雲を今受けている悪評から守る，つまり雲のために決起

する協会があれば面白いんじゃないだろうか」と彼は考えたのだ。⁴そこで彼はこの講演を「雲鑑賞協会第1回年次講演」と名付けた。⁵それはうまくいった。⁶「満員，立見席のみ！」となったのだ。⁷講演の後，人々が彼のところにやってきて，「雲鑑賞協会」についてもっと情報を欲しいと言った。⁸「雲鑑賞協会」に入会したいと言ってきたのだ。⁹「それで僕は『いや，実は会は立ち上げていなくて…』と言わないわけにはいかなかったんです」とプレイター＝ピニーは言った。¹⁰それで彼は協会の設立に取りかかった。

・補足解説・

　第9文の well 以下は，発言の中にさらに発言が入っていることに伴って，煩雑さを避けるためあえて引用符がついていないと考えられます。

---

6 ¹ₛHe ᵥcreated ₒa simple website [with ❶a gallery [for posting photographs of clouds], ❷a membership form and ❸a bold manifesto]. ²("ₛWe ᵥbelieve ❶ₒthat clouds are (unjustly) insulted and ❷ₒthat life would be (infinitely) poorer (without them)," it began.) ³ₛHe (also) ᵥdecided to ❶charge ₒa membership fee and ❷issue ₒa certificate (in the mail). ⁴ₛHe ᵥdid ₒthese things (because ❶₍ₛ₎he ₍ᵥ₎recognized ₍ₒ₎that joining an online Cloud Appreciation Society [that existed in name only] might appear ridiculous, and ❷₍ₛ₎he ₍ᵥ₎wanted to make sure ₍ₒ₎that it did not seem pointless).

> (V)…(O)
> (S) (V) (S) (V) (C)
> (decided to)
> ((S)) ((V)) ((C)) ((S)) ((V)) ((C))

訳 ¹彼は簡単なウェブサイトを立ち上げ，雲の写真を投稿できるギャラリーと，入会申込フォームと大胆なマニフェスト（宣言）を載せた。²（「我々は雲が不当に侮辱を受けており，雲がないと人生は計り知れなく貧しいものとなると信ずるものである」という文言で始まるものであった）。³彼はまた，会費を徴収し，会員証を発行して郵送することにした。⁴彼がこのようなことをしたのは，オンライン上の，名ばかりの「雲鑑賞協会」に加入するというのはばかばかしく見えるかもしれないとの思いからであり，会に参加することが無意味であるように思われないことを確実なものにしたかったからだった。

11

7 [1] (Within a couple of months), ₛthe society ᵥhad ₒ2,000 paying members. [2] ₛPretor-Pinney ᵥwas ❶surprised and ❷delighted. [3] (Then), ₛYahoo ᵥplaced ₒthe Cloud Appreciation Society (first) (on its 2005 list [of Britain's "Wild and Wonderful Websites])." [4] ₛPeople ᵥkept _doing_ clicking on that link, [₍ₛ₎which ₍ᵥ₎wasn't

= and this

necessarily ❹₍c₎surprising], but ❺ₛthousands of them also ❶ᵥclicked through to Pretor-Pinney's own website, then ❷ᵥpaid for memberships. [5] ₛOther news sites ᵥnoticed. [6] ₛThey ᵥdid ₒtheir own articles [about the Cloud Appreciation Society], and ₛpeople ᵥfollowed ₒthe links [in those articles] (too). [7] (Previously), ₛPretor-Pinney ❶ᵥhad proposed ₒwriting a book [about clouds] and ❷ᵥhad been rejected by 28 editors. [8] (Now) ₛhe ᵥwas ₒan internet sensation [with a large online following]; ₛhe ᵥgot ₒa deal [to write a book [about clouds]].

訳 [1] 2, 3か月のうちに，協会は 2,000 人の有料会員を抱えることになった。[2] プレイター＝ピニーは驚き，そして喜んだ。[3] その後，ヤフーが「雲鑑賞協会」をイギリスの『ワイルドでワンダフルなウェブサイト』リスト 2005 年度版の１位に初めて選んだ。[4] 人々はそのリンクをクリックし続けたが，それは必ずしも驚くにはあたらない。だが，何千人もの人々が，プレイター＝ピニー自身のウェブサイトにまでもクリックして訪れ，その後会費を払ったのである。[5] これが他のニュースサイトの気づくところとなった。[6] それらのニュースサイトは「雲鑑賞協会」について，独自の記事を掲載し，人々はそれらの記事の中のリンクもたどった。[7] 以前，プレイター＝ピニーは，雲についての本の執筆を持ち掛けていたが，28 人の編集者に断られていた。[8] 今では彼は，膨大なオンライン上のフォロワーを抱える，インターネット上で大評判の存在となっていた。彼は雲についての本を書く契約を取り付けた。

語句 [1] a couple of A「2, 3の A」 paying「(金を) 支払う」／[3] place A first「A を1位に評価する」／[4] click on a link「リンクをクリックする」 not necessarily「必ずしも…ではない」 thousands of A「何千もの A」 pay for A「A の代金を支払う」／[5] site「(= website) サイト」／[6] follow「〜をたどる」／[7] propose _doing_「…することを提案する」 be rejected by A「A に拒絶される」／[8] sensation「大評判」 get a deal「取引を得る」

8 [1] ₛThe writing process ᵥwas ₒexhausting. [2] (On top of not (actually) having written a book (before)), ₛhe ᵥdemanded ₒperfection (of himself), (so) ₛthe work ᵥwent slowly. [3] But ₛ_The Cloudspotter's Guide_, [published in 2006], ᵥis ₒfull of ❶joy and ❷wonder. [4] ₛPretor-Pinney ᵥsurveys ₒclouds [in ❶art history, ❷poetry, and ❸modern photography]. [5] (In the middle of the book), thereᵥ's ₛa cloud quiz.

_SQuestion No. 5 _Vasks of a particular photograph, "what is it that's so pleasing (about this layer of stratocumulus)?" _SThe answer [Pretor-Pinney supplies] _Vis, _C"It is pleasing (for whatever reason _(S)you _(V)find _(O)it _(C)to be)."

= any reason   (that)

> **訳** [1]執筆作業はとても骨の折れるものだった。[2]実際に以前に本を書いたことがないというだけでなく、彼は自らに完璧さを求めたため、執筆はゆっくりと進行した。[3]だが2006年に出版された『雲観察者のための手引き』には喜びと驚嘆があふれている。[4]プレイター＝ピニーは美術史, 詩, 現代写真の中の雲について概説する。[5]その本の中ほどに雲クイズがある。[6]質問5はある特定の写真について問うている。「この層積雲の層の一体何がこんなにも魅力的なのでしょう」[7]プレイター＝ピニーが与えている答えは、「あなたがこれだと思う理由であれば、魅力の理由は何でもいいのです」である。

> **語句** [1]exhausting「骨の折れる」／[2]on top of A「Aに加えて」 demand A of B「AをBに求める」 perfection「完璧さ」／[3]be full of A「Aに満ちている」／[4]survey「～を概説する；～を見渡す；～を調査する」／[6]ask of [about] A「Aについて問う」 particular「特定の」 pleasing「楽しい, 満足を与える」 layer「層, 重なり」

9 [1]_SThe book _Vbecame _Ca bestseller.

> **訳** [1]その本はベストセラーになった。

11

問1 解答例 構文解説▶p.175   得点 _____ / 10点

一見同じような外的経験と同じ知的能力を持っている2人のうち，自分の経験のことを最もよく考え，その数々の経験を，互いに体系的な関係性を持ったものへと織りなしていく者が，最もよい記憶力を持つ者となるであろう。

解説と採点基準

❶ of two men with the same outward experiences and the same mental capacities,

一見同じような外的経験と同じ知的能力を持っている2人のうち，   _____ / 区分点3点

of two men ... the same mental capacities の働きは，

(例) Of the three boys he is the tallest.
   = He is the tallest of the three boys.

と同じく **of 以下を文頭に出している** 例ですね。The one of two men with ... *who thinks ...* と書くと先行詞 The one of two men と who thinks 以下が分離してしまって，それはそれで読みにくくなります。それゆえ of two men ... the same mental capacities を文頭に移動しているのですね。

この文章は古い（1890年出版）ので「人→ man / he」となっていますが，今では性差を意識させない a person が標準的表現となり，men は，普通は「男性」の複数形と取られることが多いので注意が必要です。with ～は**「～を持つ」**の意味で，**who have [has] ～**とほぼ同じ意味です。the same outward experiences と the same mental capacities は共に with に接続しています。

outward experience の訳は「外的経験」で，**人から見てそれとわかる「経験」**の意味で，「内（面）的経験」と対比をなすものです。

✏ of 以下が本来 the one に続く要素であると取れていない答案は3点減です。with「～を持つ」の誤訳は2点減で，with に the same outward experiences と the same mental capacities が接続していることが取れていなければ2点減。outward experiences の誤訳は1点減。mental capacities「知的能力」を大きく誤訳していれば1点減。

❷ the one ..., will be the one with the best memory

…な者が，最もよい記憶力を持つ者となるであろう   _____ / 区分点4点

全体は _Sthe one ... _Vwill be _Cthe one ... という構造です。one はいずれも man を言い換えたものですね。「人」あるいは「者」と訳出しましょう。the one with the best memory は，今までの解説からわかるとおり，the one who has the best memory と同じ意味です。

 全体の構造が取れなかった場合は 4 点減です。one の誤訳は 1 点減。the one with the best memory の誤訳は 2 点減。斜字体については採点上は不問です。

❸ *who thinks over his experiences most*, and weaves them into systematic relations with each other
自分の経験のことを最もよく考え，その数々の経験を，互いに体系的な関係性を持ったものへと織りなしていく(者が)，　　　　　　　　_____／区分点3点

weaves **O** into systematic relations with each other はなかなかに難しい表現ですね。直訳すると「**O を織りなして［編んで］互いに体系的な関連を持ったものにする**」となります。**into は〈結果〉を表します。**要するに**様々な経験を，織物を織る［編み物を編む］ように相互に結び付けていって体系化する**プロセスのことを言っています。

 thinks ...，and weaves の並列が取れていなければ 2 点減。thinks over ... most「…のことを最もよく考える」の誤訳は 2 点減。weaves them の them が his experiences であることが明らかに取れていない場合は 2 点減。weave *A* into *B*「A を B へと織りなす；A を織りなして B にする」の意味が取れていないものは 2 点減。systematic relations with each other「互いに体系的な関連を持ったもの」の誤訳は 1 点減。斜字体の扱いは不問とします。

問2 解答例 構文解説▶p.175　　　　　　得点 _____／**10** 点

かくして商売人は物の値段を，政治家は他の政治家の演説や得票数を，外部の人間を驚かせるほどの量で記憶するのだが，これは彼らがこうした事柄に充てる思考の量の多さによって簡単に説明のつくものである。

解説と採点基準

❶Thus the merchant remembers prices, the politician other politicians' speeches and votes, in such an amount as amazes outsiders, but
かくして商売人は物の値段を，政治家は他の政治家の演説や得票数を，外部の人間を驚かせるほどの量で記憶するのだが，　　　　　_____／区分点6点

thus は「かくして」「このようにして」「したがって」が標準的な訳語ですが，ここはどれも可能です。$_s$the merchant $_v$remembers $_o$prices, $_s$the politician ($_v$remembers) $_o$other politicians' ❶speeches and ❷votes という **SVO** はつかめましたか？ 特に**2つ目の V が省略されている**ことを読み取ることは必須です。

in such an amount as amazes outsiders においては **such と as が相関関係に**あることに気づいてほしいところです。この as は，the same と共に用いられる as と同じ**関係代名詞で，amazes の主語**に当たります。**in an amount は「ある量で」**の意味ですから，全体では「外部の人間を驚かせるほどの量で」の意味になります。

✎ thus の誤訳・未訳は 1 点減。SVO の並列が取れていなければ 3 点減。speeches と votes が共に other politicians' に接続することが取れていなければ 2 点減。in such an amount as ... の意味が取れていなければ 2 点減。

---

❷this is easily explained by the amount of thinking they devote to these subjects

これは彼らがこうした事柄に充てる思考の量の多さによって簡単に説明のつくものである

_____／区分点**4**点

---

the amount of thinking は「思考の量（の多さ）」の意味です。省略されている**関係代名詞の先行詞は thinking** ですから，they devote thinking to these subjects「彼らは思考をこれらの事柄に充てる」という構造が基となっています。

✎ this is explained by ...「これは…によって説明がつく［される］」の誤訳は 2 点減。easily「簡単に」の未訳・誤訳，および修飾先のミスは 1 点減。the amount of thinking の誤訳は 1 点減。they devote to these subjects が thinking を先行詞とする関係代名詞節であると取れていないものは 2 点減。subjects「事柄；主題；テーマ」の誤訳は 1 点減。

問3 解答例 構文解説▶p.175 　　　　得点 _____／**8**点

ある人に若いうちに，進化論のような理論を立証するという課題を自らに与えるようにさせてやると，じきに多くの事実がどんどん集まってきて，ブドウが茎に絡みつくように，その人の周りに絡みつくようになる。

❶Let a man early in life set himself the task of confirming such a theory as that of evolution, and

ある人に若いうちに，進化論のような理論を立証するという課題を自らに与えるようにさせてやると，

_____／区分点**5**点

全体の構造が〈**命令文**，**+ and ...**〉の形であることがわかりましたか？　直訳すれば「〜せよ。そうすれば…」という訳になりますが，

 Study hard, and you will pass the exam.「一生懸命勉強すれば試験に通るよ」

というように，**命令の部分を条件節のように訳出**するのが一般的です。let **O** _do_ は「**O** に…させてやる」，set _oneself_ **O** は「自らに **O**（課題など）を与える」の意味ですが少し難しい表現ですね。

the task of _doing_ は「…するという課題」，confirm は「〜を立証する，裏付ける」，such a theory as ... は「…のような理論」の意味です。that of evolution の that は **the theory を言い換えたもの**です。したがって that of evolution は「進化論」です。

〈**命令文**，**+ and ...**〉の構造がつかめていない答案は 4 点減とします。let **O** _do_ の誤訳は 2 点減。その他の誤訳は各 1 点減。

❷facts will soon cluster and cling to him like grapes to their stem

じきに多くの事実がどんどん集まってきて，ブドウが茎に絡みつくように，その人の周りに絡みつくようになる

_____／区分点**3**点

cluster は「群れ」という名詞としても用いられますが，ここは動詞で**「集まる」「群れる」**の意味です。cling to _A_ は「_A_ に絡みつく；_A_ にしがみつく」の意味です。like の後は grapes (cling) to their stem の **cling が省略**された形です。like は接続詞（≒as if）として用いられており，全体で「ブドウが茎に絡みつくように」の意味となります。

 cluster と cling to _A_ の誤訳は各 1 点減。cling の省略が読み取れていなければ 2 点減。

12

解答例 構文解説▶p.177   得点 _____ /8点

試験に先立つ学期の間ほとんど，あるいは全く勉強せずにいて，試験前の数
時間とか数日間で集中的に「要点」を暗記するといった，試験準備の方法の
こと。 (71字)

🔍 **考え方** 筆者は直後の第3段落第2文にて By cramming I mean ... という言い方
をしています。**S（人）mean _A_ by _B_ の形で「_B_ という言葉を用いて S（人）の
言おうとすることは，要するに _A_ である」**という意味で，本文では _B_ が
cramming に当たりますから，結局，筆者の言う cramming とは **mean の目的
語である that way 以下**ということになります。

解説と採点基準

❶ 試験準備の方法 _____ /区分点**2**点

　that way of preparing for examinations が「あの試験準備の方法」の意味で
あることはわかりますね。この that は「あの；例の」の意味で用いられていま
すが，解答には入れなくてもよいです。

❷ 試験前の数時間とか数日間で集中的に「要点」を暗記する(ことによる)， _____ /区分点**3**点

　by intensively learning "points" by heart during the preceding few hours
or days の learn ... by heart は「…を丸暗記する」の意味です。また preceding
は「（試験に）先立つ」の意味なので during the preceding few hours or days
は「試験前の数時間とか数日間で」の意味になります。

❸ 試験に先立つ学期の間にほとんど，あるいは全く勉強したことがなく _____ /区分点**3**点

　(S) little or no work (V) having been performed in the previous course of the
term は **SV 関係のある，〈付帯状況〉を表す独立分詞構文（主語を伴った分詞構
文）**です。このような場合 **with を冒頭に伴うことがありますが，絶対ではあり
ません**（重要構文 03 p.53）。

　no work having been performed は要するに**「一切勉強をしてこなかった」**
ということですね。in the previous course of the term は「それに先立つ学期の
間に」の意味です。分詞構文は副詞として働きますから，このブロックは❷の
intensively learning "points" by heart を修飾します。

　最後に，❶「試験準備の方法」に自然につながるように，❸→❷の順にします。

✎ ❶〜❸において該当箇所を外しているものはそれぞれのブロックの得点はありません。内容と一致しない記述についてはその都度1点減。なお、❷と❸を本文の順に沿って「試験前の数時間とか数日間で集中的に「要点」を暗記し、それに先立つ学期の間にほとんど、あるいは全く勉強したことがなかった」と書いたものも認めます。

問5 解答例 構文解説▶p.177 　　　　　　　　得点 ＿＿＿＿ /8点

詰め込み学習では、覚える事柄は他の事柄と関連付けられず、記憶をたどる経路が限られるため、急速に忘れ去られてしまうから。 　　　　　　(59字)

🔍 考え方 下線直前の第3段落第8文で if it led to the desired end of secure learning, it would be infinitely the best method of study「もしそれが確実な学習の期待される目標につながるというのであれば、それは限りなく最善の学習法であろう」と述べています。it はコロン前の cramming を指しています。cramming は問4の解答を一言でまとめるなら、「詰め込み学習」「付け焼き刃の学習」と表せるでしょう。そしてこの1文が**仮定法で書かれている**ことに注目しなければなりません。つまりこの1文は〈非現実〉なのですね。それを受けての it does not.(= **cramming does not lead to the desired end ...**) ですから、下線部は前文のすべてを否定し、**「詰め込み学習は確実な学習の期待される目標にはつながらず、最善の学習法とは言えない」**という意味になることがわかります。筆者がそう判断した理由を述べよということですね。

　筆者は、問4で述べられた cramming「詰め込み学習」についての説明の後、第3段落第3文でこのように述べています。Things learned thus in a few hours, on one occasion, for one purpose, cannot possibly have formed many associations with other things in the mind.「数時間で、1回きりで、単一の目的でこのようにして学んだ物事が、頭の中で他の物事と多くの関連性を形成してしまったというようなことは決してあり得ない」(cannot possibly は「決してあり得ない」の意味です)。この部分で大事なのは下線を施した部分です。さらに第3段落第4文で Their (= Things learned thus in a few hours, on one occasion, for one purpose) brain-processes are led into by few paths,「そうした事柄のための脳の働きはわずかな経路によってしか導かれることがなく、」という文が続きます。**様々な他の項目とのつながりを欠いているので、あることを思い出そうにもきっかけとなるものが少なく、**記憶をたどる「経路」がごく限られる、というのですね。

　その結果、Speedy forgetfulness is the almost inevitable fate of all that has

12

169

been learned in this simple way.「このような単純な方法で覚えたことすべての
ほぼ避け難い運命は，急速に忘れ去られることである」となるわけです。

　これをまとめれば解答になりますが，念のため直後の第3段落第6文の記述も
読んでおきましょう。今述べた記述を逆方向から裏付けています。if the same
materials ❶are associated with other external incidents and ❷considered in
various relations,「同じ題材が ❶他の外的な事象と関連付けられ，❷様々な関係
の中で考慮されると，」they ❶grow into **such** a system, and ❷lie open to **so**
many paths of approach, **that** they remain permanent possessions.「それらは，
❶永続的に頭の中に残るものとなるような体系へと成長し，❷永続的に頭の中に
残るほど多くの取り組みの経路に開かれたものとなるのである」（この1文は
ちょっと解説が必要ですね。**such と so がそれぞれ that と相関関係を作り，
that 節が such と so の具体的な内容を示している**構造です）。というわけで，「**関
連付け**」の有無と，それに伴う「**経路**」の多さが記憶残存のカギとなることがわ
かります。

　　❶「詰め込み学習では，覚える事柄は他の事柄と関連付けられない」に3点，❷
「（詰め込み学習では）記憶をたどる経路が限られる」に2点，❸「（それゆえ，詰
め込み学習で覚えた事柄は）急速に忘れ去られてしまう」に3点を配点します。語句レ
ベルの誤りは都度1点減とします。

重要
構文　**08　仮定法1　仮定法の基本**

　そもそも「法（mood）」というのは**動詞の形が発言者のどのような心的態度
を表すか**ということに用いられる用語で，「直説法（✘直接法）」「命令法」「仮定
法」の3つがあります。if 節が存在しない場合にも仮定法は用いられますし，if
節中でも直説法が用いられることもあります。「if ＝仮定法」とは限らないのです。

　いきなりドイツ語の話で恐縮ですが，ドイツ語の一部の動詞には「過去形」の
形が2通りあるものがあります。例えば，英語の have に当たる言葉 haben は
hatte と hätte という2つの「過去形」を持ちます。hatte はいわゆる「直説法過
去」の形で「過去の事実」を表し，hätte は英語の「仮定法過去」に当たる形で「現
在における非現実」を表します。ドイツ語のように直説法と仮定法で動詞の形が
違っていれば，一見して意味の違いは明らかですが，英語の場合 be の過去形が
直説法では was となり**仮定法では were** になる（最近は was が用いられること
が多いようです）以外は「**直説法**」と「**仮定法**」が同じ形をしているので，判別
するには訓練が必要です（仮定法2 重要構文10 p.210）を参照してください）。

　「**直説法過去**」は「過去の事実」を表すのに対して，「**仮定法過去**」では**現在の**

ことを表しつつ，動詞が何らかの意味合い（例えば「非現実」）を伝えます。例えば，Can you ...? と依頼するより Could you ...? とする方が格段に丁寧な依頼になるというのも仮定法の用法の一つですし，may も might も同じく「現在の推量」を表すものの，might の方が確信度が低くなる，というのも仮定法の用法の一つです。ただし圧倒的によく用いられるのは**動詞を過去形にすることで「非現実」であることを表す**用法です。

仮定法〈非現実用法〉の基本の形

多くの場合，**非現実を表す仮定法の文は〈条件節＋主節〉**という形を取ります。

1. 仮定法過去

⒠ If I had money, I would buy it. 「私にお金があれば，それを買うのに」

現実にはお金がないから買わないのですね。**仮定法過去**の文では，条件節に動詞の過去形，主節［帰結節］には〈**助動詞の過去形（would が標準）＋動詞の原形**〉が用いられます。

2. 仮定法過去完了

⒠ If I had had money then, I would have bought it.
「私にあの時お金があったなら，それを買ったのに」

現実にはその時にはお金がなかったので買わなかったのですね。**仮定法過去完了**の文では，条件節に**過去完了〈had ＋過去分詞〉**，主節には〈**助動詞の過去形＋ have ＋過去分詞**〉の形が用いられます。

3. 仮定法過去と仮定法過去完了が混在する例

⒠ If I had followed his advice then, I would be richer now.
「あの時彼の助言に従っていたなら，今頃もっと金持ちになっているだろう」

現実には過去において彼の助言に従わなかったので，今あまり金持ちではないのですね。この場合，**条件節は過去完了**の形が，**主節には〈助動詞の過去形＋動詞の原形〉**が用いられています。

英文中で用いられる仮定法の文のほとんどは上に挙げた３つの例文の変形です。そしてその多くは**条件節が変形された**ものです。

条件節の潜在

条件節は，下の例文の１つ目では主語の中に，２つ目では副詞句に，３つ目では不定詞句に，４つ目では挿入されている分詞構文に潜在しています。

⒠ A man of sense would not do such a thing.
「常識のある人ならそのようなことはしないだろう」

例 Ten years ago, I could have run much faster.
「10年前であれば, もっとずっと速く走れたのに」

例 To look at him, you could hardly help pitying him.
「彼を見れば同情を禁じ得ないでしょう」

例 The same man, living in this country, would be a hero.
「同じ男性がこの国に住んでいれば, 英雄になっているだろう」

次の例文では関係代名詞節の中に仮定条件があり, それに伴い関係詞節中の動詞が仮定法過去になっています。

例 A country that stopped working would quickly be bankrupt.
「機能停止した国はたちまち破綻するであろう」

このように条件節は様々な語句に潜在するのですが, 例文のとおり主節の助動詞が過去形になることはどの文でも共通です。ですから, 助動詞の過去形を見たら仮定法を疑うは大事な原則です。助動詞の過去形が直説法で用いられることはもちろんあります。その判別は「仮定法2」で解説します (重要構文10 p.210)。

条件節の倒置

例 Had I known it, I would have told you.
「そのことを知っていたら, あなたにお話ししていたでしょう」

If I had known it の If が脱落したことによる倒置です。if 節が文末に回っている場合, 倒置が起こると文構造が取りづらくなるので注意が必要です。

条件節の独立

例 I wish I had money!「お金があればなあ!」

例 If only I had money!「お金さえあればなあ!」

条件節が文として独立した例です。必要のない場合, 助動詞は用いられません。その他, 以下のような表現があります。

例 He talks as if [though] he knew everything.
「彼は何でも知っているように話す」

この as if ... の表現では節内に直説法が用いられることも珍しくありません。

例 It's high time you went to bed.
「もうとっくに就寝している時間だよ」

仮定法の went が用いられることで実際には「まだ寝ていない」ということが

表されています。

　空欄に副詞を補う問題では，何よりも空欄の前後，特に**後に続く部分とのつながり**をしっかり見て判断することが必要です。

（ア）

　空欄の前の 2 文は The "secret of a good memory" is the secret of forming diverse and multiple associations with every fact we care to retain. But this forming of associations with a fact is nothing but *thinking about* the fact as much as possible.「『よい記憶力の秘訣（ひけつ）』とは，覚えていたいと思うあらゆる事実について，多様で数多くの関連付けをする秘訣のことである。しかし，1 つの事実に関してこのように関連付けを行うということは，その事実『に関して』，できるだけ『考える』ことに他ならない」という総論が述べられています（care to *do* は「…したいと思う」，nothing but ... は「…に他ならない」の意味です）。

　英文の構成は**抽象度の高い内容から低いもの（＝具体的な記述）**へと展開するのが一般的です。その観点で**（ア）**に続く第 1 段落第 3 文の下線部 (1) の内容を見ると「2 人の人のうちで…の方がよい記憶力の持ち主だ」という**具体的記述**が示されています。**総論から必然的に導かれる具体的判断**ということで，ここに入る副詞は then が正解です。then の訳語としては「その時」「それから」「それだったら」が知られていますが，ある程度筆者が意見を展開したところで，「したがって」の意味で使われることも覚えておいてほしいと思います。

（イ）

　問 5 の解説の中でも述べたように，**（イ）**の後の記述は，**それ以前の記述を逆方向から裏付けた記述**となっているので，「これに反して」の意味の on the contrary が入ることは明らかです。

（ウ）

　これは It is true ..., but「確かに…ではあるが」などと同じく，**譲歩表現に用いられる of course** で，直後の第 3 段落最終文の **But it does not.** と呼応して「もちろん…。しかし，実際は〜」となります（全訳参照）。of course の後に続く記述にはさほど重きはなく，**but 以降に重点**が置かれます。本文でも「詰め込み学習それ自体には何ら悪いことはない」というのは筆者の主張でないことは明らかです。

Discourse Markers「談話の標識」は，この後**文章がどのような方向に向かっていくか**を示す，文字どおり「標識」となる言葉のことです。Discourse Markers を意識することで，文章の前後の関係性がわかり，論理的展開を読み取ることができ，**筆者の主張の中心がどこにあるのか**も見当がつきます。

（副…副詞　等…等位接続詞　従…従位接続詞　前…前置詞）

逆接・譲歩	副	however; nevertheless「にもかかわらず」 on the contrary「これに反して；それどころか」
	等	but; (and) yet「しかし」
	従	although; (even) though「…ではあるが」　while「…であるのに」 whereas「…であるのに」
	前	despite「〜にもかかわらず」
対比	副	on the other hand「その一方で」　in [by] contrast「それとは対照的に」 by comparison「それと比較して」
	従	while「…する一方で」　whereas「…する一方で」
例示	副	for example; for instance, (let's) say「例えば」
換言	副	in other words「言い換えれば；つまり」　that is (to say)「つまり」 namely「すなわち」
類似	副	equally; similarly; likewise; in the same way「同様に（して）」
追加	副	also; as well「…もまた」　besides「それに加えて」 furthermore; moreover; what is more; in addition「さらに」
	前	besides; in addition to「〜に加えて」
列挙	副	first; firstly「第1に」　in the first place; first of all「まず第1に」 to begin with; to start with; in the beginning「まず始めに」 second; secondly; in the second place; next「第2に」　then「次に」 lastly; finally「最後に」
原因・理由	等	for「なぜならば」（* 従位接続詞の because との誤用が多い。等位接続詞なので S_1V_1, for S_2V_2. または S_1V_1. For S_2V_2. の形で使い，また for 以下から先に訳出することはできない）
	従	because; as; since「…なので」；now (that)「今や…なので」
	前	because of; on account of「〜により」　due to「〜のせいで」 owing to「〜のせいで」
結果	副	therefore; hence; thus「それゆえ（に）」　accordingly; consequently; as a result「結果として」　as a consequence; in consequence「結果として」　after all「結局（意外性を伴う場合）；だって（何といっても）…なのだから」
	等	so「だから」
要約および結論	副	in short; in a word; in brief; to sum up「要するに」 in conclusion「結論として」
一般論	副	generally (speaking) ; in general「一般的に言うと」 as a rule; by and large; on the whole「概して」 in most cases「たいていの場合」　in many cases「多くの場合」

構文解説・全訳・語句

英文と著者の講義の音声がついています。

25〜26

1 ¹ ₛThe "secret of a good memory" ᵥis ꜀the secret of forming [❶diverse and ❷multiple] associations [with every fact [we care to retain]]. ²But ₛthis forming of associations [with a fact] ᵥis ꜀nothing but *thinking about* the fact (as much as possible). ³(Briefly), (then), (of two men [with ❶the same outward experiences and ❷the same mental capacities]), ₛ*the one* [₍ₛ₎ *who* ❶ ₍ᵥ₎ *thinks over his experiences most*, and ❷ ₍ᵥ₎ *weaves* ₍ₒ₎ *them into systematic relations* [with each other]], ᵥ*will be* ꜀*the one* [*with the best memory*]. ⁴ₛWe ᵥsee ₒexamples of this (on every hand). ⁵ₛMost men ᵥhave ₒa good memory [for facts [connected with their own pursuits]]. ⁶ₛThe college athlete [₍ₛ₎ who ₍ᵥ₎ remains ₍꜀₎ a dunce (at his books)] ❶ᵥwill astonish ₒyou (by his knowledge of men's "records" [in various ❶feats and ❷games]), and ❷ᵥwill be ꜀a walking dictionary [of sporting statistics]. ⁷ₛThe reason ᵥis ꜀that he is (constantly) ❶going over these things (in his mind), and ❷comparing and making series of them. ⁸ₛThey ᵥform (for him) ₒnot ❹so many odd facts, but ❶'ₒ'a concept-system — so ₛthey ᵥstick.

〔= these things〕

⁹(Thus) ❶ₛthe merchant ᵥremembers ₒprices, ❷ₛthe politician ,ₒother politicians' ❶speeches and ❷votes, (in such ❹an amount ₍ₛ₎ as ❸₍ᵥ₎ amazes ₒoutsiders), but ₛthis ᵥis (easily) explained (by the amount of thinking [they devote to these subjects]).

〔(remembers)〕

¹⁰ₛThe great memory [for facts] [₍ₒ₎ which ₍ₛ₎ ❶a Darwin and ❷a Spencer ₍ᵥ₎ reveal (in their books)] ᵥis not ꜀incompatible with their having a brain [with only a middling degree of native retentiveness]. ¹¹ᵥLet ₒa man (early in life) ₍do₎set ₍O₁₎ himself ₍O₂₎ the task [of confirming such ❹a theory as ❸that of evolution], and ₛfacts ᵥwill (soon) ❶cluster and ❷cling to him (like ₍ₛ₎ grapes to their stem).

〔= the theory〕
〔(cling)〕

¹²ₛTheir relations [to the theory] ᵥwill hold ₒthem (tight), and (₍ₒ₎ the more of these ₍ₛ₎ the mind ₍ᵥ₎ is able to discern), ꜀the more substantial ₛthe knowledge ᵥwill become. ¹³(Meanwhile) ₛthe theorist ᵥmay have ₒ[❶little, or (if any), ❷loose] memory. ¹⁴ₛUnutilizable facts ᵥmay be ❶unnoted by him and ❷forgotten (as soon as

12

175

heard).

2 [1](In a system), _Severy fact _Vis connected with every other (by some thought-relation). [2]_SThe consequence _Vis _Cthat every fact is retained by the combined
_(S) _(V)
suggestive power [of all the other facts [in the system]], and _Sforgetfulness _Vis
(almost) _Cimpossible.

> 訳 [1]思考のシステムにおいては、個々の事実すべてが、何らかの思考の関連付けによって、他のすべての事実と結び付けられる。[2]その結果、個々の事実すべてが、そのシステム内の他のすべての事実と結び付いて生じる示唆力に富む力により保持されることになり、忘れるということはほぼ不可能になるのだ。

語句 [1]be connected with A「Aと結び付けられる」／[2]consequence「結果」 combined「結合した」
suggestive「示唆に富む、暗示的な」

3 [1]_SThe reason [why _(S)*cramming* _(V)is _(C)such a bad mode of study] _Vis (now)
made _Cclear. [2](By cramming) _SI _Vmean _Othat way of preparing for examinations (by
(intensively) learning "points" by heart (during the preceding few ❶ hours or
❷ days), (_{((S))}[❶little or ❷no] work _{((V))}having been performed (in the previous
        (V)   (O)
course of the term))). [3]_SThings [learned (thus) (in a few hours), (on one occasion),
(for one purpose)], _Vcannot (possibly) have formed _Omany associations [with other
                                        └ = at all ┘
things] (in the mind). [4]_STheir brain-processes ❶_Vare led into (by few paths), and
❷_Vare (relatively) _Clittle liable (to be awakened again). [5]_SSpeedy forgetfulness _Vis
_Cthe [(almost) inevitable] fate of all [that has been learned (in this simple way)].
[6](On the contrary), (if _(S)the same materials ❶_(V)are associated with other external
incidents and ❷_(V)considered (in various relations)), _Sthey ❶_Vgrow into such a
system, and ❷_Vlie _Copen to so many paths of approach, that _(S)they _(V)remain
_(C)permanent possessions. [7]_SThis _Vis _Cwhy habits [of continuous application]
                                                    (S)
should be enforced (in educational processes). [8](Of course) there _Vis _Sno evil (in
(V)   次文Butと呼応
cramming (in itself)): (if _(S)it _(V)led to the [desired] end of secure learning), _Sit
_Vwould be (infinitely) _Cthe best method of study. [9]But _Sit _Vdoes not; and _Sstudents
                                                (lead to ... learning)
themselves _Vshould understand _Othe reason [why].

12

訳 ¹「詰め込み」がなぜかくも悪い学習法であるのかという理由は今では明らかにされている。²私の言う「詰め込み」とは，試験に先立つ学期の間ほとんど，あるいは全く勉強せずにいて，試験前の数時間とか数日間で集中的に「要点」を暗記するといった，あの試験準備の方法のことである。³数時間で，１回きりで，単一の目的でこのようにして学んだ物事が，頭の中で他の物事と多くの関連性を形成してしまったというようなことは決してあり得ない。⁴そうした事柄のための脳の働きはわずかな経路によってしか導かれることがなく，再度呼び覚まされる可能性も比較的わずかでしかない。⁵このような単純な方法で覚えたことすべてのほぼ避け難い運命は，急速に忘れ去られることである。⁶これに反して，同じ題材が他の外的な事象と関連付けられ，様々な関係の中で考慮されると，それらは，永続的に頭の中に残るものとなるような体系へと成長し，永続的に頭の中に残るほど多くの取り組みの経路に開かれたものとなるのである。⁷そのようなわけで，教育課程において，継続的な応用の習慣が強制されねばならないのである。⁸もちろん詰め込み学習それ自体には何ら悪いことはないのであり，もしそれが確実な学習の期待される目標につながるというのであれば，それは限りなく最善の学習法であろう。⁹しかし，実際はそうではないのであり，学生たちは自分で，その理由を理解するべきなのである。

語句 ¹cramming「詰め込むこと；詰め込み学習」／²mean A by B「Bによって Aという意図を表す」 intensively「集中的に」 learn O by heart「Oを暗記する」 preceding「(the ～) 先立つ，前の」 course「教育課程」 term「学期，期間」／³thus「そのようにして」 occasion「時」 purpose「目的」 cannot possibly do「…することはあり得ない」／⁴path「(考えの) たどる道，経路」 relatively「比較的」 awaken「～を呼び覚ます」／⁵inevitable「避けられない」 fate「運命」／⁶on the contrary「これに反して，それどころか」 material「情報，データ；題材」 incident「出来事」 lie C「…の状態にある」 open to A「Aに開かれている」 permanent「永続的な」／⁷habit「習慣」 continuous「継続的な」 application「応用，適用」 enforce「～を強制する」／⁸evil「有害」 end「目標」 secure「確実な」 infinitely「非常に」

13 解答・解説

問1　解答　（ア）④　（イ）②　（ウ）⑥　（エ）③　得点_____／8点（各2点）

（ア）

直前の Clearly, we human beings must have great difficulty living mindfully in the present.「私たち人間が心して今を生きることが非常に困難にちがいないことは明らかである」に続くこの文は，（ア），<u>why</u> would so many philosophers feel the need to keep repeating the message?「（ア），<u>どうして</u>かくも多くの哲学者たちがそのメッセージを繰り返し続ける必要性を感じるのだろうか」という内容になりますが，ポイントはこの文が **why で始まる疑問文**だということです。

この疑問文は〈**修辞疑問文**〉といって，why で始まる疑問文の形を取っていますが，**Because で始まるような「理由」を一切期待しておらず**，実質的には so many philosophers <u>would not</u> feel the need to keep repeating the message「かくも多くの哲学者たちがそのメッセージを繰り返し続ける必要性を感じることは**ないだろう**」という否定的な内容を表します。直前の文からのつながりを論理的に考えると，「私たち人間が心して今を生きることが困難なのは明らかだ」→「<u>したがって</u>かくも多くの哲学者たちがそのメッセージを繰り返し続ける必要性を感じている」となるのが自然です。それと同じことを否定的な表現で言い換えているわけですから，「**もしそうでなければ**，かくも多くの哲学者たちがそのメッセージを繰り返し続ける必要性を感じることは**ないだろう**」という流れにする必要があります。さらに，ここでは**助動詞 would は**〈**仮定法過去**〉で用いられていますので，仮定条件に相当する副詞を探して，解答には④の **otherwise**「**そうでなければ**」を選びます。otherwise を条件節に言い換えると <u>if we human beings did not have great difficulty living mindfully in the present</u> となります。

（イ）

空欄のある第5段落第2文で We can always imagine our lives as different from what they actually are; we can always see alternatives.「私たちは自分の人生を，実際とは違うものとして常に想像することができる。私たちは常に代わりとなる選択肢を思い浮かべられるのだ」と述べています。そして続く第4文では（イ），we can remember the way life was in the past, and chewing that over also seems irresistible.「（イ）私たちは人生が過去においてどのようであったかを思い出すことができ，それについてじっくりと思いを巡らせることもまた，抗し難いことであるようなのだ」という内容がきています。「実際の自分の人生とは違う人生を思い描く」（第2文）のも，「過去の人生について思いを巡らす」（第

4文）のも，共に「**現在から意識が離れる**」ことを表しています。ですから解答には②の likewise「同様に」を選びます。

（ウ）

空欄の前後の構造と意味は What if (S)we (V)find (O)this ultimate reality (C)❶uninspiring or, **（ウ）**, ❷hard, ❸unfair, and ❹painful?「もし私たちがこの究極の現実をつまらなく感じたり，あるいは，**（ウ）**，困難で，不公平で，苦痛に満ちたものであると感じるとしたらどうだろう」というものです（ちなみに What if は「仮に…だとしたらどうだろう」の意味。find OC は「O が C だと感じる」の意味です）。or の前の uninspiring「つまらない」と比べて，or の後の **hard, unfair, and painful「困難で，不公平で，苦痛に満ちた」**はより強い表現となっています。このことから，空欄には⑥ worse「さらにまずい場合（には）」が入ります。なお，この worse は worse still と同じ意味の副詞です。

（エ）

直前に the sum of our here-and-now moments will reach their end「私たちの今ここにある瞬間を全部合わせると，その終わりに到達する」という記述がありますね。さらにその直前の文に **our mortal existence「私たちが死すべき存在であること」**とも述べられています。問4にもあるとおり，美しい瞬間やそれ以外にもあらゆる瞬間には限りがあり，その総和となる人生にも限りがあり，やがては死を迎えるという内容です。それに続くのが **（エ）** ですが，**we will be の be はここでは exist [live]** の意味です。will be no more で「もはや（この世に）いなくなる」という意味になります。解答には③の more を選びます。

重要構文 09 修辞疑問文

修辞疑問文は日本語で言う反語表現であり，疑問文の形を取っていますが，**相手に返答を求めず，肯定形の修辞疑問文は否定的な内容を，否定形の修辞疑問文は肯定的な内容を表す**表現法です。ただし，形を見るだけでは通常の疑問文との区別がつきません。以下の例を見てください。

（例） How can I solve this?

「どうやって解いたらいいですか？」と，「やり方」を尋ねる普通の疑問文となることももちろんありますが，文脈によっては，「**こんなのどうやって解けばいいの［解けるわけないじゃないか！］**」という意味になることもあります。これが修辞疑問文です。

例 Who knows?

　これも言い方によっては「誰か知っていますか？」ともなり得ますが，多くは**「誰が知るものか[誰も知らないよ]」**という意味になります。

　このように，How ...? に対して「やり方」を，Why ...? に対して「理由」を，Who ...? に対して「特定の誰か」を答えることを**全く期待しない文脈で，修辞疑問文は用いられます**。この知識があるのとないのとでは大違いですから覚えておきましょう。なお修辞疑問文は普通の会話のみならず，問 1 の空欄（**ア**）の直後のように，**論説文の中でも使われる**ので，注意が必要です。

| 問2 | 解答 ③ | | 得点 ＿＿＿＿ ／4 点 |

🔍 **考え方** have a familiar ring を（　　）としてこの 1 文を解釈すると，If these words（　　）, **it is because** philosophers and religious thinkers have been saying more or less the same thing from time immemorial.「もしこれらの言葉が（　　）**とすれば**，それは様々な哲学者や宗教思想家たちが，太古の昔からほぼ同じことを口にしてきた**からである**」となります。（　　）の部分の理由が「様々な哲学者や宗教思想家がはるか昔から同じ内容を口にしてきた」ということであれば，（　　）はこれらの言葉を「かなり多くの人が耳にしたことがある」という内容ではないかと推測が可能です。実は have a familiar ring は定型表現で，もともとこの ring はコインや鐘がたてる音の「**響き**」のことです。そしてhave a familiar ring は直訳すれば「**なじみのある響きをしている**」の意味です。このように内容，語彙の両面から，「どこかで聞いたことがある」という意味ではないかと推測していきます。正解は③ですね。

選択肢の訳
①「よく知られた特徴をしている」
②「希少価値がある」
③「以前に聞いたことのあるように聞こえる」
④「耳に心地よく聞こえる」

13

現在に完全に没入することを避ける，もう1つの，より徹底したやり方は，人生のすべてを様々な準備の段階だと見なすことである。それは夕食の準備から来世への準備にまで及び，最終試験の準備がその間のどこかに位置するのである。

解説と採点基準

❶ Another, more thorough way of avoiding full immersion in the present is by seeing all of life as stages of preparation,

現在に完全に没入することを避ける，もう1つの，より徹底したやり方は，人生のすべてを様々な準備の段階だと見なすことである 　　　　　＿＿＿ ／区分点**10点**

ₛAnother, more thorough way ... ᵥis by seeing ...「もう1つの…する方法は～することである」がこの文の基本構造です。by seeing が訳しづらいと思いますが，(C) **to see ... と読み換えても文意は大きく変わりません。**

㋹ The best way to relieve the fatigue of the day is **by taking a bath** (≒to take a bath).
「一日の疲れを取る最良の方法は風呂に入ることだ」

more thorough way of *doing* は「…する，より徹底した方法」の意味です。full immersion in the present は「今［現在］に完全に没頭［没入］すること」の意味で，第3段落で出てきた fully engaging in the here and now と大きく内容は変わりません。see A as B は「A を B と見なす［思う／考える／とらえる］」の意味で，ここでは all of life「人生［生活］のすべて（のこと）」が A に，stages of preparation「様々な［諸々の］準備（の）段階」が B に当たります。「人生のすべてを様々な準備の段階と見なす」ということは，要するに**先のことばかり見て今を生きていない**ということですね。

🖊 ₛAnother, more thorough way ... ᵥis by seeing ... という基本構造が取れていないものはこのブロックの得点がありません。ただし「～すること（である）」だけでなく，「～することによって（である）」や「～することによるもの（である）」といった訳も可とします。Another が way を修飾していることがわかっていないもの，あるいは Another の未訳は2点減。

more の誤訳・未訳，thorough「徹底した［徹底的な］」の誤訳・未訳は各1点減。of avoiding ... が way を修飾していることが理解できていないものは2点減。

immersion in A の意味を大きく外しているものは2点減。full の誤訳・未訳，the

present の誤訳・未訳は各1点減。

　see A as B の形が用いられていることが理解できていないものは2点減。all of life, stages of preparation の誤訳・未訳は1点減。「準備の<u>ステージ</u>」は不可。

---

❷ranging from preparing for dinner to preparing for life in the Hereafter, with preparing for final exams falling somewhere in between

それは夕食の準備から来世への準備にまで及び, 最終試験の準備がその間のどこかに位置するのである

　　　　　　／区分点**8**点

　このブロックは直前の **stages of preparation** を修飾し補足説明しています。ranging from *A* to *B* は「**A から始まって B にまで至る [A から B に (まで) 及ぶ [またがる／至る]**」という定型表現で ranging なしで from *A* to *B* という形でも使われます。この表現は**直前にある記述の具体例を示し, しばしば A と B には両極端な例がきます**。ここでも「こんなものからこんなものまで」と両極端を提示する形で, A には preparing for <u>dinner</u>「夕食の準備 [夕食を準備すること]」という直近の未来への備えが, B には preparing for <u>life in the Hereafter</u>「来世への準備」というずいぶんと先の未来への備えがきています。

　with 以降は直前の **ranging ... を修飾する付帯状況の分詞構文**で (重要構文 03 p.53), with ₍S₎preparing for final exams ₍V₎falling somewhere in between ... という構造です。この fall は「**(一定の範囲に) 収まる**」の意味で, somewhere in between は「その間のどこか」という意味です。in between は between <u>preparing for dinner and preparing for life in the Hereafter</u> のことで, 直訳すると「最終試験の準備がその間のどこかに位置する」となります。つまり, 思いきり直近の未来が「夕食の準備」, 思いきり先の未来が「来世への準備」で「**最終試験の準備」はその間のどこかにくる**と言っているわけです。

　ranging from ... the Hereafter が stages of preparation に対する補足説明であると理解できていないものは4点減。修飾関係は取れているものの, range from *A* to *B* の形が用いられていることが理解できていないものは2点減。preparing for dinner の誤訳, preparing for life in the Hereafter「来世 (の人生 [生／生活]) の準備 (をすること)」「あの世 (での人生 [生／生活]) の準備 (をすること)」の誤訳は各1点減。

　with 以降が直前の ranging from ... the Hereafter 全体に対する補足説明であること, および with ₍S₎preparing for final exams ₍V₎falling という構造の〈付帯状況の with〉を伴った分詞構文であると理解できていないものは4点減 (with preparing を分詞構文ととって「**準備しながら**」と訳したものは**4点減**。そもそも with *doing* という形の分詞構文は存在しません)。

13

183

preparing for final exams「最終［期末］（の）試験の準備（をすること）」の誤訳は1点減。falling somewhere in between「（その）間のどこかに位置する［収まる；ある；置かれる］」の誤訳・未訳は2点減。

問4 解答例　構文解説▶p.189　　　　　　　得点 ＿＿＿／**20**点

今を十分に生きることに私たちが恐怖を抱く原因は，1つには，現時点での人生が不十分だと感じて失望する恐怖が絶えずあるということであり，もう1つには，至福の瞬間はつかの間のものだと知ることから，すべてのことには終わりがあると自覚し，それにより，今の瞬間の総和である人生も必ず終わると意識せざるを得なくなるということだ。　　　　　　　　（157字）

🔍 考え方　下線部の What could be the source of this fear? は「こうした恐怖心の元となっているものは何だろう」という意味ですが，これは，言い換えれば「**どうしてこのような恐怖心を抱いてしまうのだろう**」という問いかけです。この問いかけに対する**答え**は，直後の **One reason could be that** 以下，**第6段落の最後**までと，**Another possible reason** に始まる**最終段落の内容**をまとめたものになるはずです。その前に this fear の内容を明らかにしておかなければなりませんね。

解説と採点基準

❶this fearの具体化：今を十分に生きることに（対して）私たちが抱く恐怖　＿＿＿／区分点**4**点

下線部 (c) の直前に there is something about living fully in the present <u>that deeply frightens us</u> という記述があります。これは

例 There is something <u>mysterious</u> about him.
「彼には謎めいたところがある」

と同じ構造の文で，この例文の mysterious に当たる部分が，本文では that deeply frightens us という関係代名詞節です。したがってこの文全体は「今を十分に生きるということには，何か私たちに深い恐怖心を抱かせるところがある」という意味になります。このことから **this fear の実体は living fully in the present**「今を十分に［現在に没入して］生きることに対して私たちが抱く恐怖」のことだとわかります。

🖊 this fear が our fear of living fully in the present のことだと理解できているものには4点を与えます。理解できていないものや，this fear を具体化していないも

のは❶での得点なしとします。なお，fully が訳出されているかどうかは不問とします。

❷筆者の考える1つ目の原因：現時点での人生が不十分だと感じて失望する恐怖が絶えずある

_____／区分点8点

「恐怖」に対する第1の理由については，下線部直後の we live in perpetual terror of being disappointed by our lives, indeed, by life itself「**自分の人生に，いやそれどころか人生そのものに失望することへの恐怖を私たちは常に抱えて生きている**」が解答の中心となりますが，言っていることが抽象的で今ひとつわからない場合は「抽象→具体」の流れに沿ってその後にある**3つの what if「仮に…だったらどうしよう」の内容**が具体的内容を表しているので，それを踏まえて考えるとよいでしょう。

1つ目の what if we find the here-and-now life seriously lacking? は，「もし私たちが今ここにある人生をひどく不十分なものだと感じるとしたらどうだろう」という意味です（find OC は「O を C だと感じる」，lacking は「不十分な」の意味です）。2つ目の What if it strikes us with the full force of "Is that all there is?" は「もし今ここにある人生が，『ありったけのすべてなのか』という言葉の強烈な力で私たちを打ちのめすとしたらどうだろう」の意味です（it は the here-and-now life を指しています。strike は「〜を打ちのめす」，with the full force of ... は「…の強烈な力で」，there is は that が省略されている関係代名詞節で，all there is は「ありったけのすべて」の意味です）。3つ目の What if we find this ultimate reality uninspiring or, worse, hard, unfair, and painful? は「もし私たちがこの究極の現実をつまらなく感じたり，あるいは，さらにまずい場合，困難で，不公平で，苦痛に満ちたものであると感じるとしたらどうだろう」という意味です。これだけ具体的記述を見れば，私たちが「**自分の現時点での人生に，いやそれどころか人生そのものに失望することへの恐怖**」を抱えていることは理解できるのではないでしょうか。

盛り込むべき中心的な内容は we live in perpetual terror of being disappointed by our lives の部分であり，「自分の人生に失望する恐怖が絶えず存在する」という記述です。この内容に言及していない答案には❷での得点を与えません。この該当箇所に言及していると思われる答案には8点を与えた上で，誤訳・誤読の類があればそれに応じた減点を行います。perpetual や terror の内容が解答に反映されていないものはそれぞれ1点減とします。

　もう1つの理由については，最終段落第1文 Another possible reason we refrain from living in the present is that it is fraught with intimations of our mortality.「私たちが今を生きることを避けようとするもう1つの考えられる理由は，**今を生きるということが，私たちが死すべき運命にあることを示唆するものに満ちているということである**」の下線部分が直接の該当箇所となりますが（ちなみに be fraught with A は「Aに満ちている」の意味です），これもこの箇所だけでは「今を生きることがなぜ自分たちの死すべき運命を示唆するのか」がわかりにくいので，さらにその後の筆者の論理の進め方を見ていきます。

　第2文（When we are fully immersed in ...）はまだ抽象度が高いですが，順に読んでいくと，「ときめきに満ちた至福の瞬間を私たちの大半が経験している（第3文）→こうした瞬間はつかの間のものだ（第4文）→そのことから私たちは，あらゆるものには終わりがあるのだというほろ苦い意識を持つようになる（第6文）」という流れが読み取れます（ちなみに第6文の leave A with B は「AにBを残す」の意味です）。そして最終文で筆者は We are fully cognizant of the fact that the sum of our here-and-now moments will reach their end「私たちの今ここにある瞬間を全部合わせると，その終わりに到達するという事実を十分に自覚している」と述べます。今ここにある瞬間のすべてには終わりがあるのですから，「その集合体である私たちの一生にも必然的に終わりが来る」と言っているのですね。

　これでやっと our mortality「私たちの死すべき運命」（最終文の直前では our mortal existence と言い換えられています）とつながりました。まとめると「**至福の時というものはつかの間のものだ→そのことから私たちはすべてのことには終わりが来ると悟る→自らの生にも終わりが来ると認識せざるを得なくなる**」という点に言及することが必要となるわけです。

　盛り込むべき中心的な内容は，直接的には最終段落第1文にある it is fraught with intimations of our mortality の部分ですが，この内容は同段落第3文以降で説明し直されているので，必ずしも第1文の直接的な訳出にはこだわりません。

　全体を「❸⁻¹至福の時はつかの間のものであることから，すべてのものには終わりがあることを知る」❸⁻²「総和としての人生には必ず終わりが来る［自分が死すべき運命である］と自覚する」の2つの部分に分けます。❸⁻¹のみ記述したものには得点を与えず，❸⁻²は書けているが❸⁻¹について言及のないものは4点減とします。

1 ^{1} "$_V$Do $_O$every act of your life (as though $_{(S)}$it $_{(V)}$were $_{(C)}$the very last act of your life)," ((said Marcus Aurelius, Roman emperor and philosopher)). ^{2} (If $_{(S)}$these words $_{(V)}$have $_{(O)}$a familiar ring), $_S$it $_V$is because $_{(S)}$❶philosophers and ❷religious thinkers $_{(V)}$have been saying $_{(O)}$[(more or less) the same] thing (from time [immemorial]).

^{3}$_V$Be here (now).

^{4}$_V$Be (ever) $_C$mindful.

^{5}$_V$Live (in the present).

訳 ^{1}「人生のあらゆる行いを，それが人生におけるまさに最後の行いであるかのように行え」とローマの皇帝にして哲学者でもあったマルクス・アウレリウスは言った。^{2}もしこれらの言葉をどこかで聞いたことがあるような気がするとすれば，それは様々な哲学者や宗教思想家たちが，太古の昔からほぼ同じことを口にしてきたからである。

^{3}今ここにあれ。

^{4}常に今を意識して生きよ。

^{5}今を生きよ。

語句 ^{1}as though SV「まるで…であるかのように(= as if SV)」 emperor「皇帝」 philosopher「哲学者」／^{2}have a familiar ring「前に聞いたことがあるように感じる」 thinker「思想家」 more or less「ほとんど，ほぼ」 immemorial「(記録にないほど) 遠い昔の」／^{5}present「(しばしば the 〜) 現在」

2 ^{1}(Clearly), $_S$we human beings $_V$must have $_O$great difficulty living (mindfully) (in the present). ^{2}(Otherwise), why $_V$would $_S$[(so) many] philosophers feel $_O$the need [to keep repeating the message]?

訳 ^{1}私たち人間が心して今を生きることが非常に困難にちがいないことは明らかである。^{2}もしそうでなければ，どうして，かくも多くの哲学者たちがそのメッセージを繰り返し続ける必要性を感じるのだろうか。

語句 ^{1}have difficulty (in) *doing*「…することが難しい」／^{2}otherwise「そうでなければ」

3 ^{1}(On the face of it), $_S$(fully) engaging in the here and now $_V$does not sound

13

187

$_C$ (that) difficult. ^{2} $_S$*Here* $_V$is ((right) here) (in front of us). ^{3}And $_{S+V}$it $_V$is (*now*)

| = so |

| itは今この瞬間(を生きること)、isはexistsと解釈できる |

(right now). ^{4}So $_C$what $_V$'s $_S$the problem?

^{1}一見すると，目下の事柄に完全に没頭することはさほど難しくないように思われる。^{2}「この場」はまさに私たちの眼前のここにある。^{3}そして「現在の瞬間」は今，たった今存在しているのだ。^{4}それなら，何が問題なのだろうか。

語句 ^{1}on the face of it「見たところ，表面上は」 engage in *A*「A に従事する」 sound C「C に聞こえる，C のように思われる」 that「(副詞) それほど」

---

4 ^{1} $_S$Some people $_V$drift away from the present (by desiring something [better
than what exists (here and now)]). ^{2} $_S$Others $_V$drift away into "$_{(S)}$What $_{(V)}$'s $_{(C)}$next?"
^{3} $_S$[Another, (more) thorough] way [of avoiding full immersion in the present] $_V$is

| = fully engaging |

by seeing ❹all of life as ❺stages of preparation, [ranging from ❹preparing for

| = to see |

dinner to ❺preparing for life in the Hereafter, (with $_{(S)}$preparing for final exams
$_{(V)}$falling somewhere (in between))]. ^{4}(At the other extreme), there $_V$are $_S$those of
us [$_{(S)}$who (persistently) $_{(V)}$dwell (in the past), (with either ❹nostalgia or ❺regret
or ❻a mix of the two)].

訳 ^{1}今ここにあるものよりもっとよいものを欲しがって，現在から離れてさまよう人もいる。^{2}現在から離れ，「次は何だろう」ということに意識が向いてしまう人もいる。^{3}現在に完全に没入することを避ける，もう1つの，より徹底したやり方は，人生のすべてを様々な準備の段階だと見なすことである。それは夕食の準備から来世への準備にまで及び，最終試験の準備がその間のどこかに位置するのである。^{4}その対極には，郷愁か後悔のいずれか，あるいはその両方が交じり合ったものを抱いて常に過去に生きる人もいる。

語句 ^{1}drift away「漂って離れていく」 desire「〜を欲しがる」／^{3}thorough「徹底した」 avoid「〜を避ける」 immersion in *A*「A への没頭」 range from *A* to *B*「A から B にまでわたる，及ぶ」 fall somewhere in between「その間のどこかに位置する」 the Hereafter「来世」／^{4}persistently「常に，絶えず」 dwell「住む；とどまる」 nostalgia「追憶，郷愁」

---

5 ^{1} $_S$This drifting away [from the present] $_V$comes along with the human
capacities [of ❶imagination and ❷extended memory]. ^{2} $_S$We $_V$can (always) imagine
$_O$our lives as ❺different from what they actually are; $_S$we $_V$can (always) see
$_O$alternatives. ^{3}(Apparently), $_S$that $_V$is $_C$a temptation [that is hard (for most of

us) to resist]. [4] (Likewise), _Swe _Vcan remember _Othe way [_(S)life _(V)was (in the

[意味上の主語]

past)], and _Schewing that over (also) _Vseems _Cirresistible.
　　　　　　　(V)　　(O)

> **訳** [1]このように現在から意識が離れてしまうのは，人間の想像力と，長期記憶に伴うものである。[2]私たちは自分の人生を，実際とは違うものとして常に想像することができる。私たちは常に代わりとなる選択肢を思い浮かべられるのだ。[3]どうやらこれは，私たちの大半にとって抗(あらが)うことが困難な誘惑であるようだ。[4]同様に，私たちは人生が過去においてどのようであったかを思い出すことができ，それについてじっくりと思いを巡らせることもまた，抗し難いことであるようなのだ。

> **語句** [1]come along with A「Aを伴う」 capacity「能力；容量」 extended「広がった；長期にわたる」 memory「記憶力」／[2]alternative「(代替の)選択肢；代案，代替物」／[3]apparently「どうやら…らしい」 temptation「誘惑；衝動」 resist「～に抗う；～に抵抗する」／[4]likewise「さらに，同様に」 chew A over「Aを熟考する」 irresistible「抵抗できない」

6 [1](Besides), _SI _Vsuspect _Othat there is something (about living (fully) in the
　　　　　　　　　　　　　　　　　　　　(V)　　　　　　　(S)
present) [that (deeply) frightens us]. [2] _SWhat _Vcould be _Cthe source of this
　　　((S))　　　　　((V))　　((O))
fear? [3] _SOne reason _Vcould be _Cthat we live (in perpetual terror [of being
　　　　　　　　　　　　　　　　　　　　　(S)　(V)
disappointed ❶by our lives, (indeed), ❷by life itself]). [4] _SWe _Vknow (intuitively)
_Othat life [in the here and now] is life's ultimate — _{O'}life cannot get any realer than
　　(S)　　　　　　　　　　　　(V)　　(C)　　　　　(S)　　(V)　　　　(C)
right now. [5]But what if _(S)we _(V)find _(O)the here-and-now life _(C)(seriously) lacking?
[6]What if _(S)it _(V)strikes _(O)us (with the full force of "_{((V))}Is _{((S))}that _{((C))}all [there
is])?" [7]What if _(S)we _(V)find _(O)this ultimate reality _(C)❶uninspiring or, (worse),
❷hard, ❸unfair, and ❹painful? [8](To _(V)deal with this fear of existential
disappointment) _Swe _Vmake _Oa preemptive strike on living in the present (❶by
(reflexively) imagining something [different], ❷by switching ❹our consciousness
　　　　　　　　　　　　　　　　　　　　　　　　(V)　　　　(O)
to ❸-1the future or past or to ❸-2an [imagined] alternative life).

> **訳** [1]それに加えて，今を十分に生きるということには，何か私たちに深い恐怖心を抱かせるところがあるのではないかと私は思っている。[2]こうした恐怖心の元となっているものは何だろう。[3]1つの理由は，自分の人生に，いやそれどころか人生そのものに失望することへの恐怖を私たちが常に抱えて生きているということであろう。[4]今ここにある人生が究極なのであり，「現時点」以上に人生は現実的なものとなり得ないということを，私たちは直観的に知っている。[5]だが，もし私たちが今ここにある人生をひどく不十分なものだと感じるとしたらどうだろう。[6]もし今ここにある人生が，「ありったけのすべてなのか」という言葉の強烈な力で私たちを打ちのめすとしたらどうだろう。[7]もし私たちがこの究極の現実をつまらなく感じたり，あるいは，さらにまずい場合，

困難で，不公平で，苦痛に満ちたものであると感じるとしたらどうだろう。⁸生きることへのこうした失望に対する恐怖に対処するべく，私たちは，反射的に何か違ったことを想像し，自らの意識を未来や過去に，あるいは想像した別の人生に向けることで，今を生きることに対して先制攻撃を仕掛けるのだ。

語句 ¹suspect that SV「…ではないかと思う」 frighten「～を怖がらせる」／³perpetual「永続的な」 terror「恐怖」／⁴intuitively「直観的に」 ultimate「究極（の）」／⁵what if SV「仮に…だとしたらどうなるか」／⁶strike A with B「A を B で打ちのめす」 all (that) there is「あるだけのすべて」／⁷uninspiring「つまらない」／⁸deal with A「A に対処する」 existential「存在の」 make a strike on A「A に攻撃を仕掛ける」 preemptive「先取りした，先制の」 reflexively「反射的に」 switch A to B「A を B へ切り替える，移す」 consciousness「意識，正気」

7 ¹sAnother possible reason [(S)we (V)refrain from (O)living in the present] vis cthat it is fraught with intimations of our mortality. ²(When (S)we (V)are (fully) immersed in the here and now), swe vbecome (profoundly) caware of the unstoppable progression [of ❶time and ❷change]. ³sMost of us vhave experienced o[(highly) charged] moments of bliss [occasioned by simple events — ❶a sudden appearance of a flock of doves [overhead]; ❷an astonishing performance of a passage of music; ❸an enchanting smile on the face of a passing stranger]. ⁴sThese moments vare cfleeting. ⁵sThat vis can essential part of their intensity. ⁶But sthese [fleeting] moments vleave ous with ❸a [bittersweet] awareness that everything ends. ⁷And (with that awareness) vcomes sthe inescapable knowledge of our mortal existence. ⁸sWe vare (fully) ccognizant of the fact that the sum of our here-and-now moments will reach their end and (then) we will be (no more).

(S)(V) (C) の記号、以降は具体例、同格のthat の注記が図中にあり

訳 ¹私たちが今を生きることを避けようとするもう1つの考えられる理由は，今を生きるということが，私たちが死すべき運命にあることを示唆するものに満ちているということである。²目下を生きることに完全に没入すると，止めることのできない時と変化の進行を私たちは深く意識するようになる。³私たちの大半は，ハトの群れがいきなり頭上に現れたり，音楽の一節の驚くような演奏を耳にしたり，すれ違う見知らぬ通行人の顔の魅惑的な笑顔を目にしたりといった，単純な出来事から生じた，ときめきに満ちた至福の瞬間を経験したことがある。⁴こうした瞬間はつかの間のものである。⁵つかの間のものであることが，そうした瞬間が強烈なものであることの不可欠な要素なのである。⁶だが，こうしたつかの間の瞬間は，あらゆるものには終わりがあるのだというほろ苦い意識を私たちに残す。⁷そしてその意識とともに立ち現れるのが，自分たちが死すべき存在であるということに対する逃れられない認識なのである。⁸私たちの今ここにある瞬間を全

部合わせると，その終わりに到達し，そしてその後，私たちはもはや存在しなくなるという事実を
私たちは十分に自覚しているのだ。

語句 ¹refrain from *doing*「…することを避ける」 be fraught with *A*「*A* に満ちている」 intimation「暗
示，ほのめかし」 mortality「死すべき運命」／²be immersed in *A*「*A* に没頭する」 profoundly
「深く」 progression「進行，前進」／³charged「感情の高ぶった」 bliss「この上ない喜び」
occasion「～を引き起こす」 a flock of *A*「*A* の群れ」 dove「ハト」 overhead「頭上の，上空の」
astonishing「驚くべき」 enchanting「うっとりさせる」／⁴fleeting「素早く過ぎ去る」／⁵intensity
「激しさ，強烈さ」／⁶leave *A* with *B*「*A* に *B* を残す」 bittersweet「ほろ苦い」／⁷inescapable「逃
れられない」 mortal「死すべき運命の」／⁸be cognizant of *A*「*A* を知っている」 the sum of *A*「*A*
の合計，すべて」

13

問1 解答例

得点 _____ /8点

いったん人に使われたり，乱されたものを，元の状態に戻すという，人知れず繰り返し行われる仕事。

🔍 **考え方** 第1〜3段落の具体例がヒントとなります。レストランで振りかけ式の塩入れが空になったら人知れず誰かに詰め替えられているということ，デパートの売り場で陳列してあるシャツの山が客によって崩された場合に再びきれいに陳列し直されていること，ATMの現金がなくなったら必ず補充がされていること，ホテルの部屋の床に置かれた使用済みのタオルが必ず片づけられていることが例に挙げられています。これらの**具体例から共通項を引き出し**，「**人によっていったん使われたり，乱されたりしたものを，元の状態に戻すこと**」とまとめ，なおかつ，「**人知れず**」「**繰り返し**」という文言を添えることが必要となります。

ちなみに最後まで読むと，散らかした部屋を片づけ，その後アパートの無秩序なゴミ置き場を自分では何ともできず，そのゴミをより分けねばならないゴミ収集員に同情したことが，このような this kind of work への思いを筆者に抱かせたきっかけとなっていることがわかります。

解説と採点基準

❶ 人によって使われたり乱されたものを原状に戻す仕事
_____ /区分点6点

✏️ 「人によって元の姿から変えられたものを原状に戻す」という内容が書けていなければ4点減です。「という<u>こと</u>」「という<u>作業</u>」「という<u>仕事</u>」という結び方をしていないものは2点減。

❷ 人知れずになされる
_____ /区分点1点

❸ 繰り返しなされる
_____ /区分点1点

問2 解答例

得点 _____ /10点

東京の専門店の女性店員が，筆者への誕生日プレゼントを買いに来た筆者のボーイフレンドに，普通に店で売っているレインコートと帽子を，彼の無知につけ込んで，一点ものと信じさせて売った可能性があるということ。

考え方 It's [It is] possible (that) **SV.**「S が V することはあり得る」というのが下線部 (B) の文の基本構造です。S に当たる the Tokyo salesgirl は，少し前の第 8 段落第 2 文の a special shop in Tokyo の店員であることはわかりますね。**V** に相当する **take advantage of** *A* という表現は「A をうまく利用する」という意味ですが，この表現はよい意味でも悪い意味でも使われ，ここは「**A を悪用する；A の弱みにつけ込む**」といった悪い意味で使われています。ここでいう「弱み」が「**ボーイフレンドに商品知識がない**」ということであるのは，直前の I spotted the same set in an ordinary clothing store in Umeda.「私は同じ一揃いを梅田の普通の店で見つけた」という記述から明らかです。

解説と採点基準

❶ 東京の専門店の女性店員が，普通に店で売っているレインコートと帽子を，彼の無知につけ込んで，一点ものと信じさせて売った   _____／区分点**6**点

✎ 「東京の専門店の女性店員」という主語を明示してないものは 2 点減。「普通に店で売っているレインコートと帽子を『この一点しかないものだ』と言って（だまして）売った」という内容が書かれていないものは 4 点減。

❷ （筆者への誕生日プレゼントを買いに来た）筆者のボーイフレンドに   _____／区分点**2**点

❸ …という可能性があるということ   _____／区分点**2**点

「内容を具体的に説明せよ」とあるので，単に訳すのではなく「…ということ」とまとめます。

✎ 「可能性」という文言が書かれていないもの，「…ということ」という結び方をしていないものはこのブロックの得点を与えません。

問3　解答　構文解説 ▶ p.205   得点 _____／**5** 点（正解のみ）

(I feel sorry for the garbage collectors, the people) whose task it is to sort the pieces (one by one.)

「（私はゴミ収集作業員のことを，）それらのゴミを（1つ1つ）より分けることを仕事とする（人々のことを，気の毒に思う）」

14

考え方 この文は I feel sorry for the garbage collectors で完結していることから，the people 以下は**直前の the garbage collectors を同格的に言い換えた語**で

あると推測し，そこから whose を用いた関係代名詞節を組み立てると考えます。

　whose は必ず直後に名詞を伴って用いられるということ，そして，先行詞が the people であることから，語群に残った名詞との組み合わせ，すなわち whose task，whose sort，whose pieces のうちから whose task という組み合わせを選びます。次に，語群で与えられた**動詞は is しか使えないので** (S) whose task (V) is ... と組み立てます。**is の補語として to sort ...** という不定詞句を選び，あとは下線部後の one by one「1つ1つ」との連携も考えて sort the pieces one by one「それらのゴミを1つ1つより分ける」というかたまりを作ります。

　一応これで whose task is to sort the pieces one by one という正しい英語は出来上がりますが，**語群にはあと1つ it が残っています。**そこで，it を is の主語とし，**whose task が is の補語**となるように発想を変え，whose task it is to sort the pieces one by one という正解に達します。この最終的解答は，**It is their task to sort the pieces one by one.** という形式主語構文を基にした文となります。

問4（ア） 解答

(1) **h**　(2) **g**　(3) **a**　(4) **e**　(5) **c**　(6) **d**　得点 ＿＿＿／18点（各3点）

（1）surrounded by the rush of waitresses, the buzz of conversation, and the smell of meat cooking on a grill

　まず空欄以下が Have you ever been eating ... を修飾する〈付帯状況〉の分詞構文であることを理解する必要があります。by の後には the rush of waitresses「忙しく動き回るウェートレス」と the buzz of conversation「がやがやとした会話」と the smell of meat cooking on a grill「グリルで肉の焼ける匂い」とが並列されて接続しています。そういうものに「**取り囲まれて**（騒然とした中で）」食事をしている，といった内容です。

（2）the threads beneath the cap, worn down by repeated twisting

　空欄のある第1段落第4文の the threads beneath the cap は「キャップの下のねじ山」の意味です。普段 thread は「糸」の意味で使うことが多いですから，ここでの意味を推測するのは簡単ではありませんが，「糸」→「筋」→「ねじ山」の順に類推します。worn は wear「すり減らす」の過去分詞，twist「ひねる」はご存じですね。「ア(2)ひねることによってすり減る，塩入れのキャップの下の～」から，「～」が「ねじ山」だとイメージできれば上出来です。1回ではす

り減ることはまずありませんから「**繰り返し**ひねって回すことですり減った」と最終的に推測することができます。したがって，$\boxed{ア(2)}$には **repeated「繰り返される」**が入ります。

(3) extracting only the chosen one

　直前の第2段落第2文前半に The size or color you prefer is at the bottom of the stack「あなたの好むサイズあるいは色のシャツは積み重ねられたシャツの山の一番下にあり」という記述があり，これが状況把握の大きな手掛かりです。その後に you're as gentle as can be lifting the shirts「あなたはできるだけそっとシャツを持ち上げ」という記述が続きます。そして，extracting only the $\boxed{ア(3)}$ one は you are lifting the shirts を修飾する〈付帯状況〉の分詞構文で，extract は「〜を引き出す」，one は shirt を指すことから，「$\boxed{ア(3)}$なシャツだけを引き出す」という動作が「（残りの）シャツを持ち上げる」動作と同時に行われることになります。したがって$\boxed{ア(3)}$には **chosen「選んだ」**が入ります。

(4) a system of the colors of ink and sticky notes that keeps everything organized

　that 以下は a system of the colors of ink and sticky notes「インクと付せんの色の体系」を先行詞とする関係代名詞節です。先行詞の意味は，要するに「**インクと付せんを体系づけて色別に使っている**」ということですね。that 以下は (S)that (V)keeps (O)everything (C)$\boxed{ア(4)}$「すべてを$\boxed{ア(4)}$にしておく」という構造なので，先行詞の内容から推測して$\boxed{ア(4)}$には **organized「系統立った」**が入ります。

(5) My boyfriend would be horrified.

　空欄を含む文の直前の第6段落第3・4文で筆者は I eat these (= pastries) on weeknights, alone, in bed. Sometimes in the morning, I discover bits of pastries or spots of cream on my pillow.「それを私は平日の夜，独りで，ベッドに入って食べる。朝になって枕にペストリーのかけらやクリームのしみがついているのを見つけることがある」と書いています。これはあくまで筆者が平日独り暮らしをする中での「習慣」であり，**ボーイフレンドには見せていない一面**です。My boyfriend would be ... では仮定法が用いられており，「ボーイフレンドが見たら（実際に見ることはないが）$\boxed{ア(5)}$だろう」という内容ですから，$\boxed{ア(5)}$には **horrified「ぞっとした」**が入ります。

(6) this building has been occupied by foreigners

　第 11 段落第 4 文の For several years, this building has been ア(6) by foreigners という部分に続いて，English teachers from the neighborhood conversation schools, Korean preachers, now and then a performer from an amusement park. と，foreigners の人物紹介がなされ，その後に None of them stay very long.「それほど長く住んでいる者はいない」との文言があります。このことから **foreigners はこのアパートの住人たち**であることがわかるので，ア(6)には「**～を占有する，に居住する**」の意味の occupy の過去分詞が入るとわかります。

問4（イ） 解答 **d** 　　　　得点 ＿＿＿＿ ／4 点

　空欄を含む文のある第 11 段落の第 5 文 None of them stay very long.「それほど長く住んでいる者はいない」の後で，空所の直前の文に That was five years ago. とあり，筆者がこのアパートに引っ越してきたのは 5 年前だとわかります。その直後に I am now the building's most イ tenant.「今や私はこのビルの最も イ な賃借人である」と続くことから，**筆者がこのアパートを一番長期にわたって借りている**ことがうかがえます。その意味を表す単語として **faithful「（家主に対して）忠実な」** を選ぶことになります。

選択肢の訳
a)「退屈な」
b)「難しい」
c)「自分本位の」
d)「忠実な」
e)「人気のある」

問4（ウ） 解答 **b** 　　　　得点 ＿＿＿＿ ／5 点

　問 1 の解説で述べたとおり，この文章ではボーイフレンドの来訪を前に散らかった部屋を片づけた時，無秩序なゴミ置き場を何ともできず，ゴミ収集作業員に同情する思いをきっかけに，人が使ったり散らかしたりしたものをその度に原状復帰させる地味な仕事の大切さに思いを馳（は）せる筆者の心境が述べられています。他の設問に答えつつここまで本文を読んでくれば，自ずと b が正解であるとわかると思います。

196

a)「筆者は服選びのセンスがないボーイフレンドが気に入らない」

▶ 第9段落では,「保育園児のスモックみたい」と認めながらも,ボーイフレンドのくれたピンクのレインコートを着ている筆者自身が描かれていますし,その彼のことを気に入らない様子もうかがえません。

b)「筆者は人知れずなされる必要不可欠な仕事に焦点を当てている」

c)「筆者にはまるで魔法使いのように常に筆者を助けてくれる,よき友人が職場にいる」

▶ like magic「魔法のように」という記述は,周囲の人が何か必要なものがあったときにすぐにそれを差し出す筆者の手際のよさを表すのに用いられている表現です。第4段落に関連しますが,「魔法のように〜する」のは筆者自身であって,友人ではありません。

d)「筆者は地域社会と公共福祉を改善する野心の持ち主である」

▶ 確かに筆者は好き勝手にゴミを捨てる住人たちに憤ってはいますが,ゴミ収集作業員に同情するのみで,社会を変えるところまでの思いはありません。

e)「筆者は日常の家事と秘書としての仕事にうんざりしている」

▶ 第6段落のペストリーに関する記述からもわかるとおり,筆者の自宅での日常はかなり自堕落なものですが,家事の様子が淡々と述べられる中,特段「うんざり」している様子はうかがえません。また秘書の仕事についても,第4段落に書かれているとおり退屈とはいえ,かなり手際よくやっており,こちらも「うんざり」している様子はうかがえません。

読解の
ヒント | **04** | 物語・エッセイが苦手という方へ

　私は自分が外国文学を専攻したくらいですから,物語文を読むのが苦手と思ったことはないですが,「論説文は何とかなるが,物語・エッセイの読解が苦手」という受験生は実は少なからずいるのではないかと思います。

　そういう人たちに「日頃から小説などを読め」というアドバイスは少々乱暴な気がします。小説では,登場人物や場面設定などが丁寧に描かれていますし,物語は何ページもかけてゆっくり進行していくので,状況把握はそれほど難しく感じません。ところが,大学入試に出てくる問題はそうした小説やエッセイの一節を切り取り,その局限された

14

状況を読み取ることを要求してくるわけで，かなり特殊な能力が問われていると言っていいのではないかと思います。

　私はこのような問題を苦手とする受験生には，問題演習の初期のうちは**時間を気にせずに「どういう状況なのだろう」とあれこれ考えつつ，単語の意味を確認しながら読む**ことを勧めています。しんどくなったら訳文を参照してもいいと思います。そのようにして数題ほど問題を解くことで，物語や話の筋を追うことが徐々にできるようになり，慣れてくるとスピードも上げて読むことができるようになります。一度実行してみてください。

1 ¹ᵥHave ₛyou (ever) been eating in a restaurant — just ❶an ordinary café or ❷dining room, (surrounded by ❶ the rush of waitresses, ❷ the buzz of conversation, and ❸ the smell of meat cooking on a grill) — and (when ₍s₎you ₍v₎take up ₍o₎the salt (to sprinkle it over your eggs)), ₛyou ᵥ're struck (by the simple wonder of the shaker, [❶filled by unseen hands, ❷ready and ❸₍v₎awaiting ₍o₎your pleasure])? ² (For you), ₛthe shaker ᵥexists (only) (for today). ³But (in reality) ₛit ᵥ's there (❶hour after hour), (❷on the same table), (❸refilled again and again). ⁴ₛThe evidence ᵥis ₛvisible in the threads [beneath the cap], [worn down by [repeated] twisting] — someone else's labor, (perhaps) the girl [with the pen and pad] [waiting (patiently)

=someone else

(for you to ₍v₎choose ₍o₎an ice cream)], the boy [in an apron] [with dirty sneakers],

=someone else

(perhaps) someone [you'll (never in your life) see]. ⁵ₛThis shaker ᵥis ₛwork, [(materially) realized]. ⁶And (there) ₛyou ᵥare, (undoing it).

=refilling the salt shaker

訳 ¹あなたはレストラン，それもごく普通のカフェや食堂で，忙しく動き回るウェートレスややがやがやとした会話やグリルで肉の焼ける匂いに取り囲まれて食事をしていて，塩をとって卵に振りかけようとする時に，振りかけ式の塩入れが見えざる手によって詰められ，準備万端であなたが満足するのを待っているという，ただそれだけの驚きに心打たれたことがこれまでにあるだろうか。²あなたにとって，その塩入れは今日のためだけに存在する。³でも実際には，それは何時間も，同じテーブルの上にあり，何度も繰り返し補充されているのだ。⁴その証拠は繰り返しひねられたことによってすり減った，キャップの下にあるねじ山に見て取れる——そうやってキャップをひねったのは他の誰かの労働なのであり，その誰かとは，ひょっとするとペンと伝票を手にあなたがアイスクリームを選ぶのを辛抱強く待っている少女かもしれないし，エプロンをして，汚れたスニーカーを履いている少年かもしれないし，あなたが生涯目にすることのない誰かかもしれない。⁵この塩入れは，物質として目に見える形になった仕事そのものだ。⁶そしてあなたがそこにいて，その仕事がなされる前の状態に戻すのである。

語句 ¹rush「慌ただしさ；混雑」 buzz「ざわめき，どよめき」 sprinkle A over B「A を B にまく，振りかける」 be struck by A「A に心を打たれる」 ready「用意のできた」 await「〜を待つ」／³refill「〜を再び満たす」／⁴evidence「証拠」 visible「目に見える；明白な」 thread「ねじ山，ねじ筋」 beneath「〜の下の」 wear down A「A をすり減らす」 twist「〜をねじる，〜をねじって外す」 pad「(紙などの) 一つづり」 patiently「辛抱強く」 sneaker「(〜s) スニーカー」／⁵materially「物質的に」／⁶undo「〜を元に戻す」

14

199

2 ¹Or ₛyou ᵥmight have wandered (through a department store), (looking at neat stacks of buttoned shirts). ²ₛThe size or color [you prefer] ᵥis (at the bottom of the stack), and (though (S) you (V) 're as (C) gentle as can be (lifting the shirts), (((V)) extracting ((O)) only the chosen one)), ₛthe pile [as you leave it] ᵥis (never quite) as ᴄtidy, and ₛit ᵥwon't be again (until (S) the [invisible] person (V) returns (to
(as it used to be)
((V)) set ((O)) things ((C)) right)).

> 訳 ¹あるいはあなたはデパートを歩き回り，きれいに積み重ねられたボタン付きのシャツを眺めることがあったかもしれない。²あなたの好むサイズあるいは色のシャツは積み重ねられたシャツの山の一番下にあり，あなたはできるだけそっとシャツを持ち上げ，選んだシャツだけを引き出すのだが，あなたが去った後のシャツの山は以前ほどはきちんと整っておらず，目に見えない誰かが戻ってきて整頓するまで，元には戻らないだろう。

> 語句 ¹wander「歩き回る」 neat「きちんとした」 stacks of A「積み重ねられたA」／²gentle「(動きが)穏やかな」 as you leave it の as「直前の名詞を説明する接続詞のas。(例) language as we know it (私たちの知る言語)」 extract「～を取り出す」 pile「積み重ねた山」 tidy「きちんとした」

3 ¹Cash [in an ATM machine]. ²Hotel towels [on the floor]. ³ₛThe world ᵥis ᴄfull of this kind of work, [(always) waiting to be ❶done and (then) ❷undone, (so (S) it (V) can be done again)].
(that)

> 訳 ¹ATM に入っている現金。²床に放置されたホテルのタオル。³世界はこの種の仕事，つまりは，常になされることを待っており，そしてその後再びなされるように元の状態に戻されることを待っているという，この類いの仕事に満ちている。

> 語句 ¹ATM「現金自動預け払い機 (automated [automatic] teller machine) (teller は「出納係」)」

4 ¹(This morning), ₛI ᵥgathered up ₒall the ❶cans and ❷bottles [thrown about the apartment by my boyfriend] and ᵥput ₒthem in a bag (to carry down to the building's rubbish area). ²ₛHe ᵥhasn't slept here (in a week), but ₛI ᵥ'd ❶been staying (late) (at the university library) and (only) ❷ᵥmanaged to lift ₒmyself (out of bed) (in time to ❶bathe and ❷run to my secretary job [in an office [in downtown Kobe], [where (every day) (S) I (V) perform (O) my own round of boring tasks]]). ³ₛI ᵥ'm (fairly) ᴄgood at it, (though). ⁴ₛI ᵥ'm ᴄcareful (to (V) put (O) the labels (on

file folders) (so _{((S))} <u>they</u> _{((V))} <u>are</u> ❶(perfectly) _{((C))} <u>centered,</u> ❷(perfectly)
(that)
_{((C))} <u>straight</u>)), and _S <u>I</u> _V <u>have</u> _O <u>a system</u> [of the colors of ❶<u>ink</u> and ❷<u>sticky notes</u>]
[_(S) <u>that</u> _(V) <u>keeps</u> _(O) <u>everything</u> _(C) <u>organized</u>]. ⁵ _S <u>I</u> never _V <u>run out of</u> ❶<u>pens</u> or
❷<u>paper clips.</u> ⁶(When _(S) <u>anyone</u> _(V) <u>needs</u> _(O) ❶<u>an aspirin</u> or❷<u>a piece of gum</u> or❸<u>a</u>
<u>cough drop</u>), _S <u>I</u> _C <u>'m</u> _C <u>the one</u> [who has it (in her desk drawer)]. ⁷Always. ⁸Like
magic.

訳 ¹今朝, 私はボーイフレンドがアパートのそこかしこに散らかした缶とびんをすべて集め, ビルのゴミ置き場に運ぶのに, それらを袋に入れた。²彼はこの1週間ここでは寝てはいない。しかし, 私は大学の図書館に夜遅くまで残っていたのであり, やっと何とかベッドから出て, 入浴を済ませ, 神戸の中心街にあるオフィスでの秘書の仕事に駆けつけ, ぎりぎり間に合うという生活をしていたのだ。オフィスでは私は毎日一連の退屈な仕事をこなしている。³とはいえ, 私はその仕事はかなり得意なのだが。⁴私はファイル・フォルダに, ぴったり中心になるように, 完全にまっすぐに, 丁寧にラベルを貼るし, インクと付せんの色を体系づけ, それによりすべてが系統立ったものとなるのだ。⁵ペンやペーパークリップを切らしたことはない。⁶誰かがアスピリンやガムや咳止めドロップを必要とするときは, それをその人の机の引き出しに入れているのは私である。⁷常にそうなのだ。⁸魔法のように。

語句 ¹gather up「~を集める」 throw A about B「A を B のあちこちに投げ散らかす」 rubbish「(集合的に) ゴミ」／²manage to do「どうにか…する」 lift A out of B「A を B から持ち上げる」 in time to do「…するのに間に合うように」 bathe「入浴する」 secretary「秘書」 perform「~を行う」 round「(同じことの) 繰り返し」／⁴file folder「書類を綴じたり挟んだりして収納するケース」 center「~を中央に置く」 straight「真っすぐな」 system「秩序立ったやり方, 順序, 規則」 sticky note「付せん」 organize「~を整理する」／⁵run out of A「A を切らす」／⁶aspirin「解熱・鎮痛剤」 cough drop「咳止めドロップ」 drawer「引き出し」

---

5 ¹ _S <u>Today</u> _V <u>is</u> _C <u>Sunday</u> and _S <u>both</u> ❹<u>the office</u> and ❺<u>the university library</u> _V <u>are</u>
_C <u>closed.</u> ² _S <u>My boyfriend</u> _V <u>texted</u> he'd arrive at one o'clock, (so) _S <u>I</u> _V <u>have</u> _O <u>all</u>
(that)(S) (V)
<u>morning</u> (to ❶_(V) <u>straighten up</u> _(O) <u>the apartment</u> and ❷_(V) <u>shop</u>). ³(Around eleven
(last night)) _S <u>I</u> _V <u>finished</u> _O <u>my final paper of the year,</u> and there _V <u>won't be</u> _S <u>another</u>
(until _(S) <u>classes</u> _(V) <u>begin</u> again (in a few weeks)). ⁴ _S <u>It</u> _V <u>'s</u> _C <u>a comfortable feeling.</u>

訳 ¹今日は日曜日で, オフィスも大学の図書館も閉まっている。²ボーイフレンドが1時に着くとメールを送ってきたので, 午前中いっぱい使ってアパートの片づけと買い物をする。³昨晩11時頃に今年度最後のレポートを書き上げたし, 数週間後にまた授業が始まるまでレポートはない。⁴いい気分だ。

語句 ²text (that) SV「…とメールを送る」　straighten up A「Aを片づける」

6 ¹(Besides the cans and bottles), there ᵥare ₛthe containers of takeout yakisoba, (with dried spring onion [stuck on them]), (from our dinner (together) (last weekend)). ²The oily paper bags [₍S₎that (once) ₍V₎held ₍O₎pastries [I pick up (half-price) (from the bakery [in Sannomiya]) (before it closes)]]. ³ₛI ᵥeat ₒthese (on weeknights), (alone), (in bed). ⁴(Sometimes) (in the morning), ₛI ᵥdiscover ₒ❶bits of pastries or ❷spots of cream (on my pillow). ⁵ₛMy boyfriend ᵥwould be ₍c₎horrified.

＝the bakery

> 訳 ¹缶とびんの他には，先週末一緒に夕食を食べた時のテイクアウトの焼きそば容器があり，干からびたネギが張りついている。²油のしみた紙袋は，ペストリーが入っていたもので，そのペストリーは三宮のベーカリーの閉店前に私が半額で買ってくるものだ。³それを私は平日の夜，独りで，ベッドに入って食べる。⁴朝になって枕にペストリーのかけらやクリームのしみがついているのを見つけることがある。⁵ボーイフレンドが見たらぞっとすることだろう。

語句 ¹container「容器」　dried「乾燥した」　spring onion「(＝米 green onion) ネギ，長ネギ」stuck on A「Aに張りついた (stick-stuck-stuck)」／²pastry「パイ・タルト・キッシュのなどのパン菓子」／³weeknight「平日の夜」／⁴bits of A「(複数の) Aのかけら」　spot「しみ，汚れ」pillow「枕」／⁵horrify「～をぞっとさせる」

7 ¹(After throwing away ❹the containers and bags into ❺the [overflowing] rubbish box), ₛI ᵥstrip ₒthe bed sheets and ᵥleave ₒthem (in a pile) (beside the bed). ²There ᵥare ₛmany other things [to do], but ₛthe sky ᵥis threatening ₒrain and ₛI ᵥdecide to do ₒthe shopping (before ₍S₎it ₍V₎starts to pour).
(V)　　　　　　　(O)

> 訳 ¹その容器と袋をあふれそうになっているゴミ箱に捨てた後，私はシーツをはがしてベッド脇に丸めて置く。²やることは他にもたくさんあるのだが，今にも雨が降り出しそうなので，土砂降りになる前に買い物を済ませることにする。

語句 ¹throw away A into B「Bの中にAを捨てる」　overflow「(容器などから) あふれる」　strip「～をはぎ取る」／²threaten「(雨などの) 兆候を示す」　pour「雨が激しく降る」

8 ¹(To go out), ₛI ᵥput on ₒa salmon-pink ❶raincoat and ❷hat [my boyfriend gave me (on my birthday)]. ²ₛHe ᵥmentioned, (modestly), ₒthat it came from a special shop [in Tokyo]. ³(Not long after), ₛI ᵥspotted ₒthe same set (in an ordinary clothing store [in Umeda]). ⁴It's possible the Tokyo salesgirl took advantage of
(that)　　　(S)　　　　　(V)

him; _Sshe (probably) _V<u>convinces</u> _O<u>every customer</u> <u>what he purchased was</u>
_(O)   (that)   (S)   (V)
one-of-a-kind. ⁵(Then), (after he left), _S<u>she</u> (simply) _V<u>brought out</u> _O<u>another</u> (from
_(C)
the back).

訳 ¹出かけるために，ボーイフレンドが誕生日にプレゼントしてくれたサーモンピンクのレインコートと帽子で身支度する。²東京の専門店のものだと彼は遠慮がちに言っていた。³それから間もなく，私は同じ一揃いを梅田の普通の店で見つけた。⁴東京の女性店員が彼の無知につけ込んだ可能性がある。おそらく彼女はどのお客にも購入した品が一点ものであると信じ込ませるのだろう。⁵そして客が店を出た後，彼女は奥からもう１つ出してきたのだ。

語句 ²mention that SV「…と言う」　modestly「謙遜して，控えめに」／³spot「〜を見つける」／⁴It's possible (that) SV「…という可能性がある」　take advantage of A「Aをあざむく；Aの弱点につけ込む」　convince A (that) SV「Aに…ということを納得させる」　one-of-a-kind「唯一無二の」／⁵back「(the 〜) 奥，裏」

---

9 ¹_S<u>I</u> _V<u>didn't tell</u> _O<u>my boyfriend</u> ❶about the second coat, or ❷_O<u>that the shade of</u>
_(S)
<u>pink was</u> (exactly) like the smocks [worn by the small boys and girls [in the daycare
_(V)
[down the road]]]. ²(The first time _(S)<u>I</u> _(V)<u>wore</u> _(O)<u>it</u>), _S<u>I</u> _V<u>found</u> _O<u>myself</u> in a
    接続詞   (being)
narrow alley [with ❶the daycare attendants and ❷a long line of small children,
[moving like a grotesque pink worm]]. ³_S<u>The attendants</u> _V<u>grinned</u> at me (as _(S)<u>I</u>
❶_(V)<u>pressed</u> _(O)<u>my back</u> (against the wall), (trying to disappear), (then)
❷_(V)<u>hurried off</u> (the other way)).

訳 ¹梅田で見た２着目のコートのことも，ピンクの色合いがこの先の託児所で幼い男児と女児が着ているスモックとそっくりだということも，ボーイフレンドには言わなかった。²最初にそれを着た時，私は狭い路地で，託児所の付き添いと，長い列を作り，グロテスクなピンクのイモムシさながらに動く幼い子どもたちと居合わせる羽目になった。³付き添いがこちらを見てにやりとする中，私は姿を消そうと壁に背中を押しつけ，その後，反対側へ急いで立ち去ったのだった。

語句 ¹shade of A「Aの色合い」　smock「スモック（ゆったりした上着）」　daycare「託児所，保育園」／²find *oneself* in A「(気がつくと) Aにいる」　alley「小道」　attendant「世話をする人」　grotesque「奇怪な，醜い」　worm「イモムシ，幼虫」／³grin at A「Aに向けてにやっと笑う」　press A against B「AをBに押しつける」　hurry off「急いで立ち去る」

14

10 ¹(On a Sunday), (though), _Sthe children _Vshould all be at home.

> 訳 ¹でも日曜ならその子どもたちは皆家にいるはずだ。

11 ¹(With ❶my purse, ❷shopping bag, and ❸the collection of cans and bottles), _SI ❶_Vleave _Othe apartment and ❷_Vlock _Othe heavy metal door [behind me]. ²_SThe apartment _Vis on the top floor, (so) there _Vare _Sthree flights of stairs (before _(S)I _(V)reach _(O)the parking lot level). ³_SI (rarely) _Vmeet _Oanyone [going up or down]. ⁴(For several years), _Sthis building _Vhas been occupied by foreigners: ❶English teachers [from the neighborhood conversation schools], ❷Korean preachers, (now and then) ❸a performer from an amusement park. ⁵_SNone of them _Vstay very long. ⁶_SMy apartment _Vwas _Cthe home of the former secretary [in my office], and (when _(S)she _(V)left (to get married)) _Sshe _Voffered _Oher lease to me. ⁷_SThat _Vwas (five years ago). ⁸_SI _Vam (now) _Cthe building's most faithful tenant.

以降は具体例

> 訳 ¹財布と，ショッピングバッグと，集めた缶とびんを持つと，私はアパートを出て，背後の重たい金属製のドアに鍵をかける。²私のアパートは最上階にあるので，駐車場の階にたどり着くのに3階分の階段を下りることになる。³誰かが上り下りしているのに会うことはめったにない。⁴ここ数年，このビルには外国人が住むようになっている。近所の英会話学校の英語教師たちだったり，韓国人の牧師たちだったり，たまには遊園地のパフォーマーだったりする。⁵それほど長く住んでいる者はいない。⁶私のアパートの部屋は私のオフィスの前任の秘書の住まいで，彼女が結婚して退去する時，私に賃借権を譲ると申し出てくれたのだ。⁷それが5年前のことだ。⁸今や私はこのビルの最も忠実な賃借人である。

> 語句 ¹purse「財布」 collection「集めたもの」／²a flight of stairs「(踊り場までの) ひと続きの階段」 parking lot「駐車場」 level「階」／³rarely「めったに…しない」／⁴preacher「牧師」 now and then「時々」 amusement park「遊園地」／⁶offer A to B「B に A を差し出す，与える」 lease「賃貸借契約」／⁸faithful「忠実な，信頼できる」 tenant「賃借人；居住者」

12 ¹_SThe rubbish area _Vis (in a sorry state). ²(Despite ❶the [(clearly) marked] containers [for different types of glass and plastic], and ❷the [posted] calendar of pick-up days), _Sthe other tenants _Vleave _Otheir waste (❶where and ❷whenever (ever) _(S)they _(V)choose). ³_SI ❶_Vplace _Omy cans and bottles (in the proper boxes), and (with my foot) ❷_Vattempt to move _Othe other bundles (toward their respective areas). ^{4} $_S$Some of the tenants $_V$combine $_O$unlike items (into a single bag), (so) (even) $_S$this [small] effort [on my part] $_V$doesn't clear up $_O$the mess. ^{5} $_S$I $_V$feel $_C$sorry for the garbage collectors, the people [$_{(C)}$ whose task $_{(S)}$it $_{(V)}$is to sort the pieces (one by one)].

```
                                                      形式主語      (V)  (O)
```

14

問1 解答例 構文解説▶p.216 得点＿＿＿/8点

この暴力と同じくらい衝撃的だったのは，罪のない無防備な人たちが襲われているときに，多くの人々が傍観していたとわかったことだった。

本問は区分点を設定しておらず，全体の得点から採点基準に沿って減点します。

解説と採点基準

❶As shocking as the violence was the realisation that
この暴力と同じくらい衝撃的だったのは…とわかったことだった

まず動詞 was の左側に主語らしいものが見つからないので，主語は直後の the realisation であろうと見当をつけます。cAs shocking as the violence vwas sthe realisation ... という**倒置構造**の文なのですね。補語の shocking は as ... as the violence という同等比較の形で用いられています。

realisation that **SV** は realise that **SV** を名詞化した表現で，「…だとわかること」の意味です。なお realisation という綴りはイギリス綴りです（米realization）。

CVS の倒置が取れていない答案は5点減。as shocking as ...「…と同じくらい衝撃的だ」の意味・構造が取れていなければ2点減。realisation that **SV**「…とわかったこと」が取れていないものは2点減となります。

❷many people had watched on as innocent, vulnerable people were attacked
罪のない無防備な人たちが襲われているときに，多くの人々が傍観していた(こと)

that 節内は **SV as (S)(V)** という構造になっており，as はここでは**「(S)が(V)するときに」**の意味の接続詞です。as を用いると when を用いたときよりも**同時性が強調**されます。ですから「無防備な人が襲われている**というのに**，多くの人々が傍観していた」と**対比を強調する**訳出をすることも可能です。watch on は「傍観する」の意味，innocent「罪のない」と vulnerable「無防備な」は共に people を修飾します。vulnerable は vulnerable to A の形で使われると，「A の(悪)影響を受けやすい；A に対して脆弱な」の意味になります。なお，susceptible も同様の形で使われるので，一緒に覚えておきましょう。

that 節内の構造 **SV as (S)(V)** の構造が取れていないものは2点減。watch on「傍観する」の誤訳は1点減。innocent と vulnerable が共に people を修飾していることが取れていない場合には2点減。innocent と vulnerable の誤訳はそれぞれ1点減。

問2 解答例 得点 _____ /6 点

Many of us are afraid of getting involved in something scary or brutal rather than go to help other people.

「私たちの多くは，他人を助けに行くのではなく，何か恐ろしいことや残忍なことに巻き込まれるのを恐れている」

別解1 For many of us, <u>instead of</u> <u>rushing to the aid of others</u>, we <u>fear</u> getting involved in something scary or brutal.

別解2 Many of us do <u>not</u> go to help other people <u>but rather</u> fear getting involved in something horrible or brutal.

本問は区分点を設定しておらず，全体の得点から採点基準に沿って減点します。

₅<u>Many of us</u> ᵥ<u>are afraid of [fear]</u> ... という基本の **SV** が書けていない答案は得点がありません。日本語訳に沿って，冒頭から順に見ていきましょう。

解説と採点基準

Many of us are afraid of ...
私たちの多くは…を恐れている

「私たちの多く」は many of us と表し，これを主語としましょう。動詞句の中心は「…を恐れている」で，be afraid of *doing* あるいは fear *doing* を用います。

getting involved in something scary or brutal rather than go to help other people
他人を助けに行くのではなく，何か恐ろしいことや残忍なことに巻き込まれる

「他人を助けに行く」には go to help other people を用います。「〜に巻き込まれる」は get [be] involved [caught up] in 〜を用います。

構成は「**A（他人を助けるの）ではなく B（…を恐れている）**」となるので，解答例のように **B rather than A** を用いて ᴮare afraid of [fear] getting involved ... rather than ᴬgo to help ... とするか，別解1 のように **instead of A, B** を用いて，instead of ᴬrushing to the aid of others, ᴮwe fear getting involved ... とする組み立てが考えられます。なお，ここで without を使うことはできません。without A, B で表すと「A と B は同時に成立することが可能であるのに，一方が欠けている」という意味になります。また 別解2 のように **not A but (rather) B** を用いて do not ᴬgo to help other people but (rather) ᴮfear getting involved ... と表すこともももちろん可能です。

15

207

「何か恐ろしいことや残忍なこと」には something scary [horrible / terrible] or brutal を用います。

✎ many of us および be afraid of / fear の不正確なものは各1点減。

✎ *B* rather than *A* / instead of *A*, *B* / not *A* but *B* の形が用いられていないものは3点減。*A* と *B* の形が正しくないものは各々2点減。instead of ではなく without を用いた場合3点減。

「他人を助けに行く」「何か恐ろしいことや残忍なこと」「巻き込まれる」の表現の不正確なものは各1点減。「何か恐ろしいことや残忍なこと」に something を用いていないものは2点減。「恐ろしい」「残忍な」が共に something を修飾していることが表せているものの，誤訳があれば，各1点減とします。

(参考) 原文の英語は以下のとおりでした。

Instead of coming to the rescue of others, many of us are afraid of getting caught up in something frightening and brutal.

このように **instead of [rather than] は先頭に出しても構いません**。「助けに行く」に come を使っているのが意外な気がするかもしれませんが，come to someone's rescue は熟語表現で，come の代わりに go を用いることもあるようです。

問3　解答例　構文解説 ▶ p.217　　　　　　　　　　得点 _____ /8点

しかし，私たちがそのようなときに介入をためらうことは，私たちの社会規範が悪行を働く者たちにいかにして有利になるかを示している。

本問は区分点を設定しておらず，全体の得点から採点基準に沿って減点します。

解説と採点基準

❶ But that we are reluctant to intervene at such moments shows
しかし，私たちがそのようなときに介入をためらうことは…を示している

まず，いつもどおり**動詞 shows に注目**して，そこまでの **that 節が主語**であるとつかみます。that 節の中は ₛwe ᵥare ᵪreluctant to intervene ... 「私たちは介入することをためらう［介入したがらない］」が基本構造です。

✎ ₛthat ... ᵥshows ₒhow ... という大きな構造をつかむことが大前提となります。取れていない答案は5点減。that 節中の we are reluctant to intervene の誤訳は2点減。at such moments「そのようなときに」の未訳や誤訳は1点減。

208

❷ how the norms in our society favour those who do bad things
私たちの社会規範が悪行を働く者たちにいかにして有利になるか

　目的語の how 以下について，how はついつい「どれほど；どれくらい」と訳したくなりますが，how much とは書かれていないので**「どのように」「いかにして」**の意味となります。次に how 節内の _Sthe norms in our society _Vfavour _Othose who do bad things という構造をつかみます。the norms は「規範」の意味です。favour O は「O に有利に働く；O を選り好みする」の意味です。favour はイギリス綴りです（**米** favor）。those who ... は「…する者（たち）」の意味。まとめると「私たちの社会規範が悪行を働く者たちにいかにして有利になるか」となります。

　　how「どのように；いかにして」の誤訳は 1 点減。_Sthe norms in our society _Vfavour _Othose who do bad things の構造が取れていないものは 2 点減。favour O の誤訳は 2 点減。those who do bad things の誤訳は 2 点減。

問4　解答例　構文解説▶p.218　　　　　　得点 ＿＿＿ ／**8** 点

しかし，成員の振る舞いを規制することにより前向きな社会なら，かつて犯罪の原因と呼ばれていたものに対処することで，そもそも重大な犯罪はそれほど起こらなくなるであろう。

解説と採点基準

❶ it の内容について　　　　　　　　　　＿＿＿ ／区分点**3**点

　最初に it の指すものを明らかにする必要があります。下線部では後方の不定詞や that 節を受けている様子はないので，直前の文に注目します。A society with a greater willingness to police its members' behaviour **might** not produce more people ...「成員の振る舞いを規制することにより前向きな社会だからといって，…な人が増えるわけではない」という記述があり，この記述に含まれる **might と下線部の冒頭の But** とが呼応していることがわかります。したがって下線部の **it は前文の主語と同じく** a society with a greater willingness to police its members' behaviour と考えるのが妥当です。ちなみに**現実の社会はこのようではない**ので，**これら 2 つの文では might, would と仮定法**が用いられています。

it が前文の A society with a greater willingness to police its members' behaviour を指していると取れていないものはこの区分の得点がありません。with 以下が society を修飾していると取れていないものは 2 点減。a greater willingness to *do*「…することにより前向きな」の誤訳は 2 点減。police its members' behaviour「成員の振る舞いを規制する」の誤訳は 2 点減。

❷would experience less serious crime in the first place by addressing what were once called the causes of crime

かつて犯罪の原因と呼ばれていたものに対処することで, そもそも重大な犯罪はそれほど起こらなくなるであろう

_____／区分点**5**点

  _Vwould experience _Oless serious crime「重大な犯罪(を経験すること)が少なくなる」の構造をつかむことが大前提です。in the first place は「そもそも;第一に」の意味の副詞で, **「最も重要であること」を強調し**, would experience を修飾します。by addressing ... は「…に対処することによって」の意味で would experience を修飾しています。what は関係代名詞で, what were once called ... は「かつて…と呼ばれていたもの」, the causes of crime は「犯罪の原因」の意味です。

  _Vwould experience _Oless serious crime の構造が取れていないもの, および誤訳は 2 点減。in the first place「そもそも」の誤訳, および would experience を修飾していると取れていないものは 1 点減。by addressing ...「…に対処することで」の誤訳は 2 点減(address のみの誤訳は 1 点減)。what were once called ...「かつて…と呼ばれていたもの」の誤訳は 1 点減。the causes of crime の誤訳は 1 点減。

重要構文 **10** 仮定法2　仮定法かどうかの判断

助動詞の過去形(would / might など)があれば, とりあえず仮定法を疑う

　注目すべきは助動詞の入っている文の**前後の文の時制**です。おおよそ英文は 1 文ずつ時制が変わるということは稀^{まれ}で, **一般論であるなら現在時制が基調となる**でしょうし, **特定の事実を伝える文であるなら過去時制が基調になる**でしょう。

㋫ 現在時制でずっと展開している文章で突如 would や might が使われている

　⇒「仮定法を疑え」です。つまり**そこだけ周囲と時制が「ずれて」**いるんですね。そこだけ「浮いている」感じ。その「違和感」みたいなものが「非現実」を表すのです。

㋫ ずっと過去形で書かれている文章で, would が使われている

210

⇒その would は周囲の過去形に「溶け込んで」いますね。「違和感」がない。そういった場合には「仮定法ではないのではないか，(例えば〈過去の習慣〉や〈過去の意思〉などといった用法なのではないか)」とひとまず考えられます。

仮定法の訳について

「非現実の仮定法を日本語で表すことは，実は難しい」のです。「もし明日雪が降っ<u>たら</u>」というのは，話者の心積もりによって現実味を帯びて語られることもあれば，「そんなことあるわけない」という思いで語られることもあります。「…たら」「…だろう」と訳していれば仮定法だ，なんてことはありません。「僕が君ならそんなことはしない」は英語なら If I were you, I wouldn't do such a thing. と「仮定法」を用いますが，日本語では「しないだろう」と書かなくても特に問題はないわけです。

問5 | 解答例 | 得点 _____ /4点

容認できない行為に非難の声を上げること。　　　　　　　　(20字)

下線部を含む第5段落第7文のこの部分の構造は，we were ready to ...「私たちは…する用意がある」という表現に，call out unacceptable behaviour「容認されない行動を非難する」と help others who <u>do the same</u>「同じことをする他の人々を助ける」という動詞句が**並列して接続**しています。the same「同じこと」とは**「直前に述べられた内容と同じ」**ということなので，do the same は前半の call out unacceptable behaviour であると見当がつきます。

該当箇所を外したものは得点なしとします。call out「～に非難［批判］の声を上げる；～を批判する」の誤訳は2点減。unacceptable behaviour「容認できない行為」の誤訳は2点減。

問6 | 解答例 | 構文解説▶p.220 | 得点 _____ /8点

私たちが自分自身に対してだけでなく，家族や近隣の人々や困っている人々に対しても責任を負うかもしれないという予想は，あまりに面倒なことだとしばしば見なされる。

本問は区分点を設定しておらず，全体の得点から採点基準に沿って減点します。

❶The expectation that ... is often seen as too much trouble
…という予想は, あまりに面倒なことだとしばしば見なされる

　ここでもまず**動詞を中心に**文の構造を見ますと, is often seen ... に対する主語が必要であり, 単数の名詞を左側に求めると, The expectation に行きつきます。that 以下は The expectation との同格節で**「…という予想」**の意味となります。

　is often seen as too much trouble は, **see A as B「A を B と見なす」**が受動態で用いられています。too much trouble は「あまりに面倒なこと」の意味です。

　まず The expectation ... is seen as ～「…という予想は～と見なされる」が取れていないと 5 点減。次に that 節が The expectation との同格節であることが取れていないものは 3 点減。この 2 つが取れていることが得点の大前提となります。最後に too much trouble「あまりに面倒なこと」を大きく誤訳しているものは 2 点減です。

❷we might take responsibility not only for ourselves but for our families and neighbourhoods and people in need
私たちが自分自身に対してだけでなく, 家族や近隣の人々や困っている人々に対しても責任を負うかもしれない

　that 節の中は we might take responsibility for ...「私たちは…に責任を負うかもしれない」が基本構造。take responsibility の後ろに **not only A but (also) B の形で 2 つの for ... が接続**しています。A に当たるのが for ourselves, B に当たるのが for our families and neighbourhoods and people in need となります。B では for の後ろに名詞が 3 つ並列されていますね。neighbourhoods は「近隣の人」の意味で, neighbourhood はイギリス綴りです（**米**neighborhood）。people in need は people who are in need と同じ意味で「困っている人々」の意味です。

　take responsibility for A「A に対して責任を負う」が正しく訳出されていないものは 2 点減とします。この表現の直前の might の未訳は 1 点減。not only for A but (also) for B の構造が取れていないものは 2 点減。our families と neighbourhoods と people in need の並列が取れていないものは 2 点減。neighbourhoods「近隣の人」と people in need「困っている人々」の誤訳はそれぞれ 1 点減です。

社会の標準から外れている人々が，家族やコミュニティによってひどい差別的な扱いを受けるような時代は過ぎ去ったということ。　　　　　　（59字）

🔍 **考え方** まず those days「そのような時代」について，in those days「当時は」という表現からもわかるように，**「そのような時代」は「過去」を示唆**します。この下線部を含む第7段落の冒頭に <u>in the past</u>, it has sometimes been like that「過去には，そのようなことも時にはあった」という記述がありますから，それに続く記述が「過去のありさま」を表しているとわかります。そこでWe look back at <u>the way families and communities once dealt with people who were gay, or had children outside marriage, or got divorced, or had the wrong colour skin, or fell in love with the wrong person</u> のうちから，the way **SV** 以下の過去形で述べられている記述をまとめます。

解説と採点基準

❶ 社会の標準から外れている人々が，家族やコミュニティによってひどい差別的な扱いを受けるような時代　　　　　　　＿＿＿／区分点**4**点

the way **SV** は「**S** が **V** する方法［様子］」の意味で，how **SV** と同義です。その後の families and communities once dealt with people が中心の記述で，「家族やコミュニティがかつて…な人々を扱った」という意味です。once「かつて」という表現は，現在はこの状況ではないことを表しています。

people の後に来る who 以下にはいわゆる「差別」の対象となる人々が示されているので，ここでの **dealt with** は「～についてひどい扱いをした；差別的な扱いをした」という意味であるとわかります。who 以下は5つの動詞句が並列されています。children outside marriage は「婚外子」，got divorced は「離婚した」の意味。the wrong colour skin「ふさわしくない肌の色」はいわゆる有色人種に対する差別を示唆しています。fell in love with the wrong person の wrong も「ふさわしくない；正しくない」の意味で，「人種，民族的に差別対象となる」ということを示唆しています。このような細かい記述をすべて解答に盛り込むには字数制限を超えてしまうので，これらを**「社会の標準から外れている人々」**とまとめていきます。

✏️ those days の具体的説明に4点を配点します。「A が B を差別する［ひどく扱う］」「B が A から差別される［ひどい扱いを受ける］」という流れが取れていないものにはこの区分の得点を与えません。その上で，A に当たる「家族やコミュニティ」（「地

域社会」「地域」も可）に2点配点します。誤訳は都度1点減。Bに当たる「社会の標準から外れている人々」に2点を配点。差別の具体例をいくつか挙げただけの解答は1点減です。

❷ (…という時代）は過ぎ去ったということ　　　　　　　　／区分点**3点**

　最後に **are behind us**「私たちの背後にある」とは，**are gone** と同じく**「過ぎ去った」**ということなので，これらをまとめると，「社会の標準から外れている人々が，家族やコミュニティによってひどい差別的な扱いを受けるような時代は過ぎ去った」という記述になります。「どのようなことを伝えようとしているのか」という問いであるので，「…ということ」とまとめます。

> those days are behind us「…という時代は過ぎ去った［過去のものとなった；終わった］」という記述に3点を配点。この記述がなく，those days のみを説明した答案にはこの区分の得点を与えません。

問8　**解答例**　構文解説▶p.221　　　　　得点 _____ ／**7点**

結局のところ，犯罪者や無責任な人を裁き，罰することが，社会規範を持ち，誰もがそれらに従うことを確実にすることの核心なのである。

　本問は区分点を設定しておらず，全体の得点から採点基準に沿って減点します。
　まず下線部の **is の主語はどこにあるか**と考えると，そこまでの**動名詞句が主語**だとわかります。ₛJudging and punishing ... ᵥis, ..., ₍the whole point ...「…を裁き，罰することが…の核心である」という構造ですね。この構造が取れていないものは5点減とします。

解説と採点基準

❶ Judging and punishing the criminal and the irresponsible is,
犯罪者や無責任な人を裁き，罰することが，

　主語である動名詞句は2つの動名詞 Judging と punishing から成り立っていて，**それぞれが the criminal と the irresponsible という2つの目的語**を従えています。

> ₛJudging and punishing ... ᵥis, ..., ₍the whole point ... の構造は取れているが，Judging と punishing が並列関係にあることが取れていなかったり，一方のみを訳出した場合には2点減。the criminal と the irresponsible の並列が取れていないものは2点減。the criminal「犯罪者」と the irresponsible「無責任な人」の誤訳はそれ

それ1点減。

❷after all, the whole point of having social norms and ensuring everyone follows them
結局のところ，社会規範を持ち，誰もがそれらに従うことを確実にすることの核心なのである

after all は「結局のところ」の意味です。the whole point of A は「A の核心；A の肝心な点」の意味です。of の後ろに**2 つの動名詞句が並列**して接続しています。(V) having (O) social norms は「社会規範を持つこと」の意味です。

ensuring の後には接続詞の that が省略されており，**ensure that SV は「…を確実にする」**の意味です。everyone follows them の **them は social norms** を指しているので，ensuring everyone follows them は「誰もがその規範に従うことを確実にすること」という意味になります。

筆者は，他人の振る舞いに口を出さずにいるのをよしとする今の社会規範は犯罪の温床となりかねないものであり，本来の社会規範は犯罪や無責任な行動を抑止するためのものであるはずである，と説いているわけです。

after all「結局のところ」の未訳および誤訳は 1 点減。the whole point of A「A の核心；A の肝心な点」の誤訳は 2 点減。having ... と ensuring ... の並列が取れていないものは 2 点減。さらに，having social norms「社会規範を持つこと」の誤訳は 1 点減。ensuring ...「…を確実にすること」の誤訳は 2 点減。everyone follows them「誰もがそれらに従う」の構造が取れていないものは 2 点減。them=social norms だと明らかにわかっていないものは 1 点減。

問9 解答 **エ**　　　　　　　　　　　得点 _____ /4点

英文のタイトルや見出しを選ぶ問題は，究極の要約問題とも言えるでしょう。**解答する順番を最後にしたい設問**です。この本文全体の中でも特に**第 5 段落，第 8 段落**に筆者の考えは強く出ています。

選択肢の訳
ア「攻撃の犠牲者を助けにやって来なかったという理由で批判される傍観者」
イ「政府が凶悪な犯罪の増加に対抗するための新たな方策を提唱」
ウ「サウスロンドンのスーパーマーケットで攻撃を受けたスタッフと客」
エ「反社会的行動に対処するのに必要とされるより強い社会規範とコミュニティ」

1 ¹(Last month) ₛfive thugs ᵥcaused ₒmayhem (in a supermarket [in south London]). ²ₛOne ❶ᵥpunched and ❷ᵥkicked ₒa female staff member to the ground. ³ₛAnother ᵥsmashed ₒan object over a disabled customer's head (before ❶punching

= and punched and knocked

and ❷knocking him out of his wheelchair). ⁴ₛOne victim ᵥended up in hospital. ⁵cAs shocking as the violence ᵥwas ₛthe realisation that many people had watched

同格のthat (S) (V)

on (as [❶innocent,❷vulnerable] people were attacked). ⁶(At least) ₛone bystander

((S)) ((V))

ᵥrecorded ₒthe incident (on a smartphone). ⁷ₛNobody ᵥappears to have tried to intervene.

訳 ¹先月，5人の暴漢がサウスロンドンにあるスーパーマーケットで騒動を起こした。²1人が女性店員を殴って蹴り倒した。³もう1人は体の不自由な客の頭を物で打ちつけてから殴ったりたたいたりして，その客は車いすから転げ落ちた。⁴被害者の1人は入院する結果になった。⁵この暴力と同じくらい衝撃的だったのは，罪のない無防備な人たちが襲われているときに，多くの人々が傍観していたとわかったことだった。⁶少なくとも1人の傍観者がこの事件をスマートフォンで撮影していた。⁷誰一人介入しようとはしなかったようなのだ。

語句 ¹thug「暴漢」 mayhem「騒動」／²punch「〜を殴る」 to the ground「（〜して）地面へ（倒す）」／³smash「〜を強打する，〜をたたきつける」 object「物体」 disabled「体の不自由な」 knock「〜を打って動かす，倒す」 wheelchair「車いす」／⁴end up A「結局はAの状態になる」／⁵watch on「傍観する」 innocent「罪のない」 vulnerable「無防備な」／⁶bystander「傍観者」 incident「出来事」／⁷appear to do「…ようだ，らしい」 intervene「介入する」

---

2 ¹(Before (S)we (V)rush to condemn (O)the bystanders), (however), ᵥconsider ₒwhether you might have put yourself in harm's way. ²There ᵥwere ₛfive

(S) (V) 仮定法 (O)

perpetrators, [(apparently) ❶fit, ❷strong and ❸violent]. ³Would ₛyou ᵥbe certain you (V)could overcome (O)them? ⁴Could ₛyou ᵥbe sure they were not carrying

(that) (that) (S) (V) 仮定法

weapons? ⁵Would ₛothers ᵥback ₒyou up? ⁶How ❶ccompetent, and how ❷cfar

(O)

away, ᵥwere ₛthe supermarket security guards?

訳 ¹しかしながら，すぐに傍観者たちを非難する前に，自分ならあえて危険に身をさらすようなことをしただろうかと考えてみよう。²加害者は5人いて，健康で屈強で狂暴な様子だった。³自分

なら彼らに負けないという自信はあるだろうか。⁴彼らが武器を持っていないと確信できるだろうか。⁵他の人々はあなたを支援しようとするだろうか。⁶スーパーマーケットの警備員たちはどのくらい有能で，どのくらい離れていたのだろうか。

語句 ¹rush to *do*「急いで…する」 condemn「～を非難する」 put *oneself* in harm's way「自身を危険にさらす」／²perpetrator「加害者」 apparently「見たところでは；どうやら」 fit「健康な」／³be certain (that) **SV**「…だと確信している」 overcome「～を打ち負かす」／⁴be sure (that) **SV**「…だと確信している」 weapon「武器」／⁵back *A* up [back up *A*]「*A*を支援する」／⁶competent「有能な」 far away「（遠く）離れて」 security guard「警備員」

---

3 ¹_SHonest answers [to these questions] _Vhelp _Ous _{to do}to understand _(O)how we have become a [stand-by-and-watch] society [in which the wrong people are afraid]. _{((V))} _{((C))} ²(Instead of fearing being ❶caught and ❷punished (for attacking others)), _(V) _(O) _Sthugs (often) _Vseem _Cto be proud of their violence. ³_SMany of us _Vare _Cafraid of ❸getting involved in something [❶scary or ❷brutal] (rather than ❹go to help other people).

訳 ¹これらの疑問に対する率直な答えは，いかにして私たちが，恐れるべきでない人々が恐れる傍観社会になってしまったかということを理解するのに役立つ。²他人を攻撃したことで捕らえられて罰を受けることを怖がるどころか，暴漢たちはむしろ自分の暴力を誇っていることが多いようである。³私たちの多くは，他人を助けに行くのではなく，何か恐ろしいことや残忍なことに巻き込まれるのを恐れている。

語句 ¹stand-by-and-watch society「傍観社会」 the wrong people「（ここでは第1段落の店員や車いすの客といった）本来恐れるべきでない人々」／²instead of *doing*「…しないで」 fear *doing*「…を怖がる」 punish *A* for *B*「*B*のことで*A*を罰する」 be proud of *A*「*A*を誇る」／³get involved in *A*「*A*に巻き込まれる」 scary「恐ろしい」 brutal「残忍な」

---

4 ¹_SThe supermarket incident _Vis _Can [extreme] example. ²But _Vthink _O[(less) alarming] scenarios. ³Would _Syou _Vsay _Oanything to somebody [_(S)who ❶_(V)drops _(O)litter, or ❷_(V)lets _(O)their dog _(do)foul _{((O))}the pavement]? ⁴Would _Syou _Vstop _Osome teenagers from ❶vandalising a playground, or ❷bullying _(V) _(O) _(V) = prevent a classmate (after school)? ⁵Would _Syou ❶_Vstop _Oa thief or ❷_Vintervene (as _(S)a _(O) man _(V)threatens _(O)a woman (in a fit of rage))? ⁶There _Vare _S[understandable] reasons [for not doing so]. ⁷But _Sthat we are reluctant to intervene (at such _(S) _(V) _(C) moments) _Vshows _Ohow the norms [in our society] favour those [who do bad _(S) _(V) _(O)

15

217

things]. ⁸ _S<u>This</u> _V<u>is</u> _C<u>a serious problem</u> (in itself), but _S<u>it</u> _V<u>is</u> (also) _C<u>a problem</u> [that leads to others]. ⁹(The more _(S)<u>people</u> _(V)<u>get away with</u> ❶minor acts [of irresponsibility], ❷anti-social behaviour and ❸criminality), the more _S<u>they</u> _V<u>feel</u> _C<u>confident</u> they can get away with worse.

= other problems

(that)

訳 ¹このスーパーマーケットでの事件は極端な例であるが，²これほど怖くないシナリオを考えてみよう。³あなたはごみをポイ捨てする人や，犬に歩道に糞をさせる人に，何か言うだろうか。⁴一部の十代の若者が遊び場を破壊していたり，放課後にクラスメートをいじめているのを止めようとするだろうか。⁵泥棒を止めたり，男性がかっとなって女性を脅しているときに介入しようとするだろうか。⁶そうしないもっともな理由はある。⁷しかし，私たちがそのようなときに介入をためらうことは，私たちの社会規範が悪行を働く者たちにいかにして有利になるかを示している。⁸このことそれ自体，深刻な問題なのだが，これは他の問題につながっていくものでもある。⁹ささいな無責任行動，反社会的振る舞い，犯罪行為に対してとがめられずにすむ人が多くなれば多くなるほど，そのような行為をした人々は，さらに悪いことをしてもとがめられずに逃げ切ることができるとますます確信するようになる。

語句 ¹extreme「極端な」／²alarming「不安を感じさせる，驚くべき」 scenario「シナリオ」／³litter「ごみ」 foul「〜に糞をする，〜を汚す」 pavement「英（舗装された）歩道」／⁴stop O from *doing*「O に…をやめさせる」 vandalise「英（米 vandalize）〜を故意に破壊する」 playground「遊び場」 bully「〜をいじめる」／⁵thief「泥棒」 threaten「〜を脅す」 in a fit of rage「（激しい）怒りでかっとして」／⁷be reluctant to *do*「…するのをためらう」 norm「（通例〜s）規範」 favour「英（米 favor）〜に有利に働く」／⁸in itself「それ自体」 lead to *A*「A につながる」／⁹get away with *A*「A（悪事）をうまく切り抜ける」 minor「ささいな」 irresponsibility「無責任（な行動）」 anti-social「反社会的な」 criminality「犯罪行為」 feel[be] confident that SV「…だと確信している」 worse「一層悪いこと」

---

5 ¹_S<u>A society</u> [with a greater willingness [to _(V)<u>police</u> _(O)<u>its members'</u> <u>behaviour</u>]] <u>might not</u> _V<u>produce</u> _O<u>more people</u> [willing to intervene (when _(S)<u>they</u> (who are) _(V)<u>witness</u> _(O)<u>crimes</u> *(doing)* <u>taking place</u>)]. ²But _S<u>it</u> _V<u>would experience</u> _O[(less) = a society serious] <u>crime</u> (in the first place) (by addressing what were (once) called the causes (V) (O) ((S))((V)) ((C)) of crime). ³ _S<u>It</u> _V<u>would expect</u> _O<u>fathers</u> to *do* <u>to play</u> _(O)<u>a</u> [proper] role in the = a society upbringing of their children, (even if they do not live at home). ⁴ _S<u>It</u> _V<u>would give</u> _O<u>greater support</u> to head teachers [_(S)<u>who</u> _(V)<u>impose</u> _(O)<u>discipline</u> (in their schools)]. ⁵ _S<u>It</u> _V<u>would have</u> _O<u>no tolerance</u> (for the ❶noise, ❷litter, ❸graffiti, ❹disrespect and ❺intimidation [that are too common (in our ❶towns and ❷cities)].

❶〜❺にかかる関係代名詞節

⁶ _SIt _V<u>would value</u> _O❶<u>aspiration,</u>❷<u>education and</u>❸<u>hard work</u>. ⁷(In other words), _S<u>a</u>

<u>society</u> ❶[in which _(S)<u>we</u> _(V)<u>were willing to</u>❶<u>place</u> _(O)<u>expectations</u> on others and

❷ _(V)<u>accept</u> _(O)<u>them</u> (for ourselves)], and ❷[in which _(S)<u>we</u> _(V)<u>were ready to</u>❶<u>call out</u>

_(O)<u>unacceptable behaviour</u> and ❷ _(V)<u>help</u> _(O)<u>others</u> [who do the same]], _V<u>would</u>

   = expectations   = call out

<u>be</u> _C<u>a [(more) resilient] society</u>, [(more) capable of <u>creating virtuous circles than</u>

                                                 (V)   (O)

<u>vicious ones</u>].

  (O) = circles

> **訳** ¹成員の振る舞いを規制することにより前向きな社会だからといって，犯罪が起こっているのを目撃した時に進んで介入しようとする人が増えるわけではない。²しかし，そのような社会なら，かつて犯罪の原因と呼ばれていたものに対処することで，そもそも重大な犯罪はそれほど起こらなくなるであろう。³そのような社会は，たとえ家に住んでいなくても，父親が子どものしつけで適切な役割を果たすことを期待するだろう。⁴自らの学校でしつけを課す校長をより支援するだろう。⁵私たちの町や都市にあまりにもありがちな騒音，ごみ，落書き，無礼や脅しを決して容認しないだろう。⁶志，教育，勤勉を尊重するだろう。⁷つまり，進んで他の人々に期待をかけ，自らに対する期待を受け入れ，容認されない行動を非難し，同じことをする他の人々を助ける用意のあるような社会であれば，より回復力がある社会となり，悪循環よりも好循環をより生み出せる社会となるであろう。

<u>語句</u> ¹willingness「進んですること」 police「～を規制する，監視する」 member「構成員」 (be) willing to *do*「進んで…する」 witness O *doing*「O が…するのを目撃する」 take place「起きる，発生する」／²in the first place「第一に，そもそも」 address「～に対処する」 once「かつて」／³expect A to *do*「A に…することを期待する」 play a role「役割を果たす」 proper「適切な」 upbringing「養育，しつけ」／⁴head teacher「<u>医</u>校長」 impose「～を課す」 discipline「しつけ」／⁵have no tolerance for A「A に対して許容しない」 graffiti「落書き」 disrespect「無礼」 intimidation「脅し」／⁶value「～を尊重する」 aspiration「熱望，野心」／⁷in other words「つまり，言い換えれば」 place expectations on A「A に期待をかける」 be ready to *do*「…する用意がある」 call out O[O out]「O を(公然と)非難する」 resilient「回復力のある，立ち直りの早い」 (be) capable of *doing*「…する能力がある」 virtuous circle「好循環」(virtuous「徳のある，立派な」) vicious「悪の，残酷な，不道徳の」

<u>6</u> ¹(And yet) _S<u>this argument</u> _V<u>is</u> (mostly) <u>overlooked</u>. ²(When _(S)<u>ministers</u>

_(V)<u>grapple with</u> policy problems), _S<u>the solutions</u> [they debate] _V<u>focus on</u>

❶<u>government action and</u> ❷<u>its effects</u> [on individual ❶<u>freedom and</u> ❷<u>responsibility</u>].

³ _S<u>The role of the community</u> — ❶_{S'}<u>how we can come together</u> (to help one another),

                                      (S)   (V)

❷_{S'}<u>how social expectations can produce better behaviour</u> — _V<u>is</u> (frequently)

        (S)   (V)   (O)

<u>forgotten</u>. ⁴(Unfortunately), _S<u>the notion of community</u> — or (at least) _{S'}<u>the idea that</u>

                                                        同格のthat

strong communities can look after themselves — _Vis _Cout of fashion. ⁵_SThe
(S)   (V)

expectation that we might take responsibility not only **Ⓐ**for ourselves but **Ⓑ**for
    同格のthat (S)   (V)   (O)

our **❶**families and **❷**neighbourhoods and **❸**people [in need] _Vis (often) seen
                                          = regarded

as too much trouble. ⁶_SThe belief that our behaviour might be better (when it is
                       同格のthat   (S)   (V)   (C)

policed not just **Ⓐ**by **❶**individual conscience and **❷**legal boundaries but **Ⓑ**by

social norms) _Vis seen as **❶**judgmental or **❷**cruel.

訳 ¹しかしこのような議論はたいてい見過ごされている。²政治家が政策問題に取り組む際、その解決策として議論するのは、政府の行動とそれが個人の自由と責任に及ぼす影響に集中する。³コミュニティの役割——いかにして団結して互いを助けることができるか、社会の期待がいかにしてよりよい振る舞いを生み出し得るか——は頻繁に忘れられている。⁴残念ながら、コミュニティという概念——あるいは少なくとも強いコミュニティは自分たちの面倒を自分たちで見ることができるという考え——は廃れている。⁵私たちが自分自身に対してだけでなく、家族や近隣の人々や困っている人々に対しても責任を負うかもしれないという予想は、あまりに面倒なことだとしばしば見なされる。⁶自分たちの行動は、個人の良識や法的な規制だけでなく、社会規範にも規制される方がよくなるかもしれないという考えは、手厳しい、あるいは酷だと見なされるのだ。

語句 ¹overlook「～を見過ごす」／²minister「政治家；大臣（通例 Minister）」 grapple with *A*「*A*（難問など）に取り組む」 debate「～を議論する」 focus on *A*「*A*に集中する」 effect on *A*「*A*への影響」 individual「個人の」／³one another「お互い」 frequently「頻繁に」／⁴unfortunately「残念ながら」 notion「概念、考え」 the idea that SV「…という考え」 look after *A*「*A*の面倒をみる」 out of fashion「時代遅れで」／⁵take responsibility for *A*「*A*に対して責任を負う」 in need「困って、助けを必要として」／⁶conscience「良心」 legal boundary「（通例～ies）法的規制」 judgmental「手厳しい」 cruel「酷な、情け容赦のない」

---

7 ¹And (to be fair), (in the past), _Sit _Vhas (sometimes) been like that. ²_SWe
❶_Vlook back at the way [_(S)**❶**families and **❷**communities (once) _(V)dealt with
people [_{((S))}who **❶**_{((V))}were _{((C))}gay, or **❷**_{((V))}had _{((O))}children (outside marriage), or
❸_{((V))}got _{((C))}divorced, or **❹**_{((V))}had _{((O))}the wrong colour skin, or **❺**_{((V))}fell in love
with the wrong person]], and **❷**_Vfeel _Orelief that those days are (behind us).
                                                同格のthat   (S)   (V)

訳 ¹公正を期して言うと、過去には、そのようなことも時にはあった。²かつて家族やコミュニティが同性愛者、婚外出産をした人、離婚した人、（コミュニティにとって）ふさわしくない肌の色をした人、ふさわしくない人を好きになった人をどのように扱っていたのか振り返ってみて、そういう日々が過去のことになっていることに私たちは安堵する。

語句 ¹to be fair「公正を期して言うと〈独立不定詞〉」 it is like this[that]「それはこういうことだ」／²look back at A「Aを振り返る」 the way SV「…するやり方」 deal with A「Aを扱う」 children outside marriage「婚外子」 divorce「～と離婚する」 relief「安堵」 behind「～の後ろに」

---

8 ¹But is it (really) true that ❶cruelty and ❷unfairness are inherent in ❶community and ❷social norms? ²The honest answer is yes: a stronger community might run the risk of empowering ❶the bossy and ❷the self-righteous. ³But there is no reason [to believe stronger social norms would restore value judgments [we no longer support]]. ⁴(As the campaign [against racism] has shown), social pressure can enforce ❹modern moral standards (as well as ❺older ones). ⁵Allowing for a little bossiness — [which itself can be ❶policed and ❷resisted] — would (anyway) be a small price [to pay for escaping the moral free-for-all [our society (sometimes) resembles]]. ⁶❶Judging and ❷punishing the criminal and the irresponsible is, (after all), the whole point of ❶having social norms and ❷ensuring everyone follows them.

訳 ¹しかし、残酷さや不公平がコミュニティや社会規範の中に内在しているというのは、本当に真実なのだろうか。²正直な答えはイエスである。より強力なコミュニティは、親分風を吹かせたがる者たちや独善的な者たちに力を与えるという危険を冒しかねない。³しかし、より強力な社会規範が、私たちがもう支持しない価値判断を復活させるだろうと考える理由はない。⁴人種差別に対する運動が示してきたように、社会的圧力は、より古い道徳規範のみならず、現代の道徳規範も強化することができる。⁵少しばかり親分風を吹かせること――それ自体、規制し、抗うことのできるものだが――を認めることは、いずれにせよ、時に私たちの社会がそれに近いものとなる、道徳的な野放し状態を免れるために払うささやかな代償にすぎないだろう。⁶結局のところ、犯罪者や無責任な人を裁き、罰することが、社会規範を持ち、誰もがそれらに従うことを確実にすることの核心なのである。

語句 ¹cruelty「残酷さ」 unfairness「不公平」 inherent「本来備わっている」／²run the risk of *doing*「…する危険を冒す」 empower「～に力を与える」 bossy「ボス面する、いばりちらす」（本文では、〈the＋形容詞〉の形で「～な人々」の意味で使われている。the self-righteous も同様） self-righteous「独善的な」／³there is no reason to *do*「…する理由はない」 restore「～を復活させる、取り戻させる」 no longer「もはや…ない」／⁴campaign against A「Aに反対する運動」 racism「人種差別」 enforce「～を強化する」 moral standards「（通例～s）道徳規範」／⁵allow for A「Aを認める、考慮に入れる」 resist「～に抵抗する」 price「代償」 escape「～を免れる」 free-for-all「野放し状態」／⁶ensure (that) SV「…を確実にする」 follow「～に従う」

15

221

MEMO